# *Du Mouvement à la Danse*

## *Une histoire d'amour avec la Terre*

# Nelly Costecalde

# *Du Mouvement à la Danse*

*Une histoire d'amour avec la Terre*

© 2020 Nelly Costecalde

Éditeur : BoD-Books on Demand
12-14 rond-point des Champs-Élysées, 75008 Paris
Impression : Books on Demand, Norderstedt, Allemagne

ISBN : 9782322242368
Dépôt légal : octobre 2020

AVANT-PROPOS

La danse court tout au long de ces lignes.
Si sa présence n'est pas visible dès les premières pages, que ses amoureux ne s'en impatientent pas ; elle circule souterrainement. Pour saisir son jaillissement vital et joyeux, il me faut remonter en-deçà de sa source, faire un peu de spéléologie, fouiller le sous-sol de la matière et de la vie, observer comment le mouvement irrigue les corps avant d'en surgir en bondissant.
Or, lorsqu'on descend sous terre, on rencontre des strates de plus en plus anciennes, on remonte le temps. J'irai ainsi à la rencontre des Anciens : comment les premiers explorateurs de la *physis*, ont-ils interrogé les rapports de la matière et du mouvement, les unissant ou les opposant, creusant les premières fondations de la physique ? Comment leurs successeurs ont-ils peu à peu modifié leurs visions ?
Remontant des souterrains de la matière vers le sol plus connu de l'expérience humaine, je me demanderai ensuite comment la danse naît du simple mouvement, à la faveur de ce magnifique perfectionnement évolutif qu'est la conscience réflexive et relationnelle.
L'expérience humaine, je l'interrogerai inévitablement à travers ma propre expérience d'humaine. Réfléchir à la première personne, questionner l'existence à partir des phénomènes qu'on perçoit, n'est-ce pas la façon la plus humble de philosopher ? Comme le note Edgar Morin au début de *la Méthode*, « Le sujet qui disparaît de son discours s'installe en fait dans la Tour de Contrôle. ». Dire et écrire « je », c'est permettre à d'autres de le

faire aussi. C'est pourquoi, lorsque l'exploration du phénomène danse passera par ma propre expérience, je me permettrai de parler... de certaines de mes propres expériences.
Et puis je plongerai de nouveau, cette fois dans les abîmes de questions où l'état actuel de notre monde nous précipite, me demandant comment on peut encore y danser, pourquoi et pour quoi. Au fond de ces abysses je rencontrerai notre frère plongeur, joueur et bondissant, le dauphin. Ce mammifère marin, jadis terrestre, m'offrira une vivante planche de salut : l'élan saltateur et salvateur de la danse.

Élan saltateur et salvateur qui condense et pulvérise l'espace et le temps dans l'instant éternel d'une jubilation.

POUR DEMARRER

Je fus un jour étonnée, intéressée et charmée d'entendre une danseuse dont je fréquentais les cours et aimais les chorégraphies, me confier qu'elle adorait rester immobile, complètement, pendant des heures. Elle me fit cette déclaration avec tant de délectation et de tranquillité que je ressentis moi-même confusément un lien profond entre la jubilation du mouvement et son absence totale. Absence, vraiment ? Ou présence virtuelle, promesse, désir de mouvement ? Du mouvement et de l'immobilité, qui est la source de l'autre ? Que se passe-t-il dans un corps pour qu'inertie et animation se nourrissent mutuellement ? Que se passe-t-il au cœur de la matière pour qu'on y observe tantôt fixité, tantôt mouvement ?

Pour les plus anciens des Anciens, la matière était vivante. Les noms *Materia* en latin, *hylè* en grec, désignaient d'abord le bois et c'est par extension qu'ils ont pris le sens de matière en général, la matière première dont on fabrique les objets. Il est vrai que si l'on songe aux monuments antiques, on voit de la pierre ; on ne pense pas aux poutres, aux poteaux, aux madriers, à tous ces matériaux organiques qui ont assuré aux édifices leur stabilité et leur ont permis de ne pas bouger, tout au moins pour quelques siècles.

La matière première vivante était devenue servante discrète de l'inerte, gardienne de l'immobilité, la *physis* (du grec *phyien* : naître, pousser) ou la nature (du latin *nasci* : naître, croître), assujettie au bâtiment qui, lui, ne poussera plus. Qui au contraire finira par s'écrouler.

Mais s'écrouler, c'est encore bouger. La pierre est réputée non vivante mais elle n'est pas inerte : elle se patine, se strie, s'effrite, se décale, s'écroule, remodelant de nouvelles œuvres, ces ruines qui font notre admiration (et qui affligeraient leurs anciens habitants), reformant à leurs pieds d'autres monticules, amas, éboulis, chaos instables, évolutifs, mouvants et émouvants. Il y a toujours matière à bouger.

Et ça donne matière à penser. Démarrons donc la réflexion.

Dé-marrer, désamarrer, larguer les amarres[1]… C'est se mettre en mouvement, se laisser emporter par un courant auquel on avait résisté en s'amarrant.

C'est en réalité se *re*mettre en mouvement. Car le mouvement ne s'est pas arrêté, lui. Il ne s'arrête jamais. Omniprésent, il « fait marcher » le monde ; rien n'y échappe définitivement. On peut s'y opposer un temps, mais pour cela que d'effort, à contre-courant, que de contre-mouvement, ce qui est toujours du mouvement ! Autant se laisser embarquer, autant composer avec lui, utiliser ses forces et s'en réjouir.

Je décrocherai donc mon mousqueton et je me laisserai dériver vers le large. J'y retrouverai un ami : le dauphin. Toujours vif et mobile, le dauphin représente à mes yeux le mouvement incarné. C'est un bonheur de le regarder onduler sous la surface de l'eau, puis émerger, surfer sur la vague ou la franchir à petits bonds horizontaux. Mais on guette surtout son grand saut, lorsqu'il jaillit à la verticale, vole, vrille sur lui-même, caracole dans les airs et se courbe pour replonger en projetant des gerbes lumineuses. Je connais les hypothèses explicatives : comme tous

---

[1] « De *se démarrer* « rompre les amarres » (1491), on passe au verbe intransitif de même sens (1539), puis à ses emplois figurés. *Démarrer* se dit pour « partir » en parlant d'une personne (1622) ; cette valeur familière s'est conservée, mais elle n'est plus aujourd'hui rapportée à son origine maritime. » *Le Robert, dictionnaire historique de la langue française.*

les cétacés, il se livrerait à ces étonnantes acrobaties pour se débarrasser des parasites qui l'importunent, ou encore pour se signaler à ses congénères... Qu'importe. Pour moi qui l'admire, il illustre la jubilation. Avec sa large bouche prognathe aux commissures légèrement retroussées comme en un sourire, avec ce cliquetis qui parfois ressemble à un rire, le dauphin symbolise la joie vivace.

Il représente aussi un paroxysme de la mobilité, paroxysme paradoxal : une immobilisation éphémère et fulgurante lorsque, au zénith de sa courbe aérienne et juste avant qu'elle ne s'infléchisse vers le bas, d'un coup de nageoire caudale, il se cabre, se cambre, semblant même parfois regagner de la hauteur[2]. Instant jubilatoire qui défie la pesanteur, suspend le temps, contracte l'espace. En un éclat d'énergie, le dauphin tout à la fois refuse et accepte la chute, la diffère et l'anticipe. Ce moment condense son mouvement.

« Moment : emprunté au latin *momentum,* issu par contraction de *movimentum,* dérivé de *movere* 'bouger, se déplacer'. Ce nom signifie proprement 'mouvement, impulsion, changement' et désigne concrètement le poids qui détermine le mouvement et l'impulsion d'une balance »[3], son moment de bascule. De même, en physique mécanique, le moment d'une force est son aptitude à provoquer un basculement.

Moment critique, suprême, décisif. Tout au long du parcours, on le pressent, on l'effleure, on s'y projette, on s'en souvient. Il marque notre existence au coin de l'éternité. Coup de poinçon

---

[2] J'ignore si ce phénomène est réel ou imaginé par moi. J'ai cru, dans une vidéo, voir un dauphin donner ce coup de rein sublime. Était-ce une manifestation de joie ? J'en doute fort. Cet animal était captif et, malgré leur apparence de « sourire », on sait que nos amis cétacés ne sont pas heureux en captivité. Mais je me plais à espérer que, dans le secret de la haute mer, les dauphins libres s'octroient ce bonheur. Un fantasme peut-être.

[3] Le Robert, Dictionnaire historique de la langue française.

qui perfore la gangue de l'être-au-monde, par où s'opère l'infime passage au pur acte d'être.

Mais le passage est toujours réversible : à l'apogée du bond, le dauphin cède de nouveau à la gravité, il replonge voluptueusement en piqué, perce encore, dans l'autre sens, la surface de l'océan pour aller fouiller les abysses, s'y charger de l'énergie vitale qui le fera bientôt donner le coup d'échine inverse, celui qui le propulsera une fois de plus vers la surface et dans les airs.

Ainsi me semble l'être humain, tantôt sombrant dans les ténébreux abîmes, prêt à couler par le fond, tantôt s'élevant dans l'atmosphère lumineuse, parfois s'y suspendant en une fulgurance extatique. Dès lors, celui qui a connu cette exaltation l'emporte en viatique pour replonger dans l'existence ordinaire où il navigue désormais en un double état d'être, à la fois temporel et intemporel, suspendu et en perpétuel mouvement.

CHAPITRE PREMIER

# Le mouvement de la matière

> Ciel !
> L'espace s'écartèle
> Tout s'écarte
> Tout fuit
> Les galaxies
> Ont rompu leurs amarres
> Michel Cassé[4]

Pour définir ce qui nous est le plus familier, ce dont nous faisons à chaque instant l'expérience - le mouvement - on fait traditionnellement appel à des notions fort abstraites : « changement continu de position dans l'espace, considéré en fonction du temps, et par suite ayant une vitesse définie »[5], « changement de position dans l'espace en fonction du temps, par rapport à un système de référence »[6]. Dès le collège, on apprend à manipuler la direction et la vitesse du mouvement comme des variables mathématiques reliant des points. On peut les coucher sur le papier, les tracer sur la surface plane du tableau. Le mouvement, ainsi aplati, fixé, se laisse contempler à loisir ; les équations et les graphiques ne fuiront pas, ils ne bougeront plus. École de l'immobilité où l'on apprend à fixer les choses en même temps que soi-même, bloqué des heures durant dans la cage d'un pupitre lui-même coincé entre d'autres pupitres, le tout stabilisé

---

[4] Michel Cassé, *Cosmologie dite à Rimbaud*, éd. Jean-Paul Bayol, 2007, p. 166
[5] André Lalande, *Vocabulaire technique et critique de la philosophie*
[6] Dictionnaire Robert

dans le parallélépipède de la classe enserrée dans l'*im-meuble* de l'établissement. J'aimais l'école, mais pourquoi nous y empêchait-on de bouger ? Comment ne me serais-je pas précipitée dès la sortie vers mon cours de danse ? Comment ne pas y ressentir le carcan d'une tradition millénaire rétive au mouvement ?

## La fascination pour l'immobilité

Entre les amoureux du mouvement et les tenants de l'immobilité, tout s'est en effet joué voici quelque vingt-cinq mille ans.
Aux VI$^e$ et V$^e$ siècles avant notre ère, Héraclite d'Éphèse développait une vision mobile d'un monde où tout se change en son contraire. « À ceux qui descendent dans les mêmes fleuves surviennent toujours d'autres et d'autres eaux. » Au cœur de la physis agit le feu, principe de toute transformation. Il ne nous reste qu'une centaine de fragments du poème d'Héraclite intitulé *Sur la nature (Perì phýseôs)* dont il aurait selon certains auteurs déposé les tablettes au pied de l'autel d'Artémis, déesse de la nature sauvage et de la course chasseresse, incitatrice au mouvement, donc.
À la même époque, Parménide d'Élée composait aussi un poème intitulé *Perì phýseôs* dont il ne nous reste guère davantage. Vent debout contre la tornade héraclitéenne, Parménide magnifiait l'immuable. « L'être [...] est d'un seul bloc, inébranlable et sans fin. ». C'était solide, stable. Aussi, face à tant de sérénité, est-il plaisant de voir Parménide décrire son voyage vers l'être unique et immobile en termes quelque peu mouvementés : « Les cavales qui m'emportent m'ont mené là où me poussait l'élan de mon âme ; elles se sont élancées sur la route fameuse de la Divinité...». Si le sage d'Élée trahissait là une nostalgie inavouée du mouvement, ses disciples se sont montrés bien plus

rigoureusement adeptes d'un modèle inaltérable, régi par des forces et des idées permanentes. Zénon d'Élée s'est illustré pour la postérité par ses paradoxes visant à déconstruire et démanteler le mouvement. Ainsi démontrait-il qu'Achille ne pourra jamais rattraper une tortue qui lambine devant lui puisqu'à chaque fois qu'il aura atteint le point où elle est, elle n'y sera déjà plus. De même, une flèche, avant d'atteindre sa cible, doit d'abord faire la moitié du chemin et auparavant le quart, et auparavant le huitième, le seizième, le trente-deuxième, et ainsi de suite à l'infini. Elle reste donc sur place et le mouvement est impossible. Zénon d'Élée, le zélé, lui a coupé les ailes.

Bien que contredisant l'expérience et le sens commun, cette fascination pour l'immobilité a marqué la pensée et les sciences pour rien moins que deux millénaires, comme le note Henri Bergson : « C'est Zénon qui, en attirant l'attention sur l'absurdité de ce qu'il appelait mouvement et changement, amena les philosophes – Platon tout le premier – à chercher la réalité cohérente et vraie dans ce qui ne change pas. » [7]

Quel pouvait être le statut de la danse dans un monde où l'idéal est immobile et célébré dans la statuaire ? On verra plus loin comment la beauté était située du côté du dieu de l'immuable, Apollon, et la danse considérée plutôt comme la servante du dieu du désordre, Dionysos.

## L'impossible carte du ciel

Pendant deux mille ans on a pensé que l'état naturel d'un corps était l'immobilité, qu'il ne pouvait être mu que par une force extérieure. Ce n'est qu'à partir du XVIe siècle que Galilée, puis Newton, ont montré qu'il existe un mouvement intrinsèque aux

---

[7] Henri Bergson, *La pensée et le mouvant,* éd. Garnier-Flammarion, p. 188-189

corps par lequel ils s'attirent mutuellement. Avec la gravité, on retrouvait enfin l'antique physis qui naît et croît, un monde où bouger était bienvenu.

En amputant la matière de sa force de croissance, les penseurs occidentaux antiques, puis classiques, n'ont pu développer qu'une image statique de l'univers. Rejetées, les visions dynamiques de Pythagore de Samos qui, ayant remarqué que l'« étoile du soir » était la même que l'« étoile du matin », en avait déduit que la terre tournait sur elle-même. Oubliées, les rêveries d'Héraclite d'Éphèse persuadé que l'harmonie du monde venait du mouvement. Place au statisme de Parménide et de ses disciples.

Ils commencèrent par immobiliser la Terre ; elle était ronde, certes, mais surtout pas pour tourner. La rotation était réservée aux couronnes astrales et ordonnée par la divine Nécessité. L'école d'Élée reprenait ainsi la plupart des cosmogonies antiques selon lesquelles le démiurge avait fabriqué le monde selon un modèle éternel et fixe. Le mouvement n'apparaissait plus que comme « une certaine imitation mobile de l'éternité », selon les mots de Platon.

Cependant, les observateurs continuaient d'observer. Force fut pour Aristote de reconnaître que sur la Terre et autour d'elle, il y avait du mouvement. Il prit alors soin de l'y confiner sans la contaminer. Au centre du cosmos trône la Terre immobile à la surface de laquelle les vents, les marées et les corps s'agitent. Mais au-delà de la sphère terrestre règne la grande immobilité des étoiles, immuablement fixes sur les sphères célestes cristallines et concentriques auxquelles elles impriment une rotation, oui, mais sans déformation (attention : pas trop de liberté de mouvement !). La Terre et les étoiles sont causes de mouvement, mais demeurent elles-mêmes fixes ; elles constituent le *Premier Moteur immobile*.

Pourtant, un contemporain d'Aristote, Héraclide du Pont, avait repris l'idée pythagoricienne d'une Terre qui tournerait sur elle-même. Juste après lui, Aristarque de Samos alla jusqu'à oser affirmer qu'elle tournait non seulement sur elle-même, mais également autour du soleil ! Hardiesse tellement scandaleuse qu'elle sera confinée dans l'oubli pendant mille sept cents ans.

Au II$^{\text{ème}}$ siècle de notre ère, Ptolémée consolida le bon ordre du monde : la Terre au centre de tout un système d'*épicycles* astraux géométriques. Ce vaste mouvement d'horlogerie est observé, décrit, mesuré, mis en tables mathématiques et publié sous le titre *Composition mathématique*. L'ouvrage circule jusque dans le monde arabe et fait autorité durant tout le Moyen Âge, sous des titres de plus en plus prestigieux : *La grande Composition*, puis *La très grande*, arabisé en *al-Mijisti* devenu en français *l'Almageste*. Sous ce beau nom exotique et mystérieux, l'œuvre est restée la Bible des astrologues jusqu'à ce qu'un certain Nicolas Copernic se risque, non sans réticence, à laisser publier ses *Révolutions des orbes célestes* qui allaient renverser les tables de la loi et mettre le monde à l'envers en faisant tourner la Terre autour du soleil. La fameuse révolution héliocentrique fut confirmée au siècle suivant par Galilée et Kepler : le soleil était désormais au centre du monde et tout gravitait autour. Paix aux mânes d'Aristarque de Samos mais plus de repos absolu en ce monde : une chose immobile sur Terre se mouvait désormais avec elle par rapport à l'univers.

Depuis lors, les astrologues ne se préoccupent plus guère d'immobilité. C'est le mouvement des astres qui les passionne, et leurs interactions gravitationnelles. Les astrophysiciens modernes travaillent comme des photographes conscients de ne capter que des instantanés qui restent là, sur la table ou sur l'écran, tandis que leur modèle n'a cessé de filer dans l'univers.

Un cliché du télescope Hubble montre en une seule image fixe, non seulement des distances astronomiques de plusieurs milliards d'années-lumière, mais des objets célestes dont l'âge varie de quelques dizaines de millions d'années à treize milliards d'années. Autant dire que ces objets spatiaux ne sont plus tels qu'on les voit sur la photo et que nombre d'entre eux n'existent d'ailleurs plus.

Au début du XX$^e$ siècle, Edwin Hubble a découvert que les galaxies sont mobiles ; elles s'éloignent les unes des autres. L'Univers est en expansion, c'est-à-dire en mouvement infini, dans toutes les directions. Et les galaxies filent d'autant plus rapidement qu'elles sont plus éloignées, échappant à la portée de nos télescopes et marquant l'*horizon de l'univers*. En fait, remarque Hubert Reeves, ce ne sont pas les galaxies qui voyagent, « c'est l'espace lui-même qui est en expansion et les galaxies sont entraînées dans cet espace. »[8]

Tout bouge. Inutile et vain de vouloir coucher sur le papier une carte du ciel. Tous les astres, y compris les trous noirs, tournent sur eux-mêmes. Et entre les astres, ça bouge aussi ! À travers l'espace lui-même en extension, des flux de particules filent à des vitesses proches de celle de la lumière. Parmi elles, des photons provenant du Big Bang ! En 1965 deux ingénieurs, Penzias et Wilson, captèrent sur leur radiotélescope un bruit de fond provenant uniformément de toutes les directions de l'univers : le rayonnement fossile toujours en voyage depuis 13,7 milliards d'années.

Nous-mêmes, voyageurs dans l'espace, pouvons désormais voir jusqu'à l'horizon du cosmos et, voyageurs dans le temps, capter quelque chose des origines. L'expérience courante et la configuration de notre esprit nous ont habitués à distinguer

---

[8] Hubert Reeves, *Chroniques des atomes et des galaxies*, éd. du Seuil, 2007, p. 128

l'espace et le temps. Mais nous savons bien dorénavant qu'ils sont deux modes d'un même phénomène.
Les danseurs le sentent bien.

## L'espace et le temps

Les Incas ne les distinguaient pas. En aymara et en quechua « pacha » désigne à la fois le monde et le moment. Admirable intuition de civilisations anciennes qui ont vu comme une évidence ce que les savants occidentaux ont mis des siècles à reconnaître.

Il fallut en effet attendre le XVIIe siècle pour que l'étincelle jaillisse : Newton établit que les corps exercent entre eux des forces d'attraction proportionnelles à leur masse et inversement proportionnelle à leur distance. Il introduisait ainsi la notion de relativité : tout mouvement est relatif aux masses et aux distances. Mais en conséquence tout repos est également relatif, donc toute position dans l'espace. Selon Stephen Hawking, « Newton était très chagriné par cette absence de localisation absolue, ou d'espace absolu, comme on disait, parce que cela ne s'accordait pas avec sa notion d'un Dieu absolu. »[9] Encore lui restait-il la croyance en un temps absolu !

Mais voilà qu'en 1905 Albert Einstein, puis Henri Poincaré, déconstruisent à leur tour la notion de temps absolu ; le temps et l'espace ne peuvent plus être considérés comme des entités séparées. Si les étoiles s'éloignent de nous d'autant plus rapidement qu'elles sont éloignées, c'est qu'en réalité, plus l'espace est lointain, plus il est rapide. C'est l'espace lui-même qui se dilate et accélère. L'espace et le temps sont deux modes d'une réalité unique : l'espace-temps.

---

[9] Stephen Hawking, *Une brève histoire du temps*, éd. Flammarion, 2008, p. 39

Cette nouvelle vision des choses change radicalement notre rapport au monde. Elle redimensionne et ré étalonne tout. Dans mon enfance on apprenait par cœur la définition du mètre-étalon comme *la longueur d'une barre de platine iridié conservé au Bureau international des poids et mesures, au pavillon de Breteuil à Sèvres*. Désormais le mètre est *la distance parcourue par la lumière en un 299 792 458$^{ème}$ de seconde*. On continue à mesurer les objets avec une règle ou un mètre ruban mais sur nos écrans on contemple des astres dont la distance est comptée en années-lumière. Une année-lumière équivaut à dix mille milliards de kilomètres ; la lune est à une seconde-lumière de la Terre, le Soleil à huit minutes-lumière, Alpha du Centaure est à quatre années-lumière du Soleil, les astres visibles les plus lointains à plusieurs milliards d'années-lumière.

Comment pourrait-on encore vouloir fixer et mettre à plat la carte du ciel ? Comment pourrait-on encore tirer des lignes droites entre les astres pour dessiner des constellations ? Déjà, sur Terre, la ligne droite entre deux points éloignés est en réalité une courbe, même si ça ne se voit pas à l'œil nu. A fortiori ne peut-on désormais se représenter le cosmos qu'en images multidimensionnelles, dynamiques, mouvantes en fonction du point d'observation. C'est que, du fait de leur relativité, l'espace et le temps sont eux-mêmes déformables.

L'espace est plastique. Tout corps le déforme, ce qui dévie en retour sa trajectoire. Ce n'est pas la force gravitationnelle qui oblige la Terre à suivre son orbite, c'est la Terre qui suit la trajectoire la plus proche possible de la ligne droite dans un espace courbé par sa propre masse.

De même, le temps est plastique. Il passe moins vite dans un vaisseau spatial que sur Terre. En 1911 Paul Langevin a lancé dans le monde des physiciens une énigme sur laquelle ils se cassent encore la tête : le paradoxe des jumeaux. Imaginons deux jumeaux dont l'un embarque pour un voyage dans l'espace à une vitesse proche de celle de la lumière ; à son retour, chacun des frères aura l'impression que l'autre a vieilli moins que lui. La plupart des scientifiques pensent, démonstrations diverses à l'appui, que c'est en fait le spationaute qui reste le plus jeune. De même, il semble prouvé et observé qu'une horloge à bord d'une fusée, ou même d'un avion, est ralentie par rapport à la même horloge restée sur Terre. C'est ce qu'on appelle la *dilatation du temps.*

Je suis complètement dépassée par les théories de la relativité restreinte et générale, mais ce que je retiens c'est qu'« il n'y a pas de temps absolu unique, chaque individu a sa propre mesure personnelle du temps qui dépend du lieu où il est et de la manière dont il se déplace.»[10]

L'espace module le temps et le temps modèle l'espace. C'est l'aubaine du danseur qui, on le verra bientôt, joue sur cette plasticité de l'espace-temps. Modulation du temps et modelage de l'espace sont le commencement de la danse.

### Des liens, des échanges, des choix

Qu'y avait-il derrière la passion ancienne de cartographier le ciel ?

Cartographier, c'est disposer sur un plan des points fixes et tracer des lignes entre et autour d'eux. Ces lignes, on les dessine pour rendre visible ce qui lie les points, ce qui fait qu'ils forment un ensemble, ce qui les tient ensemble. En traçant un trait entre eux, on révèle un lien présupposé, qui préexistait au trait de crayon et qu'on rend simplement visible, comme dans ces jeux graphiques

---

[10] Stephen Hawking, *Une brève histoire du temps*, éd. Flammarion, 2008, p. 54

qui consistent à faire apparaître une figure en reliant des points numérotés. La numérotation induit que le nuage de points qui semblait informe était en fait ordonné, structuré.

De plus, tout comme le cliché d'un télescope, la carte immobile vibre, pour qui sait la déchiffrer, de tous les mouvements antérieurs à l'instantané qu'elle présente, de tous les mouvements accomplis depuis son tracé, de tous les mouvements à venir. Tout comme la photographie, la cartographie est un acte ponctuel qui re-lie ce qui était déjà lié, ce qui est déjà délié, déjà relié autrement. C'est une *reliance* qui rend visible un moment du foisonnant jeu dynamique des *liances*.

On pourrait objecter que la forme révélée par le trait de crayon ou par le cliché est en fait une construction mentale projetée sur une matière tout autre et inconnaissable en soi. Peut-être. La question est celle, fondamentale et vertigineuse, de la connaissance du réel. Problème sans solution, car posé par l'esprit humain se demandant si sa connaissance est son propre produit. Mais bien sûr, qu'elle est son propre produit, bien sûr que l'esprit humain ne peut se représenter le monde et l'ordonner que selon ses propres structures d'entendement. Pétition de principe, cercle vicieux : nul être humain ne pourra jamais dire comment le cheval ou le chêne ou la montagne se représentent le monde, ni d'ailleurs si cette question est sensée ou insensée.

La liance supposée précéder la reliance est déjà un produit du cerveau humain. On ne sort pas – on ne peut pas sortir – de la sphère des représentations humaines.

D'ailleurs, le désire-t-on ? Et pourquoi le désirerait-on ?

Le néologisme « reliance » est apparu pour la première fois en Belgique, en 1963 sous la plume du journaliste Roger Clausse, enthousiasmé par le pouvoir rassembleur de la radiodiffusion. Il avait, en 1934, suivi le reportage des obsèques du roi Albert 1er et observé l'état de communion quasi mystique des auditeurs rassemblés autour des postes. « Ça sent l'encens ! », s'était même écriée une dame. «La TSF[11] [...] avait vaincu l'espace et le temps», écrira le sociologue belge Marcel Bolle de Bal en 1995 au début de l'ouvrage collectif *Voyage au cœur des sciences humaines, de la reliance.*

Le suffixe *ance* désigne à la fois l'action et son résultat ; la reliance est une notion active, dynamique. Comme Marcel Bolle de Bal le souligne, quantité de termes évoquant le mouvement émaillent la quarantaine de contributions collectées : «voyage», «vagabondage», «aventure », «retour», «quête», «définition sociologique buissonnière», «musarder», «errance», «labyrinthe», «défrichement», «piste», «explorer», «expatriation», «périple», «métissage», «rencontre», «aller-retour», «séparation», «passage», «aire transitionnelle», «ondulation», «attraction», «frontières», «portes et ponts»...

La reliance est mouvement, jeu d'espace et de temps.

Comme la radio, comme l'internet, comme la littérature, la poésie, la peinture, la musique et tous les arts, comme la connaissance, comme la pensée, comme l'amour et l'amitié, la reliance permet de voyager en restant sur place. Ne nous projetons-nous pas à l'horizon du cosmos en contemplant les clichés du télescope spatial Hubble ? Voyage sédentaire, rêve millénaire, grande réconciliation du mouvement et de l'immobilité.

L'immobilité est mouvement imaginé, accompli ici et maintenant, dans un concentré d'espace-temps. On *re*lie parce qu'on a déjà lié en pensée. « Si l'on supprime le –RE, il resterait donc la 'liance' ? », demande Marcel Bolle de Bal à Edgar Morin. « La liance ou l'alliance », répond ce dernier. Chantre de la relation dialogique qui lie et relie les contraires, il n'opposerait

---

[11] Télégraphie Sans Fil, ancien nom de la radio.

probablement aucune objection aux noces du mouvement et de l'immobilité.

Sont-ce ces noces que célèbre mon dauphin en se suspendant au sommet de son saut ? À voir avec quelle ardeur il pique de nouveau vers la surface de l'eau pour s'y engouffrer, il ne semble certes pas vouloir arrêter son cycle sempiternel de bonds et de plongées. Différer d'une seconde le plongeon pour mieux s'en régaler : le délice de la suspension tient justement à sa brièveté. Est-il même sûr qu'elle ait eu lieu, n'a-t-elle pas surtout été un rêve, un désir de suspension ? Et si elle s'est produite ce ne peut être que dans une fulgurance. Comme le danseur qui rehausse son saut en battant l'entrechat ou l'athlète qui donne le coup de rein décisif pour passer la barre de saut, il n'a de cesse que de continuer à bouger, à danser, à s'élancer de nouveau. L'immobilisation au sommet est plutôt la sensation imaginaire d'un paroxysme du mouvement, une sorte d'éternité qui serait l'image immobile et éphémère - un instantané - du temps mouvant. Vision inverse de celle de Platon pour qui c'est le temps qui est image mobile de l'éternité.
L'éternité comme un paroxysme du mouvement, un extrême inaccessible, un fantasme ? Est-elle pour autant une illusion ? La présente réflexion tentera d'éclairer cette question, d'évaluer la teneur existentielle et philosophique de cette sensation, de cette expérience d'éternité qui fait dire à Spinoza : « Nous sentons et expérimentons que nous sommes éternels ».[12]

Sentir, expérimenter, voilà encore des mouvements de la conscience vivante. Que nous apprend la biologie au sujet du mouvement ?

---

[12] Baruch Spinoza, *Éthique* V 23 scolie

Antoine Danchin, spécialiste de génétique moléculaire, place la relation au cœur de la matière vivante : « Ce qui est lié à la vie est un ensemble original de *relations* entre objets (ou même entre relations). Une macromolécule, comme un acide nucléique ou une protéine, d'ailleurs, représente la matérialisation d'un ensemble de relations... »[13] Au cœur des molécules liance et déliance assurent ou défont la stabilité.

Mais qui dit reliance dit échanges, propriété de « transformer sans cesse les substances intérieures et extérieures. C'est ce qu'on nomme, sous sa forme la plus générale, le *métabolisme*. »[14] Ces échanges se font grâce à une certaine perméabilité de la membrane des cellules qui se laissent traverser par les électrons et les protons. Autrement dit, tout métabolisme (du grec *meta : au-delà et bollein : jeter*) est mouvement. « Une membrane tirée d'un être vivant et séparant deux milieux appropriés suffit à créer le mouvement »[15], d'incessants échanges du vivant avec son milieu. Le biologiste rejoint le philosophe Henri Bergson : «Parce que nous nous la représentons à travers l'espace, nous pensons la matière comme un ensemble d'objets isolés [...] : or, elle consiste en réalité dans un ensemble de mouvements.»[16].

La vie est échange, mouvement, invention d'espace-temps.

Inventer n'est pas le propre de l'homme mais de la matière. Voici une autre révolution de la pensée : les sciences et la connaissance en général étaient, depuis Aristote, fondées sur la causalité et le déterminisme. Des générations de philosophes se sont attelées à la problématique du déterminisme et de la liberté. Et voici qu'aujourd'hui les sciences incluent dans leurs modèles le hasard

---

[13] Antoine Danchin, *Une aurore de pierre, aux origines de la vie,* éd. du Seuil, 1990, p. 39
[14] Idem, p. 30
[15] Ibidem, p. 170
[16] Frédéric Worms, présentation de *Matière et mémoire*, d'Henri Bergson, rééd. PUF 2012

et la probabilité. L'évolution du vivant, on le sait, ne s'est pas faite de façon linéaire, loin s'en faut. Des arborescences aux multitudes de branches se sont développées en tous sens, avec des longévités variables. « La vie est faite d'innombrables petits choix […] et, jusqu'à l'apparition de la réflexion humaine, elle ne possédait aucun moyen de revenir sur ceux-ci, qu'ils résultent d'une contrainte d'optimisation ou d'un accident. […] Si, à la suite d'un cataclysme, la Terre ne se trouvait plus peuplée que de végétaux, de microbes et d'insectes, il parait peu vraisemblable d'imaginer qu'elle donnerait naissance à l'Homme, ni même aux mammifères. »[17]

La matière est tellement vivante qu'elle est imprévisible. On a presque envie de dire qu'elle est « libre » de devenir ceci ou cela. En tout cas, chaque bifurcation de l'évolution, chaque « choix » est une configuration unique, singulière, un pur évènement.

Est-il le chantre de cette imprévisibilité, le corps danseur qui crée à chaque instant un échange d'énergie – un métabolisme – avec son milieu et avec les autres corps, brassant sans cesse la matière de la vie ?

## Matière à vivre

Reprenons un instant la définition classique du mouvement : « changement de position dans l'espace en fonction du temps ». Mais changement de quoi ? Qu'est-ce qui change de position ? Ces points qui bougent sur des trajectoires, que figurent-ils ? Des objets matériels, naturels ou artificiels, des corps célestes ou terrestres et bien sûr des corps vivants.

---

[17] Antoine Danchin, *Une aurore de pierre, aux origines de la vie,* éd. du Seuil, 1990, p. 169-170

Pour ce qui concerne ces derniers, traditionnellement nommés corps animés, cela semble aller de soi : ils se meuvent par eux-mêmes. La plupart des animaux se déplacent de leur propre fait sur le sol, dans l'eau ou les airs. Quant à ceux qui sont fixes, coraux, moules, huîtres, anémones de mer et autres balanes plus ou moins souples ou rétractiles, ils bougent comme des plantes : sur place. Et on sait à quel point les végétaux peuvent se montrer envahissants, sous terre et à l'air.

Mais les corps minéraux, c'est bien connu, ne se meuvent pas.

À voir… Une nappe phréatique ne s'étend-elle pas sous terre ? Une rivière souterraine n'y court-elle pas ? Un gisement de pétrole, un filon de fer ou d'or, n'imprègnent-ils pas le minerai, ne s'immiscent-ils pas dans les anfractuosités des roches ? Un cristal ne se développe-t-il pas dans sa géode, construisant parfois de somptueux palais ? Les montagnes ne s'érigent-elles pas sous l'effet de forces telluriques, continents et océans ne se déplacent-ils pas selon des poussées tectoniques ? L'univers lui-même ne s'accroît-il pas en permanence et à l'infini ?

« Pousser » se conjugue avec l'ensemble des corps. Toute matière pousse, un pléonasme pour les Anciens : *materia, hylè*, c'est le bois et par extension ce qui naît, pousse, croît.

Tout corps inerte bouge ; une contradiction dans les termes, a-t-on pensé pendant des siècles, sans voir une autre contradiction : ces objets étaient censés être inanimés, mais animés tout de même, par des mouvements extérieurs à eux disait-on. Mais pour qu'ils soient sensibles à ces forces et aptes à s'y soumettre, il faut bien que ces corps prétendument inanimés portent en eux une sorte de système récepteur du mouvement. Qu'est-ce qui, en eux, les pousse à répondre à ces impulsions ? La gravitation universelle, répond Newton. Et en écho s'élève de toutes parts une polyphonie : le conatus ! Le vouloir vivre ! La volonté de puissance ! L'élan vital ! Le Désir !

Car enfin qui refuse ou octroie aux corps observés leur capacité à se mouvoir ? L'observateur humain, c'est-à-dire un autre corps, mais doué de pensée réflexive, capable de connaître – ou de méconnaître- les corps mouvants ou mus, de les répertorier, de les mettre en relation, de les nommer. Des corps humains faits de la même matière que les corps inanimés, partageant avec eux les mêmes particules, liés à eux par une multitude d'interactions, mais jouissant d'un perfectionnement particulier qui leur donne le pouvoir de classifier tous les autres corps, de les diviser en catégories. Pouvoir dont ils ont longtemps usé et abusé en se plaçant hors catégorie, en surplombant les autres espèces séparées par des barrières sûres : le Créateur avait conçu la pluralité et le cloisonnement des espèces. Mais depuis que Darwin a montré qu'une espèce peut en engendrer une autre, il ne reste plus que la distinction entre les « règnes » minéral, végétal et animal.

Pour combien de temps ?

Et d'ailleurs est-elle encore valide ?

En 1828, le chimiste Friedrich Wöhler parvient à synthétiser l'urée en laboratoire, démontrant que les composés organiques et inorganiques sont régis par les mêmes lois. Dès lors, dit Antoine Danchin, « un fort courant [...] se dessine pour admettre la communauté d'identité de la matière inerte et de la matière vivante. »[18] Elles se différencient surtout par le degré de complexité de leur organisation. C'est pourquoi Edgar Morin replace au cœur de sa vaste réflexion l'antique *physis*, la nature qui naît et qui croît, la nature naturante, aurait dit Spinoza, la nature en acte.

---

[18] Antoine Danchin, *Une aurore de pierre, aux origines de la vie,* éd. du Seuil, 1990, p.23

Il se peut même qu'inconsciemment, la pensée occidentale ait rejeté le monde minéral en-deçà des frontières du vivant justement parce que là se trouve le berceau de la vie. Il est admis depuis longtemps que celle-ci serait apparue dans les océans. Mais certains chercheurs interrogent plutôt les pierres, comme les stromatolites, ces roches en forme de chou-fleur qu'on trouve notamment en Australie, dont les plus vieilles ont plusieurs milliards d'années et dont on sait qu'elles ont été formées par des processus biologiques. C'est bien l'avis d'Antoine Danchin, et c'est pourquoi il a intitulé son ouvrage *Une aurore de pierre, aux origines de la vie*. Il démontre que, contrairement à l'idée répandue, la vie n'est pas née de l'eau et que ce qu'on appelle *soupe prébiotique* aurait même été un poison chimique. « La surface des pierres, des poussières argileuses humides, des complexes métalliques, est un lieu bien plus prometteur pour la naissance de la vie. »[19] Il montre comment « des feuillets lipidiques viennent entourer des grains de matière solide et, par-là, séparer un milieu intérieur [...] du milieu extérieur. Cela commence à ressembler à un embryon de cellule, où métabolisme et membrane, deux des contraintes fondamentales de la vie, [...] se trouvent naturellement réunies. »[20]

La matière n'a pas été « faite pour vivre » ; elle ne répond à aucun dessein créateur. Elle a évolué vers une individualisation et une auto-organisation qui a conduit à la vie. Inversement, la matière organique repasse sans cesse à l'inorganique par les processus de décomposition. Le mouvement va jusque-là : de l'organique à l'inorganique, de matière à matière.
La matière est mouvement.

---

[19] Antoine Danchin, *Une aurore de pierre, aux origines de la vie,* éd. du Seuil, 1990, 4ème de couverture
[20] Idem, p. 104

CHAPITRE II

# Le mouvement humain

> Aux sens traditionnels – le toucher, la vision, l'audition, le goût, l'olfaction – il faut [...] ajouter le sens du mouvement.
> 
> Alain Berthoz[21]

Si nous sommes faits de matière-mouvement, comment ne serions-nous pas nous-mêmes en perpétuel mouvement ? Même en dormant nous continuons à bouger lentement, a minima. La phase du sommeil la plus calme en apparence est nommée « paradoxale » car, alors que les muscles sont au repos quasi complet, les circuits électriques du cerveau s'affolent, les yeux roulent sous les paupières, les rêves vont bon train. Et bien sûr le cœur continue de battre, le sang de pulser, les poumons de respirer, les cellules de se renouveler. L'immobilité totale c'est la mort. La mort de l'individu car les cellules, les molécules, les atomes et les particules poursuivent leur circulation.

Du minéral au végétal, à l'animal et à l'humain, le génial accoucheur Frédérick Leboyer a fait cent fois le chemin :

*Embryon,*
*petite plante immobile qui pousse, qui bourgeonne, qui devient, un jour, fœtus.*
*La plante s'est faite animal : le mouvement l'envahit qui, du tronc, progresse vers la périphérie.*
*L'arbrisseau agite ses branches : le fœtus bouge, jouit de ses membres.*

---

[21] Alain Berthoz, Alain Berthoz, Le sens du mouvement, éd. Odile Jacob, 1997, p. 31

Et une fois l'enfant venu au jour :

*À mesure que le souffle envahit le corps du nouveau-né, on croirait,
oh, surprise, voir une plante, un arbre pousser ! [...]
Nous sommes sortis des eaux, nous avons pris pied sur terre. [...]
Cette route longue, longue, longue,
qui mène du minéral à l'homme,
c'est celle que refait tout enfant
en naissant* [22]

Je regarde un dessin de nouveau-né encore raccordé à son placenta.[23] L'enfant, gracieuse petite racine de mandragore, repose sur le feuillage nervuré de son enveloppe fœtale. Il est encore relié, par la tige torsadée de son cordon, à la motte du placenta irrigué d'une arborescence de vaisseaux.

## La gestation du mouvement

Pour l'animal humain comme pour toutes les espèces végétales ou animales à reproduction sexuée, l'avant-première de la vie se joue sur deux scènes distinctes : d'un côté un ovule expulsé d'un ovaire ; de l'autre une foule de spermatozoïdes éjectés du corps masculin, par centaines de millions. Que le trajet vers l'utérus se fasse par les « voies naturelles » ou bien en laboratoire, il s'agit toujours de rapprocher deux éléments qui se sont séparés de leur nid d'origine. Les deux aventuriers se sont forgés à partir de leur milieu d'origine jusqu'à se rendre aptes à le quitter. D'emblée, la vie débute par une double séparation, séparation active suivie d'un effort effréné pour relier les deux dissidents, qui garderont

---

[22] Frédérick Leboyer, *Pour une naissance sans violence*, réed. Points Seuil 2008, p. 42, 79, 83
[23] Dessin de F. Melis, adapté d'Adrian Van Der Spiegel (1626) in *Cahiers du Nouveau-né* n°8, p. 15

toute leur vie la marque de leur milieu d'origine, auquel ils resteront à jamais liés.
Liance, déliance, reliance, c'est la course perpétuelle de toute vie.

Émission, migration et rencontre : le processus de fécondation est mouvement.
Toutes les étapes ultérieures seront mouvement également : pénétration de l'ovule par un spermatozoïde, division cellulaire, cheminement de l'œuf vers l'utérus, enfouissement dans l'endomètre qui bientôt, envahi par le trophoblaste, développe le placenta, ce lieu d'échanges entre la mère et l'embryon, plaque tournante d'un trafic vital. À chaque étape : du mouvement. Et au bout de trois semaines, un cœur embryonnaire commence à battre, à propulser une circulation sanguine. « Pendant quatre bons mois, l'univers du fœtus est un cosmos en expansion. Ce n'est qu'à la mi-temps de sa gestation qu'il se heurte aux limites qui vont l'acheminer progressivement vers la naissance, vers la conquête du monde extérieur. »[24]
Bien avant la naissance : la limite, les frontières contre lesquelles il va falloir lutter tout en s'en nourrissant. Frontières qu'il va falloir se préparer à franchir, limites dont il va falloir s'affranchir. On repense à la cellule élémentaire prébiotique formée à la surface des poussières minérales et qui organise ses échanges avec le milieu ambiant grâce à la membrane qui l'en sépare : « Il est ainsi possible de dissocier, là où la membrane sépare l'intérieur de l'extérieur, la perception de ce qui se passe en dehors du contrôle interne. »[25] Si les cellules perçoivent le monde extérieur à travers leur membrane, alors que dire de l'embryon humain !

---

[24] Frédérick Leboyer, *Pour une naissance sans violence*, réed. Points Seuil 2008, p. 43
[25] A. Danchin, *Une aurore de pierre, aux origines de la vie*, éd. du Seuil, 1990, p. 181

Que dire ? Que cette reliance est musique :

*Les os qui craquent, les intestins qui borborygment,*
*et le tambour grave, envoûtant qu'est le cœur.*
*Plus noble, plus grandiose,*
*rythmant encore ce rythme,*
*le ressac incessant, lancinant,*
*la grande houle*
*et parfois la tempête :*
*« sa » respiration.*
*Et puis le verbe,*
*« sa » voix,*
*Cette voix unique de par son timbre,*
*Ses inflexions, ses humeurs, ses accents*
*dans lesquels est comme tissé l'enfant.*
*Et puis, les bruits du monde.*
*L'enfant connaît la voix de son père bien avant de l'avoir rencontré ;*
*Quel grand concert !* [26]

Concert corporel. Le fœtus expérimente déjà l'espace : il bouge, on le bouge, ça bouge. Il expérimente déjà le temps : il y a du rythme et des variations de rythme. On sait maintenant que les mouvements du fœtus activent son développement osseux et articulaire. Il participe à sa propre gestation, par des mouvements autocréateurs qui se déploient en réaction à son milieu ambiant : parois, membranes, cordon, placenta. Dès avant la naissance, le petit humain expérimente et illustre que la vie est un « phénomène d'auto-éco-organisation », comme dit Edgar Morin.[27] Pendant les premiers mois de gestation, ce n'était « que » cela : bouger pour pousser. Maintenant qu'il perçoit les mouvements de sa mère et des signaux venus des autres - père, fratrie, entourage – il bouge en résonance avec eux ; il bouge

---

[26] Frédérick Leboyer, *Pour une naissance sans violence*, réed. Points Seuil 2008, p. 38
[27] Edgar Morin, *Introduction à la pensée complexe*, éd. Points Seuil, 2014

non seulement pour pousser, mais aussi pour se relier aux autres et au monde extérieur.

Tout est là pour que, une fois la naissance advenue, l'enfant reconstitue ce dont il a déjà eu un avant-goût, ce dont il a déjà joui : son mouvement propre qu'il déploiera désormais dans l'espace aérien, son rythme propre qu'il scandera par sa respiration, le contact désormais direct et visuel avec l'autre naguère sourdement perçu.

Voilà que le mouvement se rythme. La danse approche.

## L'enfance du mouvement

Si les conditions de la naissance sont brutales, sous un projecteur aveuglant, parmi les hurlements anxiogènes « Poussez, madame, poussez ! », les chocs bruyants d'ustensiles, la coupure prématurée du cordon, la pendaison par les pieds et les claques dans le dos, comme cela se pratiquait naguère (combien d'entre nous encore sont-ils nés sous ce régime ?), les premiers mouvements du bébé ne peuvent être que gesticulation effrayée. Mais si l'enfant naît dans le silence, la pénombre, la lenteur, le relais progressif de la circulation ombilicale au système circulatoire et à la respiration autonomes, s'il entre d'emblée en contact avec l'extérieur du corps de sa mère, s'il passe par la délicieuse phase intermédiaire du bain qui lui rappelle le bien-être amniotique, alors ses premiers mouvements à l'air libre sont harmonieux. Si avant la naissance les premiers échos du monde étaient un concert, les premiers ébats à l'extérieur frisent la danse :

*Le mouvement, maintenant, l'envahit.*
*La tête tourne, à droite, à gauche. Lentement, complètement. Allant jusqu'au bout des possibilités de torsion du cou.*
*La face devient profil.*

*Une main s'anime, s'ouvre, se ferme. Elle émerge, quitte les eaux. Le bras suit, monte. La main caresse le ciel, palpe l'espace, retombe. L'autre part, monte à son tour, décrit une arabesque, et redescend. Les deux, à présent, jouent ensemble. Elles se rencontrent, s'étreignent, se quittent. [...]*
*Les jambes, d'abord craintives et qui restaient en retrait, n'osant entrer en jeu, à leur tour s'animent. [...]*
*Il joue !*
*Il n'y a pas dix minutes qu'il est né !*
*Tout ce ballet est un profond silence, ponctué seulement de cris brefs et légers qui sont comme des exclamations de surprise et de joie.* [28]

*Tout ce ballet est un profond silence....* Nous nous rappellerons ces mots lorsque nous réfléchirons sur les relations profondes de la danse et de la musique.
Maintenant, le bébé peut affronter de nouvelles épreuves, et remporter de nouvelles victoires. Car, prévient Leboyer, « sans doute, dans ce jardin, des monstres sont cachés : la Faim, bête terrible, n'a pas encore fait son apparition. »[29]

## L'enfance du désir

Désirer, étymologiquement *de-siderer*, du latin *sidus, siderus, astre*, c'est se mettre en mouvement vers une étoile après être resté pétrifié dans sa contemplation.
L'étoile que le nouveau-né a contemplée, c'est la plénitude, la satisfaction immédiate et continue de ses besoins. Dans le ventre de sa mère, où il était constamment nourri, ressentait-il la faim ? C'est peu probable puisqu'il était alimenté en permanence. Il semble même que le fœtus soit jusqu'à un certain point préservé

---

[28] Frédérick Leboyer, *Pour une naissance sans violence*, réed. Points Seuil 2008, p. 114
[29] idem, p. 115

des pénuries subies par sa mère puisqu'on a vu des bébés naître relativement bien-portants en camp de concentration.

Après la naissance, le voilà soudain séparé, à des années-lumière de son étoile matricielle, impuissant, isolé, sidéré. Seule issue : se dé-sidérer, se mettre en mouvement, mettre son désir en action.

C'est après la naissance que le petit se heurte au différé entre le besoin et la satisfaction. Contrairement aux animaux qui, à peine nés, se précipitent vers les mamelles maternelles, le bébé humain ne trouve le sein que si on le place contre la poitrine nourricière. Tant qu'il en est éloigné, il doit attendre, attendre pour retrouver l'état de satiété qu'il a connu pendant neuf mois, dont il garde la trace mentale, premier degré de mémoire. Il apprend à attendre ; il apprend à moduler le temps.

Et, après avoir pendant des mois modelé l'espace intérieur de sa mère, il apprend à modeler l'espace extérieur : la nourriture n'est plus apportée par le cordon ; elle n'est pas non plus à portée de bouche. Alors le bébé lance un cordon sonore vers la source éloignée du liquide nourricier : il pleure. Le lait vital est hors de portée de sa bouche mais le son de ses propres hurlements est, lui, bel et bien à portée de ses oreilles. C'est « du moi » qui part et qui revient, premier niveau de conscience réflexive, expérience primitive d'exister et de désirer exister. Expérience pénible : l'estomac qui réclame est visiblement douloureux. Il suffit de voir les contorsions souffreteuses du bébé pour comprendre la gravité du malaise qui, s'il se prolonge, tourne à la panique. Les hurlements expectorent un poignant appel au secours, un appel à l'autre, à l'adulte nourricier dont les apparitions s'apparentent à des sauvetages, leur répétition étant de plus en plus désirée. Ainsi, sur la base de l'expérience originelle de la satiété intra-utérine, puis des expériences répétées de la satisfaction du besoin par autrui, le nourrisson se construit progressivement comme

mémoire, comme désir et comme aptitude à jouir. Comment le fait-il ? En modulant le temps et en modelant l'espace, en déformant son espace-temps.
Einstein au berceau ! Einstein dans tous les berceaux. Tous les bébés sont des génies…

Après la tétée, une fois la faim apaisée, l'enfant s'endort et semble retrouver dans le sommeil la plénitude prénatale. Lorsqu'il se réveille, il ne tarde pas à gazouiller. Comme ça, sans rien demander. On voit bien qu'à ce moment-là il s'adresse davantage à lui-même qu'à l'adulte. Puisque la faim le laisse momentanément tranquille, il peut récupérer le son de sa propre voix, perçue naguère à travers ses hurlements : cette projection sonore de lui-même[30] qui lui revient aux oreilles et qu'il a déjà bue, comme en apéritif, lorsqu'il réclamait la tétée. Et, se rappelant que sa voix, naguère, a fait répondre la voix de sa mère, a fait venir en pensée sa mère avec le lait vital en vocalisant et en lançant des cris. « Le cri est alors l'auto-affection phonique par laquelle le nourrisson s'accorde par anticipation le plaisir de la présence maternelle. »[31]. Cela lui suffit à présent ; cela le comble. Il jouit visiblement de cette auto-affection sonore, il s'en nourrit, le *nourris-son*…

Ce qui le nourrit, c'est d'apprendre à transformer ses besoins vitaux en un désir qui est à la fois désir de vivre, désir d'autrui et source de plaisir.
Le plaisir est déjà là, par anticipation ; c'est pourquoi cette nouvelle expérience, si gratifiante, va désormais être recherchée pour elle-même. Et enrichie : le nouris-son ne tarde pas à joindre

---

[30] Vinciane Despret parle, à propos des oiseaux de territoire chanté, extension de leur corps. France Culture, *La grande table des idées,* Olivia Ghesbert, 3 octobre 2019
[31] Michel Bernard (à la suite de Françoise Dolto), *L'expressivité du corps*, éd. universitaires, 1976, p.148

le geste à la parole : il se met à tournicoter les mains, à gesticuler, car certaines parties de son corps se trouvent à portée de ses yeux, comme sa propre voix est à portée de ses oreilles, contrairement au lait qui, lui, reste hors d'atteinte. Il se nourrit de son propre son et de sa propre image… C'est alors qu'on voit clairement que la dialectique du besoin transformé en volonté, transformé en désir de soi et de l'autre, lui-même transformé en plaisir (quelle alchimie !) est un mouvement, c'est-à-dire un entrelacs de temps (attente et anticipation de la satisfaction) et d'espace (séparation, présence anticipée, présence réelle de l'autre).

Ainsi débute le mouvement de la conscience réflexive. Ainsi la conscience réflexive est-elle par essence modulation de temps et modelage d'espace, entrelacs d'espace et de temps, mouvement. Normalement, le joli spectacle des gazouillis et gesticulations attire les adultes. Une présence d'un autre type s'installe alors, une nouvelle nourriture, d'un autre ordre, un bon lait affectif, qui va devenir tout aussi vital. Sur cette base gratifiante, l'enfant commence à lier apport nutritif et apport affectif, à entrer en relation, à prendre confiance dans ses parents nourriciers qui répondront toujours – plus ou moins rapidement - à sa demande. Il découvre le bonheur.
L'entourage du bébé lui devient familier, bienveillant. Il y prend goût. La faim devient appétit, désir d'incorporer une compagnie affectueuse et de s'incorporer en elle. Il découvre l'amour.

Est-ce pour ça, pour faire durer ce plaisir, pour savourer cette jouissance, pour sécréter l'amour, que l'homme est une des espèces où la dépendance à l'adulte dure le plus longtemps ? Car il en faut, du temps, pour faire l'apprentissage de ce métier d'humain : devenir une fabrique d'espace et de temps, une plaque tournante d'ego et d'altérité, un récepteur et un générateur de plaisir, un échangeur d'amour.

## L'enfance de l'amour

Le sein ou le biberon sont bien vite associés à un visage, un regard, un sourire. Une présence. L'autre se fait alternance d'absence et de présence. On a vu que c'est dans ce décalage entre le besoin et la satisfaction que le nourrisson lance son cordon sonore. C'est grâce au différé de la satisfaction qu'il anticipe cette même satisfaction, par la magie d'une présence imaginaire.

Mais s'il l'anticipe, c'est parce qu'il sait que la présence tant désirée viendra. Parce qu'elle est déjà venue, et plusieurs fois, et à chaque fois ; parce qu'elle vient toujours. D'où l'importance cruciale de la qualité de cette toute première relation. Comment se développer face à un adulte nourricier tendu, indifférent, voire hostile ? L'amour naissant entre le nourrisson et la personne nourricière se construit normalement sur la base solide d'un bonheur déjà éprouvé, un bonheur qui a déjà passé avec succès l'épreuve de l'attente, une liance originelle indestructible.

Dès les premiers mois, l'expression vocale et gestuelle est adressée et reçue. La chaîne du moi se tisse avec la trame de l'autre. Comme la navette du tisserand, le son de ses propres hurlements part et arrive au bébé. C'est, répétons-le, « du moi » qui s'en va et qui revient, du moi qui s'entend comme s'il était un autre.

Ainsi ces premiers liens d'amour sont indissociablement amour de soi-même et amour de l'autre, reliance à soi-même et à l'autre, l'axe entre soi-même et l'autre devenant le pivot du mouvement qui module le temps et modèle l'espace.

Ces primes reliances sont possibles dès les premiers jours parce que, contrairement à ce qui est souvent avancé, la vie prénatale est symbiotique et non pas fusionnelle. Comment le serait-elle puisque, au niveau de la cellule élémentaire déjà, la séparation est essentielle ? « La compartimentation qui, définissant un intérieur et un extérieur, est essentielle à la vie. »[32]

La gestation est une liance, un processus synergique et réciproque de différenciation. Fœtus et mère travaillent ensemble à se différencier l'un de l'autre. C'est irréversible. Cette différenciation s'accentue à la fin de la gestation au point d'instaurer une communication, par-delà le ventre maternel, entre le fœtus et des êtres extérieurs, toucher, voix, bruits, contacts avec la mère extérieure, le père, la fratrie, la maisonnée… Et bien sûr, l'individualisation ne fera que se confirmer après la naissance ; elle ne fera que s'affirmer dans le développement conscient vers toujours davantage d'autonomie. Déliance et reliance sont les deux pôles dynamiques de la liance, lien vivant, évolutif, acte de différenciation et d'interdépendance. C'est un chemin sans retour où la joie d'avancer propulse, c'est une confirmation perpétuelle de naissance. La prime liance n'est ainsi jamais perdue mais toujours transformée, nourrie d'elle-même.

La nostalgie du « paradis perdu », la recherche obsessionnelle d'une fusion qui n'a jamais été, ne mènent qu'à l'impasse morbide du refus de grandir. Elles nient le désir et risquent de le perdre à jamais car il ne se nourrit pas de nostalgie régressive ; il se nourrit de la prime liance pour avancer et renouveler les liens. « Ce n'est que dans la mesure où j'accepte de me séparer d'autrui, de me différencier de lui, de m'inscrire dans mes limites existentielles, que je peux vraiment me *relier* à lui […] en une

---

[32] Antoine Danchin, *Une aurore de pierre, aux origines de la vie*, éd. du Seuil, 1990, p. 76

dynamique nouvelle jaillie de la contradiction, qui l'englobe et la dépasse : elle s'appelle *reliance*. »[33] Elle s'appelle aussi *joie*, au sens où l'entend Spinoza : « une passion selon laquelle l'esprit passe à une plus grande perfection.[34]

Bien sûr, ces descriptions se placent dans les cas les plus favorables. L'entourage des nouveau-nés s'avère plus ou moins aimant, leurs circonstances de vie plus ou moins bénéfiques. Selon que la circulation entre le moi et l'autre se sera établie de façon fluide ou obstruée, l'aptitude ultérieure au bonheur sera favorisée ou entravée. Mais rien n'est mécanique. Certains enfants, nés dans un entourage violent, dénué de tendresse, deviennent aussi violents envers autrui et envers eux-mêmes alors que d'autres, élevés dans des conditions aussi épouvantables, parviennent à développer de l'empathie et un certain goût de vivre.

Le petit Zain[35], enfant pauvre et maltraité de Beyrouth, incarcéré pour avoir poignardé le mari de sa petite sœur morte en couches à onze ans, porte plainte contre ses parents pour lui avoir donné la vie et pour faire encore des enfants qu'ils sont incapables d'élever. Avant son arrestation, il avait pris en charge un bébé perdu, lui prodiguant toute l'attention qu'il n'a jamais lui-même reçue.

À l'opposé des âges, la vieille Marguerite, ayant cheminé de viol infantile en avanies et trahisons, depuis une enfance misérable auprès d'une mère sans tendresse et néanmoins adorée, atteste à la fois d'une « auréole de tristesse » l'ayant menée au bord du

---

[33] Vincent Hanssens, in *Voyage au cœur des sciences sociales, de la reliance,* éd. L'Harmattan, 1995, p. 157-8.
[34] Baruch Spinoza, Éthique III, scolie de la proposition 11, éd. de l'Éclat, 2005, p. 166
[35] *Caphanaüm*, film de Nadine Labaki, avec Zain Alrafeea, 12 ans, qui joue presque son propre rôle, Liban, 2018.

suicide et d'une indéfectible joie : « Le bonheur, on le porte en soi, et le Paradis aussi. » [36]

Qu'est-ce qui fait que certaines vies macèrent dans le poison du ressentiment alors que d'autres cultivent et font fructifier la moindre semence de bonheur ?

## L'enfance de la liberté

Il a déjà été noté que, dès les premières semaines de gestation, les mouvements de l'embryon sont une participation active à son propre développement ; une auto construction à partir du milieu maternel, l'*auto-éco-construction* d'Edgar Morin. A fortiori, par son effort permanent pour manifester sa faim, son plaisir, ses contrariétés intestinales ou son bien-être, le nourrisson se montre actif. On a même parfois l'impression qu'il s'applique, y compris pour dormir. Il s'adonne à fond à son ouvrage d'être. C'est un humain en acte, en acte pur et simple d'être et de devenir humain. Certes, il est dépendant, ô combien ! Mais c'est lui qui mène son monde, lui qui demande, lui qui obtient.

Ce pur acte d'être, de persister et se développer dans son être apparaît comme la première expression d'une volonté. Le bébé *veut* boire et manger ; c'est bien pourquoi il *pleure*. Il ne se contente pas de crier pour signaler son besoin ; dans ses pleurs il y a de la protestation, une exigence de vivre et de prendre en charge son vouloir-vivre : un désir d'être. De plus, ce désir passe par un rapport à l'autre ; il implore l'autre de lui donner ce qu'il demande. D'emblée, le petit humain est un moi qui veut exister, qui veut quelque chose de l'autre, qui veut donc que l'autre existe. Pour cela il module et modèle son espace-temps, il se construit comme centre générateur de toutes ces volontés qu'il

---

[36] Danielle Boulaire, *Marguerite de la Jarousse*, entretiens, éd. Lacour, 2020

synthétise en un désir à double face : désir de soi et de l'autre. Il est un sujet-désir.

Ce mouvement de se construire soi-même, par soi-même et avec l'autre, n'est-ce pas la définition même de la liberté ? Liberté qui surgit de la dépendance, certes, mais une dépendance dirigée par soi-même. Et que serait une liberté sans contrainte ? Ce serait un pur esprit. Personnellement, je n'en ai jamais rencontré… Je ne cesse en revanche de voir des personnes – à commencer par moi-même – qui luttent tout au long de leur vie, pour « faire et être ce qu'elles veulent » avec les atouts dont elles disposent, malgré tout ce qui les en empêche et à partir de tout ce qui les conditionne. C'est la grande affaire de toute vie : se prendre en charge, se prendre en main, se réaliser, poursuivre ses désirs, bref : chercher à être heureux à travers chances, réussites, déboires, déceptions, joies et peines. Voilà l'effort de chacun, du berceau à la tombe. On y réussit plus ou moins bien, de façon plus ou moins élaborée, plus ou moins réfléchie, mais, à tous les degrés, on est le pilote, sujet plus ou moins conscient, exerçant sa liberté à sa façon, unique.

Même le malade mental le plus atteint déborde du tableau symptomatologique, invente à chaque instant sa façon singulière de réagir au monde, exerce à sa manière sa liberté. Ceci apparaît particulièrement lorsque quelqu'un a commis un forfait sous l'emprise de la maladie. Même si la justice le déclare irresponsable, l'acte commis lui appartient et il doit poursuivre son chemin en « faisant avec », de façon plus ou moins assumée. Une jeune femme que j'aime a conduit jadis son bébé à sa perte lors d'une bouffée délirante post-partum. Avec le père, elle a ramassé son malheur. Tous deux, unis, ont fait avec la tragédie. Ils se sont refaits, longuement, patiemment, lucidement. Enfin, refusant la fatalité, ils ont mis au monde une autre enfant, belle jeune fille à présent, connaissant le drame auquel elle est liée, déliée, chérissant ses parents. Le philosophe Louis Althusser, par-delà le non-lieu qui a été prononcé pour le meurtre de sa femme perpétré sous l'emprise d'une bouffée délirante, a écrit, au début de *L'avenir dure longtemps* : « Je ne me résigne pas au silence après l'acte que j'ai commis ». Douloureusement, il l'a assumé, pour exister encore en tant que sujet. De nombreux cas, pas toujours aussi graves, témoignent du remarquable effort de dignité que déploient souvent les personnes passées par une crise psychiatrique pour reconstituer leur autonomie, leur estime de soi, regagner la confiance des autres et soutenir le sens de leur vie.

Il y a une infinité de façons d'être soi-même à partir des circonstances et des déterminations rencontrées ; à partir également des manières de réagir que nous avons accumulées et par lesquelles nous nous sommes forgés. C'est l'écriture d'une histoire originale, ayant un sens singulier, la conscience d'une unicité, une construction à la fois contrainte et choisie, « la réflexivité, […] conscience simultanée de sa propre liberté comme pouvoir effectif de désirer et de décider, et de sa propre dépendance comme pouvoir limité et nié de l'extérieur. »[37]

Or, on l'a vu, cette réflexivité commence à se constituer dès la toute première enfance par le mouvement sculpteur d'espace-temps.

## L'enfance de l'art

Le premier stade de cette liberté désirante, c'est donc le jeu par lequel le bébé agite et tournicote les mains devant ses yeux, gazouille et vocalise à ses propres oreilles. Il se projette, en sons

---

[37] Robert Misrahi, *Lumière, commencement, liberté*, éd. Plon, 1969, p.256

et en images, sur l'écran de son environnement immédiat qui le lui renvoie : auto-affection, auto-présentation sonore et visuelle de lui-même. « L'expressivité réside donc dans le pouvoir conféré à une perception de faire surgir en elle ce qui lui permet de se substituer à la présence désirée et manquante. »[38]

Le petit humain est un illusionniste ; il concocte un numéro de magie, pour lui-même et pour son public familial. Et il a un succès fou ! S'il ne s'agissait que de gesticulations et de vocalises, ce ne serait pas de l'art. Mais ce sont des gesticulations et des vocalises *adressées*, destinées à un public. L'enfant joue pour être vu et applaudi. Il raffole tellement de son art qu'il l'exerce même si la salle est vide ou inattentive. Car il sait que le public viendra ou reviendra et en attendant il joue, crânement, pour lui-même. Ainsi, la petite Emma, six mois, tellement fière de savoir applaudir au bon moment sur l'air de *Frappe, frappe, petites mains*, « devant un étranger bienveillant qui n'a pas su apprécier ce qu'elle lui montrait en frappant dans ses mains, à la question 'vas-tu me dire quelque chose ?', elle prit une mine honteuse et ne souriait plus du tout, fit de la tête un geste embarrassé en le regardant fixement, détourna ensuite le regard et se remit à frapper doucement dans ses mains pour elle-même. »[39]

L'enfant danseur crée son propre public à partir de lui-même, il se créé lui-même comme alter ego, il forge sa conscience réflexive. Du grand art.

Art primal, b.a.ba de l'expression corporelle et vocale, qui était aussi à l'œuvre dans les rituels propitiatoires anciens, lesquels visaient, comme le nourrisson, à anticiper la réalisation du désir.

---

[38] Michel Bernard, *L'expressivité du corps*, éd. universitaires, 1976, p. 130
[39] Colwyn Trevarthen, Laurence Richelle, *L'art musical et conversationnel du bébé, Musique et évolution*, portail web Cairn.info, p. 112

« La volonté de vivre, en tant qu'émotion primordiale, s'exprimait en des rites où était représentée par anticipation l'action telle qu'on la désirait être, qu'il s'agisse d'une chasse heureuse ou de la prolifération des espèces. »[40]
Modulation du temps, modelage de l'espace, la prime créativité se forge de son et de mouvement ; elle est musique du corps, vocale et gestuelle.

Plus tard, la voix pourra se déployer en chant. Ou bien elle se prolongera en insufflant la flûte et tous les enfants de la flûte, la famille des vents, qui chanteront pour elle. Ou bien encore, elle déléguera sa mission mélodique à la lignée des violes, ces cordes vocales par procuration. La voix, ayant appris la parole, jouera avec les mots, les scandant, les traçant en poésie ou en prose. Quant aux gesticulations, elles s'ordonneront en danse, ou bien elles s'appliqueront à des objets sonores, inventant la musique percussive. Les gestes pourront aussi tracer des lignes, projeter, étaler des couleurs, déployant les arts graphiques. Ou encore ils modèleront la terre, la pierre ou toute autre matière, développant les arts plastiques.

## L'enfance de la danse

Mais l'enfance de tous ces arts, c'est la musique du corps : ces *mouvements rythmés, inventifs, sans objectif utilitaire, pour le simple plaisir de cultiver les liens à l'environnement, à l'autre et à soi-même.* Autrement dit : la danse.
C'est la définition qui vaudra pour l'ensemble de la présente réflexion. Elle se trouve légitimée par des études scientifiques telles que celles de Colwyn Trevarthen relatives au « sens

---

[40] Edwin Oliver James, *Le culte de la Déesse-Mère*, éd. Payot, 1960, p.18

polyrythmique de l'être humain et de sa capacité d'agir grâce à la souplesse de son corps et [d'autre part] à l'engagement enjoué de la sympathie entre volontés individuelles différentes. […] Les esprits humains agissent, pensent et communiquent en fabriquant, par des mouvements de leurs corps, des histoires mimétiques ou des paraboles détachées des circonstances et besoins actuels. […] Les nourrissons sont nés avec le sens de ce *temps en mouvement*, impulsion motrice intrinsèque. »[41] Comme Trevathen le dit lors d'une conférence[42], « Nous sommes nés pour chanter et danser. »

Le pédopsychiatre Daniel Stern, dans le *journal d'un bébé* prénommé Joey, « décrit la relation quasi chorégraphique qui l'unit à sa mère, les mouvements subtils par lesquels ils régulent le flot de leurs sentiments. Ainsi, Joey nous présente la danse à laquelle, fondamentalement, nous prenons tous part les uns et les autres au long de notre vie. »[43]

Paul Valéry plaçait la danse à l'origine de tous les arts : « tous les arts peuvent être considérés comme des cas particuliers de cette […] poésie générale de l'action des êtres vivants », »[44]

Rares sont les enfants qui ne dansent pas spontanément en entendant de la musique. C'est qu'en effet, ils ont, non pas appris, mais inventé la musique corporelle – la danse - au berceau.

Et bien avant le berceau !

Le fœtus, on l'a vu, s'auto-construit par le mouvement, aux rythmes conjugués de son cœur, de celui de sa mère, des pulsations du sang, du frémissement des muqueuses, des

---

[41] Colwyn Trevarthen, Laurence Richelle, *L'art musical et conversationnel du bébé*, Musique et évolution, portail web Cairn.info, pp. 103-104
[42] *Born to sing and dance,* https://www.youtube.com/watch?v=2kJI6G35TNk
[43] Daniel N. Stern, *Journal d'un bébé*, éd. Odile Jacob, 2012, p.19
[44] Paul Valéry, *Philosophie de la danse*, conférence 1936, in Œuvres, tome I, éd. Gallimard, Nrf, 1956, pp. 1390-1403.

gonflements placentaires, des ondoiements amniotiques. L'organisme en formation développe lentement son aptitude à l'autonomie en interaction avec son milieu, cet écosystème que constitue l'intérieur du corps de sa mère en relation de plus en plus forte, au fil des semaines, avec l'extérieur. L'altérité est déjà en gestation. La production de mouvements rythmés liés à l'autre et au monde extérieur est déjà en marche.

Ce qui fait dire à la danseuse Nadia Vadori Gauthier : « Par la danse, se génère un continuum de mouvement et de sensation, une topologie modulable par laquelle 'dedans' et 'dehors' sont inséparables, simultanés et continus. […] Lorsque j'imagine une topographie de ce corps, il me semble qu'il se déplie comme un ruban, dont une face est le monde et l'autre le corps… »[45]

Or, cette liance avec le monde s'avère elle-même bien antérieure à la fécondation. On l'a vu, toute matière est auto-organisatrice. Les frontières entre le vivant et « l'inerte » sont poreuses ; la matière les passe et les repasse sans cesse. Aussi le petit embryon humain est-il dès sa fécondation en liance et en reliance avec l'ensemble de la matière. Il pousse, par-delà le placenta de sa mère, sur le placenta de la biosphère, elle-même poussée sur le placenta de la Terre minérale.

Ce que le petit humain développe, c'est une complexification encore et toujours accrue de ses liens. Il se relie de plus en plus vigoureusement et par des façons de plus en plus diverses, non seulement avec l'environnement, non seulement avec les autres vivants, mais avec lui-même. Il construit son ego en écho et en reflet avec les autres, en écho et en reflet avec lui-même perçu comme un alter ego. Et le mode de cette auto-éco-alter ego-construction est le mouvement rythmé : la musique corporelle, graine de danse.

---

[45] Nadia Vadori-Gauthier, *Danser, résister*, ouvrage collectif, éd. Textuel, 2018, p.9

Cette graine de danse germera lorsque, à l'instar du nourri-son qu'il a été, l'enfant la cultivera pour elle-même, sans but utilitaire, pour le plaisir de l'adresser à autrui –mère, père, fratrie, amis, public– et à lui-même.

Bien sûr, là encore, selon ce que le sujet pourra faire d'une prime enfance plus ou moins heureuse et de ses prédispositions biologiques, son expression se montrera plus ou moins riche et inventive. Elle se révèlera dans l'aptitude de l'enfant, de l'adolescent, de l'adulte, à avancer ou à stagner sur le chemin de la vie, dans la grâce ou la maladresse de ses gestes, dans leur disharmonie ou leur musicalité.

La musique du corps peut être étouffée, oubliée dans le cours de la vie ; elle n'en reste pas moins là, en sourdine, prête à se redéployer, comme on le voit dans la pratique de la danse thérapie ou de la musicothérapie. De même s'émerveille-t-on parfois de l'étonnante créativité corporelle de personnes handicapées.

CHAPITRE III

# Le mouvement de la conscience

> Le désir n'est rien d'autre en réalité que l'étoffe même de la conscience comme distance à combler.
>
> Robert Misrahi[46]

Certaines personnes souffrent de troubles du comportement qui les rendent susceptibles de changer d'un instant à l'autre, totalement imprévisibles. Ces malades peuvent être considérés à la fois comme « incapables majeurs » au regard de la loi et comme « capables de tout ». C'est qu'en effet, à travers leur incohérence, voire leur dangerosité, ils possèdent une capacité considérable : ils nous renvoient une image grossie de nous-mêmes. Car au fond nous sommes tous, à tout instant, capables de tout.

Vraiment ? Sommes-nous tous des Lafcadio en puissance, ce personnage d'André Gide qui, sans raison apparente, par un « acte gratuit », précipite un vieillard hors d'un train ?[47] Sommes-nous toujours sur le point de précipiter n'importe qui, n'importe quoi – ou nous-même - dans le néant ? Est-ce la bascule obligée, pour passer d'un instant à l'autre, comme le pensait Jean-Paul Sartre ?
Mais qu'est-ce que ce Néant, qu'il écrivait avec une majuscule comme s'il s'agissait d'une entité supérieure : un lieu, un

---

[46] Robert Misrahi, *Lumière, commencement, liberté*, p. 357-8
[47] André Gide, *Les caves du Vatican*, éd. Gallimard, 1914

gouffre ? Quelque chose alors. Non, il s'agit d'un acte. Un acte de « rupture néantisante avec le monde et avec soi-même...».[48] Un suicide à chaque instant ? Le « no future » radical ? Que non : « l'homme est d'abord ce qui se jette vers un avenir, et ce qui est conscient de se projeter dans l'avenir. L'homme est d'abord un projet qui se vit subjectivement. »[49] Nous voici rassurés : ce n'est pas *dans* le néant que l'on saute, c'est *par-dessus*, pour aboutir sur l'autre bord de la faille : l'instant suivant.

Cela me rappelle d'inoubliables leçons de théâtre où mes élèves, des enfants d'une dizaine d'années, ne se lassaient pas de sauter par-dessus « le Gouffre de l'Enfer »[50] pour narguer, éviter, affronter et finalement rejoindre ceux d'en face. « L'Enfer », alors, ce n'était pas les autres, c'était d'être coupé des autres. Et le « Paradis », c'était de se jouer de l'Enfer en se projetant au-delà, en faisant des projets ensemble avec « ceux d'en face ».
L'homme est en projet perpétuel, affirme Sartre. Mais alors, pourquoi parler de *néantisation* ? Pourquoi pas plutôt *réalisation, invention, intention, création, action* ? Car ce qui propulse en avant, c'est le jeu avec tous les possibles : rester cantonné d'un côté ou bien agresser l'autre côté, ou bien le fuir s'il saute sur vous, ou bien l'inviter, ou bien s'inviter chez lui, ou bien se rejoindre d'un côté, ou bien s'amuser à passer d'un côté à l'autre, ou bien... ou bien...
Choisir sa vie, comme suggérait Søren Kierkegaard. Mais trop de choix inhibe ; Kierkegaard en a fait la dure expérience, lui qui n'a finalement jamais réalisé son projet de mariage. L'obsession du choix peut se muer en incapacité à choisir, par excès de

---

[48] Jean-Paul Sartre, *L'Être et le Néant*, éd. Gallimard, 2016, p. 585
[49] Jean-Paul Sartre, *L'existentialisme est un humanisme*, éd. Nagel, 1970, p. 2
[50] Adaptation du roman pour enfants *Ronya, fille de brigands*, d'Astrid Lindgren

déterminations ou de détermination... *Ou bien... ou bien*[51]. Une conception extrême et abstraite de la liberté aboutit à la même paralysie que sa négation, comme la flèche de Zénon qui ne traversera jamais le moindre espace. Il est vrai que si cet espace est le néant on voit mal sur quoi s'appuyer pour le franchir.

À l'opposé, les déterministes vont jusqu'à nier toute liberté, y compris à Dieu même. Spinoza est de ceux-là : « Les choses n'ont pu être produites par Dieu selon aucune autre modalité ni selon aucun autre ordre que l'ordre et la modalité selon lesquels elles furent produites. »[52] Un monde fermé, compact, sans faille, sans Gouffre de l'Enfer, sans Néant. Par conséquent sans marge de liberté ? On respire déjà mieux si on se rappelle que par « Dieu », Spinoza désigne la Nature et qu'à la fin du même ouvrage, *l'Éthique,* il développe une philosophie de la liberté par la connaissance des lois de la Nature.

Sommes-nous donc réduits à connaître la causalité pour en être libéré, tout serait-il prévisible dans l'absolu et la surprise ne serait-elle due qu'à l'ignorance ?

Que se passe-t-il entre deux instants d'une vie humaine ? Une nouveauté et une permanence.

S'il n'y avait que de la nouveauté, on se lancerait à tout moment dans des vies différentes, il n'y aurait aucune continuité et, de ce fait, il n'y aurait pas de sujet. Or, la personne, même malade, même réputée imprévisible, subsiste d'un moment à l'autre et, une fois qu'elle a agi, « on la reconnaît bien là ». Inversement, s'il n'y avait que de la permanence, il ne se passerait jamais rien, on ne serait sujet de rien et il n'y aurait pas non plus de sujet, faute d'objet. Or, aucun être humain - ni animal d'ailleurs - ne tourne répétitivement en rond comme une machine. Dès ses

---

[51] Søren Kierkegaard, *Ou bien... ou bien, ou l'alternative,* Danemark, 1843
[52] Baruch Spinoza, *Éthique, I, 33*

premiers balbutiements, et à travers tous les développements de sa personnalité, qu'ils soient pathologiques, ordinaires ou exceptionnels, le sujet humain se meut d'un instant vers l'autre sur le double vecteur de l'invention et de la continuité. C'est sur ces deux jambes qu'il bâtit son identité évolutive : toujours et jamais identique à lui-même.

À mesure que la personne perfectionne sa conscience de n'être ainsi « ni tout à fait la même ni tout à fait une autre »[53], elle se rend disponible pour un éventail de choix plus ample dans un monde plus ouvert, tout en restant fidèle à elle-même.

C'est cette disponibilité et cette amplitude de devenirs possibles qui permettent la danse, comme évènement perpétuel.

## De la physiologie du choix à une philosophie de la liberté

Faire face au monde, c'est d'abord le percevoir, se le représenter. Ensuite seulement nous pouvons agir en lui et sur lui, avons-nous été habitués à penser. Or, à y regarder de plus près, et même de beaucoup plus près, comme le font les neurophysiologistes qui plongent dans les circonvolutions du cerveau, on s'aperçoit que la perception n'est pas un préalable à l'action, elle est action.

Dans la petite enfance, l'espace est d'abord un environnement fait d'êtres et d'objets qui sont à portée de main, de bouche, de voix, d'oreille. C'est un *espace égocentrique*, un champ d'action pour moi : ce que je peux attraper, porter à ma bouche, toucher, appeler. Et même s'il ne s'agit que d'observer je suis en action, j'évalue la distance entre deux objets par rapport à moi.

Puis on apprend à évaluer la distance entre deux choses par rapport à un objet tiers. On entre dans un *espace allocentrique* qui plus tard ouvrira l'esprit à la géométrie et aux connaissances

---

[53] Paul Verlaine, *Mon rêve familier,* in *Poèmes saturniens,* éd. Alphonse Lemerre, 1866

plus ou moins abstraites et élargir considérablement le champ d'action. Regarder un arbre, c'est évaluer sa distance, c'est-à-dire le temps qu'il me faudrait pour aller jusqu'à lui, sa hauteur, c'est-à-dire les mouvements qui me permettraient de grimper à sa cime. La perception est une action simulée.

Simulée veut dire anticipée : j'imagine par avance ce qu'il me faudrait faire. Ceci est valable à tous les niveaux de la vie corporelle, depuis le fonctionnement le plus intime des cellules jusqu'aux activités les plus raffinées. Alain Berthoz donne un exemple de chacun de ces extrêmes : « Essayez de faire un mouvement du doigt synchronisé avec un mouvement du pied. [...] il faut [...] entre 10 et 100 millisecondes pour qu'un contact du pied sur le sol parvienne au cervelet et deux fois moins pour le doigt. [...] On pense que le cerveau anticipe sur le mouvement du pied ou retarde les informations du doigt. [...] Essayez, par exemple, de lire cette page à haute voix ; vous serez impressionné par la coexistence de deux actions coordonnées : la voix qui énonce le texte et, la précédant, une lecture silencieuse. [...] Les musiciens connaissent bien ce phénomène qui consiste à lire la partition avec une ou plusieurs mesures d'avance... »[54]

Mais simuler par anticipation, c'est ne pas (encore) passer à l'action. C'est la différer. C'est se garder la possibilité de l'accomplir ou non, maintenant ou plus tard ou jamais. C'est choisir.

Après la neurophysiologie du mouvement, Alain Berthoz a décrit celle de l'acte de décider. Il montre que des décisions sont prises à tous les niveaux de l'organisme. Il confirme, précise et fonde ce que les phénoménologues comme Husserl ou Merleau-Ponty ont avancé : la perception est toujours intentionnelle. Mieux : le neurophysiologiste se fait philosophe en plaçant l'acte au cœur de sa réflexion : « au début n'était pas la raison, au début n'était

---

[54] Alain Berthoz, *Le sens du mouvement*, éd. Odile Jacob, 1997, p. 100 et 179

pas l'émotion, au début n'était pas le corps, au début était l'acte. L'acte n'est pas le mouvement, l'acte est intention d'interagir avec le monde ou avec soi-même comme partie du monde. L'acte est toujours poursuite d'un but, il est toujours soutenu par une intention. Il se fait donc organisateur de la perception, organisateur du monde perçu [...] décider c'est lier le présent au passé et au futur, c'est ordonner. »[55]

Entre passé et futur, donc, le sujet agissant ne cesse de lancer des liens, des ponts. L'inventivité de la conscience, loin d'être la « rupture néantisante » qui fascinait et angoissait Sartre, sécrète de la nouveauté certes, mais en même temps de la continuité. Devant la multiplicité des solutions pour faire le saut d'un instant à l'autre, elle n'a que l'embarras du choix et si tout organisme vivant sait inhiber les actions qu'il n'a pas sélectionnées, quelle ne sera pas sa liberté de jeu s'il s'agit d'un corps évolué, conscient de lui-même !
Sapiens-sapiens a développé une forme ultra sophistiquée de capacité décisionnelle, tellement extraordinaire qu'elle échappe pour le moment – et peut-être pour toujours – à la compréhension.

Écoutons encore Alain Berthoz : « Il n'y aurait [...] pas de forme élevée de processus de décision si nous ne pouvions pas « sortir de notre corps » et entrer en dialogue avec nous-même. [...] L'action procède d'un dialogue entre le corps et son double [...] Cette dualité est l'un des fondements de la conscience. Je pense que la conscience est apparue chez l'homme en même temps que ces deux corps. La conscience est l'activité du second moi regardant le premier. C'est du dialogue du je et du moi qu'est issue la conscience. Il fallait un dédoublement du corps pour que

---

[55] Alain Berthoz, *La décision*, éd. Odile Jacob, 2015, p. 10-11

les animaux sortent de leur vécu égocentrique, de cette prison du moi agissant. Il a fallu que se crée cet alter ego pour que s'établisse un dialogue interne entre le moi et le je, et que la conscience puisse être regard de mon cerveau sur lui-même. […] La décision n'est alors plus un simple calcul d'utilité ou de probabilité, c'est un engagement, une capture du monde pour un certain but. […] prédire, anticiper, projeter ses hypothèses, c'est décider comment le monde doit être. […] et cela est affaire de désir et de croyance et non d'utilité. »[56]

Voici le phénomène de la conscience réflexive qui surgit du laboratoire. Et s'en échappe : le scientifique qui sait aussi être philosophe le contemple avec admiration, heureux d'échapper lui-même au rationnel et au pragmatique, ravi de se trouver devant l'inexpliqué. Ce que le neurophysiologiste observe, ce ne sont pas seulement les neurones, c'est le *sujet* au sens plein, l'« individu se saisissant réflexivement comme être de désir et comme sujet libre »[57].

Neurosciences, sciences de l'humain, sciences de la vie, sciences de la matière se rejoignent et s'entrecroisent, comme ne cesse de le montrer Edgar Morin, en une « pensée complexe » qui relie et fait dialoguer les contraires autrefois considérés comme incompatibles : déterminisme et liberté, hasard et causalités, rationnel et mystère, connaissance et ignorance…

Anticiper, différer, simuler, interagir, choisir, inventer, liberté de jeu, dialogue entre le corps et son double, entre le je et le moi, engagement, capture du monde, activité désirante, liberté, créativité… autant d'ingrédients qui entrent dans la recette de la danse.

---

[56] Alain Berthoz, *La décision*, éd. Odile Jacob, 2015, p. 188-189, 322
[57] Robert Misrahi, *La problématique du sujet aujourd'hui*, éd. Encre marine, 1994, p.355

## Danse et conscience

À partir du moment où la conscience sait se dédoubler, elle devient capable de continuer à se recourber sur elle-même, encore et encore, à l'infini. Chaque niveau de réflexivité donne accès à un nouveau palier, dans un mouvement sans fin de retour sur soi-même où chaque boucle s'enrichit de la précédente. Ainsi, le sujet se déploie à partir et au-dessus de lui-même en une sempiternelle spirale.[58]

Une « danse de la conscience » ?

Est-ce une métaphore ou s'agit-il vraiment d'une danse c'est-à-dire *de mouvements rythmés, inventifs, sans objectif utilitaire, pour le simple plaisir de cultiver les liens à l'environnement, à l'autre et à soi-même ?*[59]

La boucle réflexive tourne et retourne sans cesse sur elle-même, elle retrouve à chaque reprise des sensations déjà vécues et les transforme légèrement, par degrés ; elle décline d'infinies variations sur un thème. Elle le fait au gré d'hésitations, de différés, de suspensions, d'anticipations et de reprises. Oui, le mouvement de la conscience est inventif, rythmique. Chaque personne déploie, la plupart du temps inconsciemment, une musicalité qui lui est propre. C'est sa signature musicale, qui rend son pas reconnaissable à toute personne ayant l'oreille fine ou le cœur aimant.

---

[58] Quelle joie de découvrir, bien après avoir écrit ces lignes, à la toute fin de l'ouvrage du neurologue Antonio R. Damasio, *Le sentiment même de soi*, éd. Odile Jacob, 2002 p 306, un schéma en forme de spirale ascendante, traversant tous les étages de l'émergence de la conscience, depuis des émotions du corps, leur sentiment dans le « proto-Soi »,leurs configurations neuronales dans la « conscience-noyau » centrale, jusqu'à la « conscience étendue » du Soi autobiographique, avec ses développements créatifs et moraux !

[59] Selon la définition adoptée p. 47.

Que le mouvement de la conscience vise à se relier à l'environnement et à l'autre en général – chose, être vivant ou personne – c'est le principe même de l'intentionnalité s'exerçant dans un champ allocentrique. Qu'il vise à se relier à soi-même, c'est la définition même de la conscience, le « dialogue du je et du moi » que nous venons d'observer avec Alain Berthoz. C'est le mouvement d'auto-éco-alter ego-organisation qui s'élabore dans la petite enfance.

Reste à savoir si le mouvement de la conscience montre assez de gratuité pour être assimilé à de la danse. Chaque action, on l'a vu, relève d'une aptitude à inventer un acte singulier, qui ne peut être prévu à coup sûr, car il compose avec la nécessité tout en lui échappant.
Du fait que la conscience compose avec la nécessité, elle paie son tribut à l'utilité, elle s'adapte au monde dans un registre pragmatique. Sous cet angle-là l'activité de la conscience n'a rien d'une danse, elle relève plutôt d'un travail.
Mais à ce travail, elle peut prendre plaisir ; elle peut jouir d'inventer ses propres solutions, singulières, aux problèmes de la nécessité. En forgeant sa propre façon d'être au monde, son identité, son histoire unique, elle peut jouir d'augmenter sa puissance d'être, éprouver la joie au sens de Spinoza. Cette joie n'a rien de nécessaire, et beaucoup ne l'éprouvent guère. Elle est gratuite : la conscience se l'offre à elle-même, se dégageant de la nécessité et des difficultés de la vie qui sont pourtant son terreau. De ce point de vue-là, on peut parler de danse de la conscience.
Exagération ? Métaphore un peu « tirée par les cheveux » d'une amoureuse de la danse qui, comme tout amoureux, voit l'objet de son amour partout ? Si je parlais de chant de la conscience, trouverait-on l'expression aussi hasardeuse ? N'admettons-nous pas plus facilement que toute personne ait sa « petite chanson »

intérieure ? Comme si, par sa vivacité ou sa nonchalance, sa réactivité ou sa retenue, par la douceur ou la brusquerie de ses comportements, elle était guidée par une musique interne. Comme si la conscience chantait *in petto*. On concentre alors le corps dans la poitrine ; nous sommes culturellement habitués à concentrer la personne dans la tête ou le cœur. Mais si on laisse la musique s'échapper de la boîte crânienne et de la cage thoracique, elle court dans le corps tout entier, qui danse. D'une danse intérieure. Celle qui avait continué en moi, a minima, pendant les années où je ne dansais pas extérieurement. Celle, on le verra plus loin, qu'un paralytique peut entretenir en secret.

C'est en se faisant doublement réflexive que la conscience danse. Je suis moi et je m'en réjouis, j'en bondis de joie. Et lorsque cette allégresse est mise à l'épreuve des malheurs, de la misère, de l'oppression, des échecs et des doutes, c'est alors qu'il importe de convoquer le petit phœnix, de l'attendre, de le guetter au sortir de ses cendres. Il n'existe pas de lien nécessaire entre épreuves de la vie et conscience malheureuse, pas plus qu'entre chance et conscience heureuse. La dépression, c'est bien connu, fait beaucoup de ravages chez les nantis. L'inverse est plus étonnant et admirable, lorsque des sans-terres marchent en chantant pour obtenir leurs droits, lorsque des déshérités risquent tout pour une vie digne d'eux, quand des migrants dansent sur le pont parce qu'un port s'ouvre enfin à eux, quand des déportés se soutiennent mutuellement pour survivre, lorsqu'un prisonnier compose des poèmes pour réjouir sa fille qu'il ne voit pas grandir[60], quand des femmes violées et violentées se reconstruisent à la *Cité de la Joie*…[61]

---

[60] tel Mauricio Rosencof mis au cachot pendant treize ans par le régime militaire uruguayen. *Chansons pour la joie d'une enfant*, trad. Guy Lavigerie, revue Vericuetos, 1992

[61] Créée en République démocratique du Congo par Eve Ensler et Denis Mukwege.

Toutes ces consciences résistantes dansent, par choix profond, pour l'obstination d'être : vivre, coûte que coûte, s'entêter à aimer la vie.
Tout sujet est potentiellement danseur, qu'il pratique ou non la danse. L'acte artistique de danser est une célébration de la danse intérieure, constitutive et la conscience, une proclamation comme Nietzsche l'a lancée : « Et que chaque jour soit perdu où l'on n'a pas dansé une fois au moins. »[62] Mais aucune journée n'est perdue pour la conscience qui garde son élan réflexif.

Je me demande même si le suicide n'est pas une sorte de refus de la conscience malheureuse. Si certains aspirent à en finir avec la vie – et parfois parviennent à leur(s) fin(s), n'est-ce pas par déception ? N'est-ce pas qu'ils l'auraient aimée différente ? Ils l'auraient aimée... ils l'auraient bien aimée, mais... N'est-ce donc pas qu'ils l'aiment, au fond ? Peut-on être déçu par ce qu'on n'aime pas ?
Laissons la question ouverte...

Je dirai plus loin comment j'ai poussé pendant mon adolescence le goût de la vie et le goût de la danse jusqu'à un paroxysme qui aurait pu m'être fatal. Comme la gourmandise a joué un rôle majeur dans cette crise, qu'on me permette de développer ici une prosaïque métaphore de la pâte feuilletée.
La conscience réflexive se constitue par retournements et recouvrements successifs sur elle-même, se monte en strates reliées entre elles par une pâte souple et tellement unificatrice que l'ensemble du gâteau semble d'un bloc. Quand on mord dedans, on absorbe toutes les couches à la fois, mêlant les saveurs de tous les âges de la vie. Les plus grands amateurs, les plus fins

---

[62] Friedrich Nietzsche, *Ainsi parlait Zarathoustra*, Des vieilles et des nouvelles tables, 23, éd. Poche 1963, p. 243

gourmets, peuvent délicatement déconstruire le feuilletage, soulever chaque étage, le dissocier des autres pour en apprécier le goût spécifique tout en reconstituant les étapes antérieures, une par une, dans l'ordre inverse de leur superposition, en remontant le temps.

Et en remontant très loin dans le temps, comment ne pas songer aux feuilletages des origines de la vie auxquels Antoine Danchin nous a déjà fait goûter ? Des « feuillets lipidiques » se retournent et se referment sur eux-mêmes, apprennent à se rappeler ce mouvement, à favoriser des réactions chimiques qui leur ont réussi, se constituent une mémoire pour se reproduire. La conscience aurait-elle appris à devenir réflexive en se référant inconsciemment à ce procédé – cette recette - archaïque ? Y aurait-il une mémoire enfouie de la matière ? Toute matière serait-elle potentiellement apte à devenir consciente puis consciente de soi ?

C'est un fait qu'elle l'est devenue, dans une région de l'univers où les conditions le lui ont permis, après d'innombrables et inconnaissables tâtonnements, tentatives, échecs, réussites momentanées, extinctions, catastrophes…
Cela donne matière à … réflexion.

## Souplesse du mouvement, élasticité de l'espace-temps

Remonter le temps, revoir comment on a différé ou anticipé une action, comment on l'a différée pour l'anticiper et vice-versa, ressusciter une étape passée, prévoir ou rêver une étape future… Telle une danse aérienne au bout d'un fil, la vie est un perpétuel jeu à l'élastique : on se projette dans l'avenir, on le fait attendre, on resserre tout en un instant, on saute d'un moment à l'autre, on étire le présent, on fait durer le plaisir, on se suspend, on se balance au-dessus du vide, puis soudain on lâche tout et on se laisse de nouveau emporter par le tourbillon.

Les mouvements du temps forment, informent, déforment l'espace. Se projeter dans l'avenir c'est s'imaginer dans tel lieu où inscrire telle action ; se remémorer quelque chose, c'est occuper à la fois l'espace de son corps présent et celui où l'on a évolué autrefois.

Réciproquement – mais c'est en réalité le même mouvement – revivre un évènement ou se projeter dans une action future, c'est s'aménager au moins deux espaces de vie, c'est évoluer à la fois dans le présent et dans le passé ou l'avenir.

Rappelons-nous les deux corps de l'action selon Alain Berthoz, dédoublement du corps qui permet l'anticipation, le différé, la décision, l'action.

### Anticiper

Nous passons notre vie à jeter des passerelles entre le présent et l'avenir, entre les leçons du passé, qui sont encore présentes, et leurs suites déjà pressenties. La vie est une succession de ponts que nous lançons devant nous pour poursuivre la route.

Alain Berthoz nous a montré cette incessante projection en avant, le caractère anticipateur du cerveau. Cela s'apprend très tôt : « On a observé que les nourrissons de six semaines se calment, malgré leur faim, dès l'arrivée de leur mère. »[63] L'équipe de Colwyn Trevarthen a observé les jeux musicaux et gestuels interactifs entre mères et bébés de quelques mois : « comme un chef d'orchestre, le bébé dirige sa mère en mesure. Chacun de ses mouvements imitatifs survient un tiers de seconde avant que la

---

[63] Daniel N. Stern, *Journal d'un bébé*, éd. Odile Jacob, 2012, p. 57

voix de la mère n'évolue en correspondance vers le haut ou vers le bas. Elles se meuvent en un couplage souple, exactement comme deux danseurs ou deux musiciens improvisant et, de temps à autre, c'est le bébé qui dirige. »[64]
Anticiper intérieurement l'action à faire (ou à ne pas faire), c'est simuler, c'est faire semblant, c'est l'essence même du jeu et de l'apprentissage.

Avec leur jolie tête ronde et lisse, leur front bombé, leurs lèvres charnues, les dauphins ressemblent aux enfants humains, auxquels ils plaisent tant, d'ailleurs. Ils montrent la même impétuosité, la même turbulence joueuse. Le jeu, apanage du dauphin et de l'enfant.

Grandir, c'est se familiariser progressivement avec un monde où des êtres de toutes sortes vivent les uns des autres. Moi, enfant, je vis de ma famille, elle vit de moi ; sans elle, sans moi, cette famille-là n'existerait pas. Le chat vit de la maison et de la maisonnée, le chien vit de la famille qui le lui rend bien en dressage et en câlins, la maison vit de nous tous qui vivons en elle, qui l'aménageons et l'entretenons. Nous vivons du quartier, des voisins, de l'environnement ; le village, la ville, la région vivent les uns des autres ; les animaux, les plantes, le sol, le relief, l'eau, l'air, se nourrissent mutuellement. Quel vaste terrain de jeu !
Et quel vaste terrain du je ! Au fur et à mesure que tout cela se présente à moi, je peux, en fermant les yeux, me le représenter. Je suis dans mon lit, mais je rêve que je suis là-bas sur la colline. A minima, j'amorce à peine, invisiblement, la marche, les gestes pour y aller sans y aller. J'y suis déjà.

---

[64] Colwyn Trevarthen, Laurence Richelle, *L'art musical et conversationnel du bébé, Musique et évolution*, portail web Cairn.info, p.111

J'irai demain peut-être, ou jamais. Mais en moi-même j'y suis déjà allée. J'y aurai toujours déjà été. Quand je serai grande, je visiterai le monde, je traverserai le désert, j'irai sur la mer en bateau à voile, je rencontrerai les Indiens d'Amazonie, j'escaladerai la cordillère des Andes… Pour le moment, je suis encore petite et je suis déjà bien contente quand mes parents m'emmènent à la campagne ou au bord de mer, en forêt d'Ermenonville ou de Fontainebleau, visiter le château de Versailles ou ceux de la Loire. Grandir parmi les humains c'est faire l'apprentissage d'un monde où des gens de tous âges se côtoient et ont besoin les uns des autres. Mais c'est surtout nous, les petits, qui avons besoin des grands.

Grandir, c'est m'imaginer grande, jouer à être déjà grande. J'ai prénommé ma poupée Evelyne. Je n'aime pas tellement ce prénom mais, je ne sais pas pourquoi, il s'est imposé à moi. Comme si je ne l'avais pas choisi. Comme mon propre prénom, que je n'ai bien sûr pas choisi ; mais lui, mon prénom, je l'aime bien. Ma poupée Evelyne, je ne la trouve pas non plus tellement jolie ; celle de ma sœur est plus belle, plus blonde. Moi non plus je ne me trouve pas tellement jolie. Ma poupée est un peu comme moi, en plus petite encore. Quand je l'habille et la déshabille, je suis un peu comme Maman, je suis sa maman. Je joue à la maman, je joue à être déjà ce que je serai (peut-être) un jour. Jouer, c'est anticiper. Et c'est ça qui fait grandir.

Parfois, j'aide les grands à nettoyer, jardiner, cuisiner, bricoler. Là je ne joue pas, c'est pour de bon… Et pourtant si, je joue encore : je joue à être déjà grande, à faire comme si j'allais bientôt faire tout ça toute seule. Quand je serai grande. Pas encore. Je fais comme si j'étais grande, je joue l'adulte par avance, mais je n'oublie jamais que je ne la suis pas encore.

J'ai observé un jour cette merveilleuse ambivalence où l'anticipation est en même temps un différé. C'était un temps suspendu à la cafeteria d'un centre commercial. Je laissais flotter mon attention à travers la vitre : au-dehors, sur le parking du supermarché, les gens poussaient tranquillement leurs chariots. C'était un samedi soir ; il n'y avait plus foule et on prenait son temps.

Parmi les silhouettes encore vêtues de sombre en ce début de printemps pluvieux, deux petites jambes roses trottinaient en tous sens. Une fillette de quatre ou cinq ans poussait, comme les grands. Mais ses trajectoires, rapides, fantaisistes, légères, croisaient, doublaient et contrariaient les lourdes destinations des caddies, car son véhicule était une poussette, rose comme elle et comme la poupée qu'elle contenait. L'enfant allait et venait pendant que ses parents chargeaient la voiture. Elle en profitait pour être aussi une grande personne. Mieux qu'une grande personne : elle était une Maman. Elle était une maman qui promène son enfant. La solennité sérieuse de sa démarche mimait l'image mentale à laquelle la petite s'identifiait : petite maman et bébé glissaient sans heurt sur le bitume, comme sur des roulettes. Ça allait tout seul, ça roulait, il n'y avait plus à s'en occuper. Et d'ailleurs elle ne s'en occupait plus, tenant la poussette d'une seule main, laissant tout le reste de sa personne disponible pour autre chose.

Autre chose… c'était par exemple guetter du coin de l'œil si on la regardait. Autre chose, c'était s'assurer que les parents n'avaient pas fini, évaluer le temps qu'il lui restait pour jouer à ce jeu très sérieux et finalement se presser de rejoindre la voiture, de peur d'être oubliée sur le parking. Oubliée par ses parents, quelle idée ! Est-ce qu'elle, pourrait oublier son bébé ?

Eh bien oui : toute à ses pensées, elle oubliait de prêter attention à la poussette et à son précieux contenu. La petite voiture, guidée d'une seule main, déviait sans cesse, butait contre les rambardes, heurtait les pylônes, s'encastrait dans les longues files de caddies emboîtés les uns dans les autres. C'était un réajustement permanent, un aller-retour constant entre le rôle de la maman et l'être-petite-fille. C'étaient plutôt deux cheminements croisés : la maman fantasmée abandonnant à l'enfant le soin de guider l'équipage et l'enfant joueuse devenant la mère de la maman en assumant – de justesse - la sécurité de la poussette. Les deux se déplaçaient ainsi au radar, chacune mettant l'autre en pilotage automatique.

J'étais fascinée par ces deux corps de l'enfant : le corps merveilleux du rêve qu'elle transportait et celui, maladroit, de la quotidienneté qui la bousculait. Mais c'était pourtant bien de ces petits membres encore gauches, de cette frimousse engoncée dans son bonnet, que surgissait la figure magnifique de l'être-déjà-grande.

Il y a dans le monde des enfants privés de ce « faire comme si », des enfants forcés d'être des adultes avant l'âge, non par jeu mais parce qu'on les y oblige : enfants errant dans les rues ou sur les routes du monde, enfants soldats aux armes tragiquement réelles, enfants tortionnaires, bourreaux, tueurs, enfants esclaves, travailleurs à l'âge de jouer, jouets sexuels à l'âge de rêver ; enfants abusés, prostitués, torturés, enfants mariés, fillettes voilées, enfants-moines, bambins proclamés dalaï-lamas, réincarnés avant même l'épanouissement de leur corps ; enfants-rois qu'on appelle … des dauphins.

Mais pour l'enfant normal, celui qui n'a pas à être adulte avant l'âge, le jeu consiste justement à (presque) se croire adulte avant l'âge.

Plus l'adolescence approche, plus on se projette dans l'avenir : études, métier, arts, expériences, voyages, rencontres, amours. Grandir, c'est maintenant apprendre à avoir confiance en soi, à chasser le démon du doute, le sentiment d'inaptitude. C'est apprendre à aimer par avance sa vie.
C'est entrouvrir les yeux après une sieste au soleil et, à travers la frange des cils, se laisser émerveiller par l'irisation de sa propre peau, lire à travers cette multitude de prismes miniatures un avenir radieux. C'est se dédoubler, faire exister, par anticipation, son propre être adulte, laisser entrer doucement dans son espace intime d'autres personnes qui un jour contempleront peut-être cette peau, la caresseront. C'est fonder un projet de bonheur.
C'est aimer déjà. Avant même toute rencontre. Le désir d'aimer, c'est déjà aimer. Lorsque la rencontre se fait, on a très vite le pressentiment que, peut-être, ce sera la bonne personne. On l'aime déjà. Et lorsque ça se confirme on a parfois l'impression que, depuis toujours, on l'aimait déjà.
Quand on aime, on anticipe sur les désirs de l'autre. On sait ce qui va lui faire plaisir et on se réjouit par avance de lui faire plaisir. C'est le cas dans la vie quotidienne, c'est le cas pour les fêtes ; c'est surtout le cas pour la fête érotique. On connaît les caresses que l'autre aime le plus, on sent que tel geste appellera telle réponse. Il y a une musicalité propre à chaque couple, qu'on connaît, qu'on se chante in petto en faisant l'amour.

Voilà sans doute ce qui fascine dans les pas de deux chorégraphiques. Ils subliment la musique de deux corps qui s'enlacent, s'éloignent, se rapprochent, s'ajustent, se portent, se magnifient l'un l'autre. Dans tous les types de danse – classique, contemporaine, jazzique, ethnique, de salon - le duo donne à voir l'anticipation réciproque portée au plus haut degré : chacun des partenaires semble s'engager dans le chemin que lui ouvre l'autre, qu'il lui a lui-même proposé. Et on ne sait plus qui guide, qui est guidé. Même dans les traditions de danse où l'homme conduit officiellement, les partenaires, s'ils sont vraiment ajustés, ne savent plus qui mène. Ils se mènent l'un l'autre sur les chemins de la volupté.

En même temps, le pas de deux, il faut bien le reconnaître, tient un peu de la parade nuptiale des animaux. Les partenaires se tournent autour pour suggérer ce qui ne peut se montrer sur scène, ce qui est obscène : la copulation, l'orgasme. Un regard quelque peu trivial et décalé s'agacerait de ne jamais les voir « conclure ». C'est que, si tout l'art – chorégraphique, érotique, existentiel – est dans l'anticipation, il est, de façon tout aussi marquante, dans le « pas encore », dans le différé.

### Différer

À tout instant, mon organisme se retient. « Décider, c'est aussi inhiber, ce n'est pas seulement choisir entre plusieurs solutions, c'est réussir à bloquer des comportements non désirés. »[65] C'est vital : c'est ce qui lui permet d'intégrer la perception, de lui conférer du sens, de déployer son intentionnalité et d'opter pour telle ou telle action. L'organisme diffère l'action et empêche sans cesse des possibles. C'est ce qui permet la poursuite de la vie : retenir la réaction reflexe pour laisser se déployer l'éventail des possibles.

Anticiper et différer sont deux modes antagonistes et complémentaires de la réflexivité.

Si le différé est inscrit au cœur des cellules, a fortiori est-il un processus majeur de la vie mentale où le travail d'empêchement nécessite une décision bien plus consciente et réfléchie. Ce refus

---

[65] Alain Berthoz, *La décision*, éd. Odile Jacob, 2015, p.135

est en réalité une place faite aux autres possibilités. Il n'est pas un *non* ; il est bien plutôt un *oui mais pas maintenant.*

Un enfant a une chose importante à dire à ses parents : une demande, un aveu, une question. Il va souvent la garder longtemps en lui avant de trouver le moment opportun, la circonstance favorable. Peut-être attendra-t-il le rituel de la toilette, ce moment intime propice aux confidences. Ou bien il profitera du huis clos d'un trajet en voiture, lorsque la concentration de l'adulte sur la conduite offrira un angle d'incidence et de confidence. Il se peut aussi qu'il attende de longs mois avant de livrer son secret ; entre-temps celui-ci aura grandi, se sera renforcé, ainsi que la détermination. Et lui aussi, l'enfant, aura grandi. Peut-être gardera-t-il toujours le silence.
Innombrables sont les délices et les tourments de la préméditation, et proportionnels à l'importance existentielle de ce qu'on diffère.

Une jeune femme peut être fortement désireuse de devenir mère mais, se trouvant enceinte, ne pas pouvoir envisager une grossesse dans les circonstances présentes. De tous côtés des considérations d'ordre relationnel, familial, culturel, social, peuvent la conduire à faire barrage à la vie qu'elle voudrait pourtant tellement porter. Mais pas maintenant, pas comme ça. Un enfant, pas maintenant !
Heureuses celles qui n'ont pas eu à vivre un tel dilemme, celles qui n'ont pas eu à reporter un tel projet, au risque de ne jamais le réaliser.

Quelqu'un qui attend un résultat d'examen médical redoute le diagnostic, s'efforce de jouir des quelques jours d'incertitude, pendant lesquels il peut encore s'imaginer en bonne santé. Plus le rendez-vous approche et plus il sait que les résultats sont là, quelque part dans un bureau, sous une pile de dossiers. Il voudrait et ne voudrait pas anticiper la consultation, entrer par effraction dans le bureau du médecin, fouiller. Il s'étonne de ce brusque divorce entre lui-même et son corps qui lui cache quelque chose. Il refuse d'être malade : non, pas maintenant, c'est trop tôt, il a encore tant de choses à faire ! Encore quelques années, s'il vous plaît, encore quelques décennies !

Et puis le jour du rendez-vous arrive enfin. Le patient patiente longuement dans la salle de patience. On ne trouve pas son dossier. Ah si, le voilà, le professeur va vous recevoir. Bientôt. Veuillez patienter. Fuir, plutôt, écarter ce mauvais rêve ! Mais voici le professeur, jovial, rubicond, pas pressé. Égayant au mieux sa routine professionnelle, il bavarde, digresse, plaisante, tripote le dossier… quand va-t-il l'ouvrir ? Combien de temps cette torture va-t-elle durer ? Il finit par se concentrer sur le « cas » : c'est une anomalie mais dormante. Il est possible que la maladie ne se déclare jamais. D'ailleurs ce n'est pas une maladie, c'est une pré-maladie. Une pré-maladie ! Ah, voilà qui est beau ! Remarquez, nous sommes tous pré-malades, n'est-ce pas ? Et même pré-morts ! Les deux rient de bon cœur. Le soleil appelle le pré-malade au-dehors ; l'horizon recule, la mort attendra.

Ou au contraire :

Le jour du rendez-vous arrive enfin. Le patient patiente longuement dans la salle de patience. Mais voici le professeur, sérieux, concentré, pas pressé. Pas pressé de donner le diagnostic parce qu'il est mauvais. Il faut agir vite, pas de temps à perdre. Le patient, affolé, sidéré, est paralysé, tiraillé entre la hâte (comment, une opération dans dix jours seulement !) et le déni (mais non, pas d'opération, je veux continuer à vivre comme avant !)

Anticiper la guérison, repousser le verdict, différer la mort. La sienne propre, celle de l'autre.

Un jour, on se trouve au chevet de quelqu'un qu'on aime. On épouse sa respiration chaotique. Elle se précipite, on halète aussi ; elle se suspend, on retient son propre souffle. À chaque apnée on compte les secondes. On encourage les reprises, on les aide. Voilà que ça s'emballe ; on court aussi. Un long soupir apaise tout. Est-ce le dernier ? Non, encore un peu, encore un peu ! On croit follement pouvoir différer la mort, on veut remettre la chère machine en mouvement. Oui, elle fonctionne encore : un long affaissement, tellement profond... est-il possible d'aller puiser si loin son dernier souffle ? Puis tout lâche en une ultime dilatation, suspendue à jamais.
Le dernier soupir est une inspiration.

### Le rubato et l'écoute

On diffère ce qu'on anticipe : Non pas encore ! On anticipe ce qu'on diffère : Oui, ça viendra. On prend des libertés avec le tempo de la vie. « La liberté nous donne le pouvoir de déplacer, ajourner, échanger, abréger les moments à notre guise. C'est un perpétuel rubato »[66], chantait presque Vladimir Jankélévitch en ses conférences tellement musicales qu'elles semblaient des concerts.
On a vu que lire une page ou déchiffrer une partition demandent la même souplesse. Le lecteur anticipe du regard, il a toujours un temps d'avance, et c'est ce qui lui permet de reconstituer le sens ou la mélodie. Mais on peut dire également qu'il diffère. En effet,

---

[66] Vladimir Jankélévitch, *Le je-ne-sais-quoi et le presque rien* t.1, éd. du Seuil, 1980, p.119

sachant ce qui suit, sentant la phrase et le développement qui arrivent, les ayant déjà dans le corps, il peut prendre le temps de goûter les mots, les notes, de leur donner toute leur saveur, toutes leurs couleurs.

De même, le danseur tout à la fois anticipe et diffère. Pour être en musique il doit pressentir l'arrivée de chaque temps. Sinon, il est en retard, il n'est pas en rythme. Pour être ensemble avec les autres danseurs il doit ressentir par avance leurs évolutions. Sinon, il rate les rendez-vous. Voilà pour l'anticipation. Mais, pour être ensemble avec la musique et avec les autres, sentant venir sans hâte la fin du mouvement, il doit la laisser se déployer pour qu'elle advienne exactement à l'unisson. Sinon il « boule ». Une fois qu'il est capable de cette exactitude musicale, il peut en jouer : entamer le mouvement corporel un peu avant ou un peu après le son, juste ce qu'il faut pour confirmer la cadence. C'est le rubato du danseur, un art subliminal qui ne doit pas se remarquer.

La chorégraphe Lisa Nelson décrit bien cet art du différé-anticipé : « J'ai observé que mon corps reconnaît son comportement une fraction de seconde seulement après le début de l'action. Cela me fit supposer que je pouvais me retenir une fraction de seconde pour détecter le moment où le mouvement s'organise avant que l'action ne surgisse soudain de mon corps. »[67]

L'art du rubato est un art d'écoute. C'est ce qui fait à la fois la joie de l'auditeur ou du spectateur et la cohésion des artistes : pour jouer ensemble, ils doivent s'écouter. Cela paraît un truisme pour ce qui concerne la musique ; c'est peut-être moins connu au sujet de la danse.

---

[67] Lisa Nelson, *À travers vos yeux*, Nouvelles de danse/Contredanse, n°48-49 2001, p.22

Il s'agit ici d'une écoute silencieuse, également familière aux comédiens et aux psychologues par exemple. Être à l'écoute : se tenir disponible pour tout ce qui vient de l'autre, à travers et par-delà sa parole. Ainsi les musiciens d'un orchestre auront beau suivre la partition, s'ils ne sont pas à l'écoute les uns des autres, ils saccagent l'œuvre. Le chef d'orchestre est là pour assurer l'écoute. Celle-ci est particulièrement essentielle au danseur qui n'a évidemment pas de partition sous les yeux et pas toujours de coryphée à suivre. Paul Valéry disait que le « corps dansant semble ignorer le reste, ne rien savoir de tout ce qui l'environne. On dirait qu'il s'écoute et n'écoute que soi. »[68] Mais Valéry parlait d'une nymphe observée à son insu[69] ou bien d'une danseuse se produisant seule, en privé et probablement désireuse de s'isoler du regard de ses spectateurs masculins. Sans doute cette remarque trahit-elle la frustration de ceux-ci, car la danseuse leur échappe en évoquant un monde non centré sur eux. Ce monde, Valéry ne tarde d'ailleurs pas à l'admirer par son intermédiaire, contredisant de façon flagrante le prétendu autisme égoïste de la danseuse. L'écoute est bien évidemment à la fois écoute de soi, de l'autre, de l'environnement et de la musique. On a déjà noté l'importance d'anticiper le mouvement du partenaire dans le pas de deux ; cette anticipation est bien sûr le fruit d'une grande écoute mutuelle. Il en est de même dans les danses d'ensemble. « C'est un jeu sur l'acte d'être ensemble, un jeu sur l'écoute extrême et *l'affirmation* de soi », note Geisha Fontaine, à propos de la chorégraphie *Rosas danst Rosas* d'Anne Teresa de Keersmaeker.[70] Si leur cohésion ne provenait que d'une obéissance métrique, on ne verrait que des mouvements

---

[68] Paul Valéry, *Philosophie de la danse*, in Œuvres, tome I, éd. Gallimard, Nrf, 1956
[69] Comme son Athikté observée par Socrate, Phèdre et Éryximaque dans *L'âme et la Danse*, éd. Gallimard, 1944
[70] Geisha Fontaine, *Les danses du temps*, éd. du Centre National de la Danse, 2004, p.190

d'ensemble gymniques, comme les grands déploiements de foules uniformes tant prisés des régimes politiques totalitaires. Mais sont-ce encore des danses ?

Si l'écoute est la clef du spectacle, elle s'expérimente tout particulièrement hors scène, lors des improvisations collectives. Celles-ci gagnent beaucoup à se dérouler en silence. Après quelques consignes générales données par le chorégraphe, les participants se placent dans l'espace et attendent le commencement. Non pas le signal du commencement mais la sensation du départ du mouvement. Cette attente est toujours un délice : on ne sait pas qui va commencer. Ou plutôt on sait que ce n'est personne : ça va démarrer de quelque part à un « moment donné » qui, justement, n'est pas donné. Et voilà, ça frémit, une onde infime se propage, le mouvement est lancé, comme s'il s'était lancé lui-même. Dès lors, circule entre les corps une matière fluide et, sensibles les uns aux autres, ils se mettent à tisser ensemble l'espace et le temps.

L'approche d'un corps s'éprouve avant ou sans le contact[71], des courants d'énergie emportent et repoussent, selon toutes les modulations, de la douceur à la fureur. C'est la contagion consentie, cultivée, proposée, confirmée. Et c'est une grande école de liberté dans l'interdépendance : il faut « être capable de se distancier une seconde et savoir comment revenir tout en étant très clair »[72], disait Robert Ellis Dunn, un des précurseurs de la danse post-moderne. Dans l'improvisation dansée se réalise le double souhait de Vladimir Jankélévitch : « Pour desserrer l'urgence de l'impromptu et l'imminence de l'instant prochain,

---

[71] Ceci a été écrit avant la pandémie de 2020 et l'obligation de distanciation physique. On tentera plus loin d'y trouver comment puiser à cette source pour soigner la danse malade de la COVID 19.
[72] Robert Ellis Dunn, *Contrastes aigus,* in Nouvelles de danse/ Contredanse n°22, 1995, p.47

il nous faudrait coïncider sympathiquement avec la liberté d'autrui […] ou épouser intuitivement la courbe de l'évolution novatrice… »[73] Chaque danseur déploie sa libre innovation en interaction avec chacun et avec l'invention commune de tous.

L'improvisation collective peut, ai-je écrit, aller jusqu'à la fureur. Je me suis retenue d'écrire « jusqu'à la violence » car, si violence il y a, c'est au sens théâtral du terme ; c'est une violence jouée. Le bon danseur, comme le bon comédien, reste toujours conscient de ce qu'il fait et désireux de développer son action propre en faisant advenir l'action collective. Je montrerai plus loin que la danse est à mes yeux une école de non-violence. Si elle peut atteindre des niveaux extrêmes d'énergie, voire d'agressivité, c'est justement parce que cette énergie est collective, échangée entre partenaires dans une attention réciproque. Ainsi un affrontement, un combat, pourront-ils atteindre un paroxysme d'intensité sans aucun dommage pour les acteurs… ni pour les spectateurs qui sauront, ressentiront, qu'il s'agit d'une représentation. Non pas une vague évocation ou imitation : les acteurs sont totalement et sincèrement engagés dans le jeu. Mais voilà, c'est la clef : ils jouent.

## Le jeu et l'enjeu

Ce jeu est bien davantage qu'un divertissement, on l'aura compris. L'engagement est total, l'acteur-danseur joue son va-tout, comme s'il y allait de sa vie. Sinon, il joue faux.
Ce jeu est un enjeu existentiel.

---

[73] Vladimir Jankélévitch, *Le je-ne-sais-quoi et le presque rien* t.1, éd. du Seuil, 1980, p.126

On se rappelle la fillette à la poussette. C'est avec le plus grand sérieux qu'elle joue ses deux corps : son corps d'enfant et son corps d'adulte qu'elle sera un-jour-mais-pas-encore. Elle met en jeu toute son existence, anticipée et différée. Elle la vit par avance mais pour plus tard.

On connait le garçon de café de Sartre[74] qui, par son zèle scrupuleux, « joue à être garçon de café », comme en représentation. Il est de mauvaise foi parce qu'il fait semblant d'être obligé de se comporter ainsi, alors qu'il pourrait fort bien faire son travail par-dessus la jambe (ou le bras, mais c'est dangereux pour les verres), cesser de se lever à cinq heures du matin, quitte à arriver en retard et se faire renvoyer. Mais il refoule ces pensées indignes, n'en laisse rien paraître et accomplit son service d'une manière irréprochable. Sauf qu'il en rajoute juste un peu trop. Un peu trop vif et appuyé, un peu trop précis, un peu trop rapide, un peu trop empressé, il sur-joue, comme un domestique obséquieux, comme un mauvais comédien. Pourquoi ? Parce qu'il n'a pas de recul, parce qu'il s'y croit. En fait, il oublie de jouer, il joue faux.

Comment est-il possible de jouer faux ? Paradoxalement, en ne se dédoublant pas. Le bon acteur est son personnage, tout en restant lui-même, quelque peu modifié, enrichi, augmenté par son identification temporaire à son rôle. Il est passé d'une perfection à une perfection supérieure. Voilà pourquoi un bon acteur est toujours empreint de jubilation, y compris en jouant la tragédie. Voilà pourquoi le théâtre fait du bien, par-delà et en-deçà des conflits et violences qu'il représente : il est porté et porteur, par en-dessous, d'une joie d'être sécrétée par l'empathie pour le personnage, empathie partagée par le comédien et le spectateur.

---

[74] Jean-Paul Sartre, *L'Être et le Néant*, éd. Gallimard, coll. Tel, 1976, pp. 94-95.

Or, entre le comédien, le personnage et le spectateur, ce n'est certes pas un néant qu'il y a ! La fosse d'orchestre même en l'absence de musiciens, le proscenium même vide, sont des espaces intermédiaires, des distances qui jouent un rôle elles aussi, des distances pleines de sens. En aucun cas un néant ; encore moins le Néant !

Si le garçon de café accomplit un libre choix en se levant à cinq heures, c'est qu'il pourrait bien un jour, décider de rester au lit et de se faire renvoyer. Il n'y a donc aucun gouffre entre celui qu'il est aujourd'hui et celui qu'il sera demain, aucun néant, aucune négation. Au contraire, il est à la fois celui qui va travailler et celui qui pourrait ne pas y aller, à la fois celui qui accomplit plus ou moins parfaitement les gestes de son métier et celui qui pense « dans trois heures je débauche et c'est moi qui irai commander un café ». Dans ce cas, son jeu sonne juste.

Je me rappelle un contrôleur de bus de mon enfance, à l'époque où, en plus du chauffeur, il y avait un poinçonneur en casquette chargé de percer les tickets des passagers en scandant un traditionnel « S'il vous plaît… merci ». Il y en avait un, sur la ligne que j'empruntais pour me rendre au lycée, qui s'élançait de la plateforme arrière jusqu'à l'avant du bus, poinçonneuse en avant, en différant-anticipant-contractant le « S'il vous plaît… merci » en un long et unique « Sssssssssi ! ». Il poussait la virtuosité jusqu'à parvenir à ne laisser échapper le « si » final qu'à l'instant exact où il perforait le ticket. Il le faisait avec une conviction et un sérieux tellement sincères qu'il en résultait un effet comique irrésistible : du bon comique *poince*-sans-rire. Je crois qu'il était bien conscient de son jeu.

Dans le conformisme et dans l'excès des gestuelles du garçon de café ou du contrôleur de bus, il y a du jeu. Ça joue discrètement entre leur costume professionnel et leur élan vital. Ils sont comédiens *et* sincères. Toute leur sincérité se joue dans le réajustement constant entre leur être et leur rôle. Ils dansent avec eux-mêmes.

Ce que nous faisons tous.

La vie est un tango perpétuel entre moi et moi. Entre moi et moi-vu-comme-un-autre et qui pourtant est moi. Entre moi et toi-qui-n'es-pas-moi mais que j'aurais pu être. Réajustement permanent de l'altérité.

## Le jeu de l'altérité

Le costume est toujours à rajuster ; il y a du flou près du corps, du flottant dans le collant, le justaucorps, aussi bien que dans le tulle et les voiles. Le costume de danse symbolise tous ces jeux du corps. Il joue sur l'ajusté avec le collant ou le pourpoint, il joue sur le transformé avec le tutu de femme-oiseau, sur les formes géométriques du Bauhaus ou les extravagantes créations de haute couture de Jean-Paul Goude. Il joue sur le voilé-dévoilé, comme dans la danse des sept voiles. La danse joue parfois sur la nudité, qu'elle habille cependant de lumière et enveloppe de mouvement. Le danseur n'est jamais nu car il est nimbé d'un autre corps, imaginé, fantasmé, halluciné. Comme l'enfant qui joue, le danseur a deux corps, le sien propre et singulier, et un « corps-icône »[75] dans lequel tous - lui-même et les spectateurs – se projettent et s'identifient tout en sachant que c'est une illusion. « Le danseur ne devient le beau corps regardable [...] que parce qu'il se sait corps entré totalement dans l'illusion : cela, c'est l'image du corps de l'Autre en tant que corps parfait... »[76]

---

[75] Pierre Legendre, *La passion d'être un autre, étude pour la danse*, éd. du Seuil, 1978, p. 176
[76] Idem, p 235

Mais surtout, le corps du danseur donne à voir, ou en tout cas à imaginer tout ce qui n'est pas lui et qui l'environne. Le corps des autres, en tout premier lieu, comme on l'a vu au sujet de l'écoute. « La perception des autres, base du travail de la danse contemporaine, est essentielle », remarque Geisha Fontaine à propos de la danse de Trisha Brown.[77]

Et puis les danseurs donnent à voir un grand corps collectif - justement nommé «corps de ballet » dans la danse classique- où cependant chacun reste unique et singulier.

Enfin, le danseur donne à voir le monde, il ouvre l'imagination. Ainsi, s'exalte un spectateur, selon Paul Valéry : « Elle trace des roses, des entrelacs, des étoiles de mouvement, et de magiques enceintes… Elle bondit hors des cercles à peine fermés... Elle bondit et court après des fantômes ! Elle cueille une fleur, qui n'est aussitôt qu'un sourire ! […] N'est-elle pas soudain une véritable vague de la mer ? – Tantôt plus lourde, tantôt plus légère que son corps, elle bondit comme d'un roc heurtée ; elle retombe mollement… C'est l'onde ! » [78]

Mais le spectateur voisin ne veut voir que mouvement pur ; il se refuse à y déceler quelque évocation, quelque signification que ce soit.

Autre spectateur, autre danse.

Il est toujours troublant de constater à quel point un même spectacle peut avoir été perçu différemment par les divers spectateurs. Plus étrange encore : une même personne, assistant plusieurs fois à une même pièce, peut en retirer des impressions dissemblables, voire contradictoires selon les jours.

Il en est ainsi de tous les arts, bien sûr ; il en est même ainsi de toutes les expériences : elles ne se reproduisent jamais à

---

[77] Geisha Fontaine, *Les danses du temps*, éd. du Centre National de la Danse, 2004 p. 220

[78] Paul Valéry, *L'âme et la danse*, éd. Gallimard, 1954, p. 155 et 159

l'identique. Un geste, aussi simple, aussi utilitaire soit-il, ne sera jamais accompli ni perçu deux fois de la même façon.

On ne se baigne jamais deux fois dans le même fleuve et si la danse est considérée comme un art de l'éphémère, c'est qu'elle est un art de l'acte, de l'évènement, une célébration de surgissement.

### L'évènement perpétuel

L'acte surgit. On ne sait pas toujours d'où. Évènement perpétuel, l'instant s'élance à la fois vers le passé qu'il rassemble et vers l'avenir qu'il propulse. Comme si le mouvement générait le passage du temps.

C'est une telle vision à la fois dynamique et insaisissable que développe Henri Bergson. « Mon présent consiste dans la conscience que j'ai de mon corps »[79] et ce présent est la pointe d'un cône qui contiendrait toute ma mémoire et qui graverait d'un trait fin le plan de l'expérience du monde.

Le présent est sans épaisseur ; il n'est rien, rien qu'un curseur filant sur l'axe du temps vers un horizon toujours inatteignable puisqu'il se déplace avec moi, puisque je le repousse sans cesse de par ma course, puisqu'il est une projection de moi-même. Puisqu'il n'existe pas.

Mais alors, si le présent fuit, nous ne l'atteignons jamais, nous ne sommes jamais dans le présent !

Non. Comment pourrions-nous être dedans ? Il n'y a pas de place dans le présent ; il n'est qu'un point de fuite.

Et c'est ça, le moteur du mouvement.

---

[79] Henri Bergson, *Matière et mémoire*, rééd. PUF 2012, p. 153

Dans la foulée de Bergson, Gilles Deleuze prône une philosophie de l'éphémère, de l'incessante apparition, de l'évènement qu'on appelle, au double sens de nommer et de faire advenir. On devient ainsi acteur de son propre devenir, « comédien de ses propres évènements. »[80]
Où l'on retrouve le jeu et l'enjeu existentiel.
L'évènement, le mouvement permanent, l'émergence, comme aime à dire Edgar Morin. Non pas une course effrénée derrière un objectif fuyant, mais un élan de chaque instant, un désir, avec la joie inhérente au désir, le bonheur qui émane du désir même. Bref : l'amour de la sagesse. L'amour de la vie, l'amour du bonheur, l'amour de lui, d'elle, de moi-même, de la lumière, de l'animal, du végétal, du minéral, de la matière, du cosmos… de tout ce qui me fait courir, de tout ce que je poursuis.
Le combustible du désir, c'est la création, au sens large : la réflexion, l'art, le rêve, le mythe, la légende, le conte, auxquels on croit sans y croire, la fiction créative qui colporte la seule vérité qui soit : celle qui émane de la conscience. Vérité *émanente*.
C'est la course éperdue du désir, ce char conduit par quatre chevaux : les sens, les affects, la conscience, la réflexion. C'est tout à la fois désir de jouissance, de bonheur, de vérité, de sagesse. Objectif jamais atteint puisque ce n'est pas un objet, mais réalisation permanente puisque création de soi. Insatisfaction permanente qui se fait jubilation permanente, le véritable objet du désir étant de désirer, d'être à soi-même son propre objet, d'être sujet.
Soif et faim inextinguibles que le désir apaise et attise en s'interrogeant jusqu'aux questions sans réponse, en se délectant de poèmes jusqu'à ce que les mots ne suffisent plus, en se grisant

---

[80] Gilles Deleuze, *Logique du sens*, éd. De Minuit, 1969, p. 176

de musique jusqu'à ce que les sons ne suffisent plus, en s'enivrant de danse jusqu'à ce que le corps ne bouge plus.
« Chaque individu serait comme un miroir pour la condensation des singularités. »[81]

---

[81] Idem, p.209

CHAPITRE IV

# Le corps créateur

*Le cerveau n'est pas seulement un simulateur,
c'est un émulateur qui crée le monde comme dans le rêve.*
Alain Berthoz[82]

C'est donc à tous les niveaux, depuis le fonctionnement des cellules nerveuses, jusqu'aux choix de vie existentiels, que l'être humain invente le monde et s'invente lui-même.

Pour s'inventer lui-même, il se dédouble, on l'a vu, et ce dédoublement, berceau de la conscience réflexive, s'opère lui-même selon un double processus : il anticipe et diffère l'action et par là il module le temps ; il projette l'image de l'action à déployer et par là il modèle l'espace.

Il crée et sculpte de l'espace-temps.

La plasticité de l'espace-temps est telle que les deux modes qui le constituent continuent, même après la révolution de la relativité générale, à être appréhendés séparément dans l'expérience courante. Nous sentons et expérimentons qu'ils sont un seul et même phénomène, qu'ils sont l'essence même du phénomène – de ce qui apparaît – mais ce phénomène unique, nous l'appréhendons tantôt sous son mode temporel, tantôt sous son mode spatial.

Peut-être la danse en permet-elle la synthèse ?

---

[82] Alain Berthoz, *La décision*, éd. Odile Jacob, 2015, p. 389

Emmanuel Kant aurait-il, dès le XVIIIe siècle, préparé la voie de la relativité ? Selon lui, le temps et l'espace, forment (déforment ?) les phénomènes, c'est-à-dire les objets tels qu'ils parviennent à notre entendement. Ils sont les deux formes *a priori* de la sensibilité. Notons bien que *a priori* signifie pour Kant *indépendant de l'expérience*, et non pas *préalable*. Le temps et l'espace ne sont pas des choses préexistantes ; ils sont les modalités des sens, et par suite de l'intelligence. En d'autres termes, le temps et l'espace sont purement et simplement la conscience en acte. Et cet acte est créateur, en tant qu'il donne forme au monde, en tant qu'il le constitue et lui confère signification.

Il a été dit et redit précédemment qu'être sujet, c'est moduler le temps et modeler l'espace. À ce stade, on peut aller plus loin et avancer qu'être sujet, c'est *sécréter* du temps et de l'espace pour les entrelacer, pour se forger un monde, c'est-à-dire une représentation du milieu dans lequel nous vivons.

Être sujet, c'est générer du temps en anticipant et en différant l'action et c'est générer de l'espace en projetant l'image de l'action à déployer.

Forger un monde… autrement dit le créer, comme un artisan, un artiste.

L'actrice sourde Emmanuelle Laborit, avant d'apprendre la langue des signes, vivait dans un perpétuel présent et, à sept ans, parlait encore d'elle-même à la troisième personne. C'est en déployant enfin sa parole dans l'espace par le geste qu'elle a acquis la notion du temps et qu'elle commencé à dire « je » : devant-futur, derrière-passé et de l'un à l'autre, mon corps, moi.

La neurophysiologie a montré qu'au sein des règles générales de la perception, on observe d'infinies variations individuelles : « chaque personne résout le problème de l'intégration sensori-motrice à sa façon. »[83]. Autrement dit, chaque personne constitue « son monde ». De plus, en évoluant et en accumulant les expériences de vie, chacun modifie en permanence sa représentation du monde. Tout bouge tout le temps. Pour que le monde soit univoque, il faudrait supposer un Sujet Créateur unique, transcendant et intégrant tous les sujets créateurs individuels. C'est la démarche monothéiste : *le* Créateur a créé *le* Monde. Or, force est de constater que ladite démarche monothéiste n'a eu et n'a encore de cesse de se diviser en plusieurs visions du monde, si bien qu'on en arrive à compter plusieurs monothéismes. *Des* monothéismes, quel oxymore ! Et quelle tragédie de voir des pans entiers de l'humanité s'affronter, chacun au nom de *son* Dieu unique...

J'éprouve beaucoup plus de joie à songer que l'évolution biologique a buissonné en tous sens, faisant apparaître et disparaître des milliers d'espèces, toutes dotées de systèmes de perception et d'adaptation variés. Toutes parfaites à leur façon. Toutes, peut-être, génératrices de temps et d'espace. Et joie de songer qu'en fin de compte est apparue une espèce non seulement capable de générer du temps et de l'espace mais encore de le savoir.

Le sachant, elle est aussi capable de développer de la connaissance, avec toutes les merveilles qui s'ensuivent. Mais elle se montre aussi capable, hélas, par un usage irréfléchi de sa connaissance, de détruire le magnifique équilibre du monde qui l'a engendrée, de s'autodétruire avec lui. Aujourd'hui, elle le sait. Mais elle ne sait pas encore si, le sachant, elle saura se reprendre et se sauvegarder avec son monde.

Source de temporalité et de spatialité, la conscience réflexive a joué la carte utilitaire, elle a voulu dominer la nature, l'asservir à

---

[83] Alain Berthoz, *Le sens du mouvement*, éd. Odile Jacob, 1997, p. 240

ses propres besoins et désirs, sapant par-là ses propres fondements. Mais elle a toujours, aussi, parallèlement, et souvent à contre-courant, su jouer de sa créativité, gratuitement, pour le plaisir, sans finalité utilitaire ou intellectuelle, pour la beauté du geste.

Elle reste une conscience intentionnelle (mais non utilitaire), c'est-à-dire orientée vers l'altérité du monde et des autres consciences. Mais elle s'offre la gratuité de jouer sur les allures, les ralentis et les accélérations, les cadences, les rythmes, les tempi : faire de la musique.

Elle s'offre de jouer sur les allures, les ralentis et les accélérations, les cadences, les rythmes, les tempi et aussi sur les déplacements, les figures, les concentrations et les expansions, l'amplitude : danser.

## Musique et danse

> La danse construit le temps.
> De même que la musique est « du temps audible », la danse est du temps visible. Elle est une façon de faire vivre le temps, de le rendre vivant, palpable.
>
> Dominique Dupuy,[84]

À ce stade, la musique se présente essentiellement comme un art du temps et la danse comme un art du temps et de l'espace.

Posons d'abord qu'il semble aller de soi que la danse, art du mouvement, est entrelacs de temps et d'espace. Danser, c'est déployer dans l'espace des mouvements rythmés ou modulés selon une temporalité inventive.

---

[84] Dominique Dupuy, *d'Orphée à Çiva*, in revue Marsyas n°16, *Le corps qui pense,* déc. 1990

Mais pour la musique qu'en est-il ? Le vocabulaire classique comporte de nombreux termes temporels (tempo, adagio, lento, accelerando, presto, rallentando, etc.) et assez peu de mots renvoyant à l'espace, comme largo. Mais par ailleurs, on remarque beaucoup de mots évoquant le mouvement : « animato, agitato, andante, con moto, vivace », etc., sans oublier bien sûr, les « mouvements » d'une symphonie ou d'un concerto.
Comment la musique pourrait-elle être un art plus temporel que spatial, tout en s'affirmant comme art du mouvement ?

Je fus émerveillée, durant les années soixante-dix, de découvrir la musique électro-acoustique. Des concerts grandioses avaient lieu dans les sous-sols des halles de Paris, non encore complètement démolies. Le public était invité à s'allonger au centre d'un vaste cercle de haut-parleurs accrochés à d'immenses voûtes de briques aux qualités acoustiques exceptionnelles. On baignait dans une musique aux dimensions cosmiques ; on voyageait en pensée à travers des espaces interplanétaires, filant de galaxies en nébuleuses, remontant tout à la fois le temps et l'espace. L'immobilité vibrante de l'auditoire était à la mesure de traversées vertigineuses dans lesquelles Pierre Schaeffer, François Bayle, György Ligeti ou Luciano Berio nous entraînaient.
Comment douter de la dimension spatiale de la musique ? Certes, il s'agit d'espaces imaginaires. Les envolées mozartiennes, les volutes de Chopin, les méandres de Ravel, les architectures beethovéniennes, les monuments wagnériens, se voient en pensée et se palpent avec les oreilles, mais ils nous pénètrent par tous les pores de la peau. Ils sont immatériels et éminemment corporels.
La musique fait vibrer les corps des artistes et des auditeurs. La nature de sa matière première, le son, c'est de faire vibrer les

corpuscules de matière gazeuse, liquide ou solide. L'onde sonore ne déplace rien, mais elle provoque un mouvement invisible, presqu'impalpable : une vibration. La dimension spatiale et corporelle est donc essentielle à la musique, « le plus intérieur et le plus spirituel des arts, le moins visible, et [...] en même temps le plus extérieur, réellement objectif, occupant tout l'espace comme il occupe et bouleverse éventuellement toute l'intériorité du sujet. »[85]

Neurophysiologistes et philosophes nous ont montré que temps et espace sont deux modes jumeaux de la sensibilité, ou de la perception. Mais ne faut-il pas qu'un jumeau naisse avant l'autre ? Et le plus pressé serait le temps, bien sûr. On inhibe d'abord l'action, on la retient, et par suite, on peut la pré-voir c'est-à-dire la déployer en imagination dans l'espace. Il semble que Kant ait reconnu une sorte de primat au temps : « Le temps est la condition formelle a priori de tous les phénomènes en général. L'espace, en tant que forme pure de l'intuition extérieure, est limité, comme condition a priori, simplement aux phénomènes externes. »[86]
Dans cette optique, le sens de l'espace serait issu du sens – premier - du temps et la musique serait mère de la danse. Cette dernière, d'ailleurs, a longtemps été considérée comme un art mineur, ne l'oublions pas.
Et cette remarque désobligeante m'incite à pousser un peu plus loin l'examen.

Si le cerveau s'arrange pour que les informations venues du pied lui arrivent en même temps que celles de la main, c'est que

---

[85] Robert Misrahi, *Les actes de la joie*, PUF, 1987, p.198
[86] Emmanuel Kant, *Critique de la raison pure* (1781), trad. A. Tremesaygues et B. Pacaud, PUF, 1993, p. 63.

« quelque part » il sait que le pied est plus éloigné de lui que la main. C'est donc qu'une certaine conscience des distances précède celle du temps : c'est plus loin, donc il faut aller plus vite. Si l'animal s'immobilise quelques secondes pour décider s'il doit fuir ou attaquer, c'est qu'il a vu ou entendu *quelque part* dans son environnement quelque chose qui pourrait être soit un prédateur, soit une proie. Si le *nourrisson* lance son appel vocal, c'est d'abord parce que le sein ou le biberon sont *quelque part* loin de lui. Les vocalises découlent d'un tiraillement *localisé* à l'estomac ; la situation d'attente provient d'un état corporel ; le temps se fait long parce qu'on a mal *quelque part*. Et d'ailleurs, in utero, le fœtus ressent-il le passage du temps alors qu'il n'a jamais faim ? En revanche, on l'a vu, il expérimente et fort bien son espace, et il l'aménage. Voici donc que tout s'inverse : la croissance précède l'attente et la danse de l'estomac creux précède les vocalises ! L'étendue d'abord, la durée ensuite.

La danse serait donc antérieure à la musique ? C'est bien l'avis de l'historien de la danse, Curt Sachs : « La danse est le premier-né des arts. La musique et la poésie s'écoulent dans le temps ; les arts plastiques et l'architecture modèlent l'espace. Mais la danse vit à la fois dans l'espace et le temps. Avant de confier ses émotions à la pierre, au verbe, au son, l'homme se sert de son propre corps pour organiser l'espace et pour rythmer le temps. »[87] La prime expression corporelle se situe avant le langage ; elle « manifeste le silence d'avant le nom, exactement comme elle est l'espace d'avant le temps. […) La danse est ce qui suspend le temps dans l'espace »[88] selon Alain Badiou.

Cela rejoint le point de vue de Rudolf Laban : « le temps et l'énergie peuvent être compris comme des facteurs dérivés de

---

[87] Curt Sachs, ethnomusicologue allemand (1881-1959), Introduction à *l'Histoire de la danse*, éd. Gallimard, 1938
[88] Alain Badiou, *La danse comme métaphore de la pensée*, in *Petit manuel d'inesthétique*, éd. du Seuil, 1998

l'espace. [...] La projection des formes-traces sur la surface d'un espace limité ou personnel, c'est la danse. »[89] La projection de formes-traces sur l'espace limité d'une page, c'est l'écriture de la danse que Laban fut un des premiers à coucher sur le papier comme une partition musicale.

## La musique du corps

> La musique est le son du corps humain
> en mouvement et en quête de sociabilité.
> Colwyn Trevarthen[90]

Chacun a une manière singulière de bouger, de parler, de rythmer ses jours et ses nuits. Chacun a un timbre de voix absolument unique et reconnaissable entre tous. Chacun développe une façon de se mouvoir qui lui est propre.

Je me rappelle avec admiration le « bonjour Nelly » que me lançaient autrefois des enfants aveugles quand j'entrais dans leur classe après avoir longé un couloir au parquet sonore. La démarche est une signature personnelle aussi unique qu'une empreinte digitale ; c'est une empreinte musicale.

Quelques années plus tard, j'ai travaillé au sein d'une compagnie de théâtre gestuel, le bien-nommé *Théâtre du Mouvement*. Nous y avons mené de nombreux ateliers sur la marche. Nous avions une grille d'analyse des axes d'inclinaison, de rotation, de translation, des rapports de jeux entre les diverses parties du corps, nous permettant de repérer la démarche de chacun d'entre nous. Puis, jouant sur les variations possibles de ces caractéristiques, nous composions des allures imaginaires,

---

[89] Rudolf Laban, *Vision de l'espace dynamique»*, éd. Contredanse, 2003
[90] Colwyn Trevarthen, Laurence Richelle, L'art musical et conversationnel du bébé, Musique et évolution, portail web Cairn.info, pp. 114

faisant surgir toutes sortes de personnages. Or, de chacun de ces personnages de ces êtres imaginaires émanait une musique qui lui était propre, son empreinte sonore qu'il nous arrivait d'ailleurs souvent de fredonner tout en bougeant. Et, lorsque nous nous mettions au repos, ou bien lorsque nous nous préparions mentalement à reprendre l'atelier de création, nous pouvions retrouver le personnage en pensée, l'appeler, en nous chantant sa musique.

Par-delà l'étude de la marche, c'étaient tous les mouvements que nous chantions ainsi intérieurement. Avant un spectacle, nous nous allongions sur scène et nous nous livrions à un « filage mental » qui consistait en fait à nous chanter le scénario. La musicalité était d'ailleurs le principe même de notre art : explorer, décrypter, inventer et combiner les innombrables gammes, rythmes et intensités corporelles.

C'est ainsi que nous composions des spectacles à la fois chorégraphiques et théâtraux où la musicalité faisait sens, racontant ce que les mots n'auraient pu dire, créant un mode original de dramaturgie.

Nous composions sans musique audible car nous écrivions avec nos corps une musique visible. Et si une bande-son sous-tendait nos spectacles, c'était pour ponctuer la musique des corps, ou bien pour « dire » autre chose qu'elle.

Il y a donc une musique des corps. Boèce, au $V^e$ siècle de notre ère, en était bien persuadé, distinguant trois sortes de musique : céleste, instrumentale et humaine (voix, danse, beauté, érotisme). Il y a une musique des corps, les amants le savent mieux que quiconque, eux qui se sont sentis attirés l'un vers l'autre par une mystérieuse et silencieuse harmonie charnelle, eux qui se sont d'emblée sentis « au diapason ». Eux qui, dans leurs ébats érotiques, se livrent à un riche jeu de variations de rythmes,

d'accélérations, de ralentissements, de suspensions, de finals endiablés, de points d'orgues, quand ce n'est pas de reprise da capo...
Où musique et danse (nuptiale) se confondent.
À un niveau plus ordinaire, on sait à quel point une certaine concordance des eurythmies est nécessaire pour vivre sous le même toit, aussi bien que pour travailler ensemble, pour marcher, jouer, rêver. On n'est pas toujours suffisamment attentifs à cette composante du « vivre ensemble » : avoir des rythmes de vie compatibles, bien *s'entendre*, « accorder ses violons »...
En musique, le chef d'orchestre est là pour que tous les instrumentistes forment un corps collectif dont il est la tête, le cerveau. Comme le cerveau biologique, il synchronise la main et le pied, il fait en sorte que les vents attendent les percussions et que les cordes rattrapent les cuivres.
Il incarne l'œuvre jouée.
Cette synchronie corporelle s'incarne en chaque instrumentiste : le corps entier accompagne, trouvant la posture optimale, infléchissant son mouvement propre, dansant littéralement avec l'instrument. Les violoncellistes et les saxophonistes me semblent illustrer de la manière la plus flagrante cette harmonie. Ils enveloppent l'instrument, ils font corps avec lui. Écoutons la violoncelliste Sonia Wieder Atherton : « Si tout le corps n'est pas en harmonie avec le mouvement qu'on est en train de jouer, il y a quelque chose qui se bloque. [...] Ça fonctionne quand ce mouvement est partagé par chaque millimètre du corps. Ça va des pieds jusqu'aux bras, en passant par la tête [...] et alors c'est vraiment une danse ; c'est vraiment un corps qui est en train de se déployer devant vous. »[91]
On se prend à détester ce mot, si bêtement utilitaire : « instrument ». Qui est l'instrument de l'autre ? Le piano et le

---

[91] entendu sur France Culture, *La Grande Table* d'Olivia Gesbert, 10 avril 2019

pianiste ne forment-ils pas un seul être hybride souvent tout entier vêtu de noir et blanc? On songe à Glenn Gould, tantôt courbé sur le clavier, tantôt le gonflant vers le haut et vers l'arrière par des sauts de mains et des volutes ininterrompues du buste. Et l'on s'attendrit au souvenir de Barbara, la femme piano. La musique n'est pas incorporelle ; elle sort du corps des instruments, dont les matières sont soigneusement choisies par les facteurs et par les interprètes. Elle passe par les corps, ils incarnent la partition. Ils la vibrent, ils la dansent.

Ceux qui incarnent le mieux cette union du corps et de la musique sont bien évidemment les chanteurs. Appellera-t-on « instruments » leurs cordes vocales, leurs poumons, leur « colonne d'air », leurs résonateurs ? Ils disent volontiers - comme les danseurs- être leur propre instrument. Bien sûr, tout comme les danseurs, ils l'exercent, l'assouplissent, le polissent mais n'est-il pas plus juste de dire qu'ils *sont* la musique qui les traverse et les fait vibrer de tous leurs membres ?

Tout au long de la Renaissance, musique et danse étaient intimement liées. « Le chant de danse est tout autre chose qu'un moyen de se passer d'instruments... Produit par les danseurs au même titre que le mouvement, il est, comme lui, partie intégrante de l'expression. », écrit J.M. Guilcher[92]. Le compositeur Thoinot Arbeau, avait même mis au point « l'Orchésographie », mode d'écriture tout à la fois musicale et chorégraphique.

La célèbre *méthode rythmique* élaborée par Émile Jaques-Dalcroze[93] est un apprentissage de la musique par le mouvement. Des trois composantes de la musique, la sonorité, le rythme et

---

[92] J.M. Guilcher, *Aspects et problèmes de la danse traditionnelle*, in Revue trimestrielle de la Sté d'ethnographie française
[93] Émile Jaques-Dalcroze (1865-1950), musicien, compositeur et pédagogue suisse.

l'énergie, Dalcroze pensait que les deux dernières ne pouvaient être acquises que par les sens kinesthésique et musculaire.

Ainsi la danse serait tout simplement de la musique, de la musique sans autre instrument que le corps, de la musique d'avant tout autre instrument. Ou plutôt de la musique sans instrument car le corps n'en est pas un, il n'est pas un outil pour la musique, il *est* musique. Musique du corps, danse.

C'est du corps humain que nous parlons bien sûr mais les autres corps peuvent-ils danser ?

Les électrons sur leurs orbites autour des noyaux, dans leurs entrées et sorties tourbillonnantes à travers la membrane des cellules ? Les cristaux déployant leurs belles structures géométriques ? Les plaques tectoniques, les magmas visqueux, les volcans en éruption, l'eau qui s'écoule ? Les plantes dans leurs volutes, les animaux dans leurs courses, leurs jeux, leurs parades amoureuses ? Lorsqu'une abeille décrit des huit selon un axe, une amplitude et une vitesse bien précis afin d'indiquer un champ de fleurs à ses consœurs, danse-t-elle ou bien exécute-t-elle un code qui pour nous ressemble à une danse ?

Des rythmes, de la gratuité, du mouvement pour le mouvement, pour la reliance à soi, aux autres, au milieu, en trouve-t-on à l'état sauvage ? N'est-ce pas un phénomène culturel ?

Mais la culture n'est-elle qu'humaine ? N'a-t-on pas vu danser des chimpanzés, des cachalots, des dauphins ? Certains humains chanceux n'ont-ils pas dansé avec eux ? D'après Adolf Portmann[94], tout animal est mu par un instinct d'autoprésentation, de manifestation de sa singularité. Des botanistes reconnaissent même aux plantes « une autoreprésentation du type de celle réalisée par le système

---

[94] Adolf Portmann, *La Forme animale*, 1948, rééd. La Bibliothèque, 2013

nerveux et le cerveau chez les animaux. »[95] Dès lors, une parade amoureuse, une floraison flamboyante, par-delà leur fonctionnalité reproductive, ne sont-elles pas réellement adressées au partenaire en même temps qu'à soi-même ? Et « un oiseau qui se met à chanter à tue-tête et à faire des chorégraphies extravagantes devant un autre au moment d'une rencontre territoriale » [96] ne se livre-t-il pas à des mouvements rythmés, inventés, gratuits (ce ne sont pas des combats ; il n'y a pratiquement jamais d'agressions) et adressés ? Autrement dit, ne dansent-ils pas ?

**Le sauvage et le cultivé**

Il y a en effet des échanges chorégraphiques entre espèces.
Les dauphins, les cachalots peuvent danser avec les humains. Plus banalement, la « fête » dont un chien gratifie son maître après une séparation n'est-elle pas un élan de mouvements rythmés, inventés, gratuits et adressés, sans autre intention que relationnelle ? Cette fougue canine nous émeut, nous entraîne dans la spontanéité animale pour de sacrés quarts d'heure de folie. Jeu primitif, jubilatoire, débordant, légèrement risqué.
La danse avec les loups n'est pas loin, ni la danse avec le feu, ou avec la mort. Les danses chamaniques n'sont-elles pas cette fonction de mettre l'humain, via l'animalité, en communication avec les forces de vie et de mort ?

Quelque chose dans la danse nous met en rapport avec le sauvage du corps, avec ses chaînes de violence et ses chaînes de douceur,

---

[95] M.Fournier, B. Moulia et J. Gril, in *Aux origines de plantes,* dirigée par Francis Hallé, éd. Fayard, 2008, p. 235
[96] Vinciane Despret, France Culture, *La grande table des idées*, Olivia Ghesbert, 3 octobre 2019

ses vulnérabilités, ses forces, sa dangerosité. Quelque chose nous met en rapport direct avec le périlleux de la vie. Nietzsche voit dans l'ivresse musicale du chœur de la tragédie dionysiaque antique un « tout-puissant sentiment d'unité qui ramène l'être au sein de la nature » et accomplit « l'anéantissement de l'individu et sa fusion dans l'être primitif. » Pour dompter cette démesure, « l'élément apollinien nous arrache à l'universalité dionysienne et reporte notre enthousiasme sur les individus. […] C'est par les chants et les danses que l'homme se manifeste comme membre d'une collectivité qui le dépasse. Il a désappris de marcher et de parler ; il est sur le point de s'envoler dans les airs en dansant. »[97] Or, le domptage du sauvage comporte lui-même sa part de violence : contrainte, norme, dressage, « dictature » du beau, exclusion du hors-norme. Combinaison de musicalité et de plasticité, la danse réunit Apollon et Dionysos qui ne sont d'ailleurs peut-être que deux faces d'une même divinité. « Dionysos est un dieu turbulent qui va et vient entre ordre et désordre. […] Dans la danse, […] le corps devient le lieu de passage Nature/Culture. »[98] Des danses dites « primitives » aux rave parties, en passant par les danses paysannes, les bals populaires, le butō japonais[99] et toutes le formes plus ou moins raffinées de l'art chorégraphique, n'assiste-t-on pas à une vaste entreprise d'apprivoisement de la frappe des pieds contre le sol, des membres contre l'adversité ? « La frappe représente une issue naturelle de la violence, elle satisfait le désir de taper, et si l'adversaire n'est pas là, on utilise un objet de substitution qui peut être (ou devenir de ce fait) un instrument de musique. »[100] Version agressive du cordon sonore émis par le nourris-son…

---

[97] Friedrich Nietzsche, Naissance de la tragédie, éd. Gallimard, 1970, pp.51-52, 139, 22
[98] France Schott-Billann, *Le besoin de danser*, éd. Odile Jacob, 2000, p. 213
[99] Le terme japonais butō (舞踏) est composé de deux idéogrammes ; le premier, bu, signifie « danser » et le second, tō, « taper au sol », Wiquipédia
[100] France Schott-Billann, *Le besoin de danser*, éd. Odile Jacob, 2000, p. 89

La danse libère et mêle des flots de sauvage et de cultivé, flux d'hydrogène et d'oxygène formant une même eau vitale remontée des profondeurs du corps. N'est-ce pas ce qui dérangea et enthousiasma, en 1913, lorsque la scène du théâtre des Champs-Élysées fut envahie et martelée par les hordes sauvages et sublimes du *Sacre du printemps* ?

Les dernières évolutions de la connaissance nous conduisent à une vue synthétique de l'ordre et du désordre. C'est tout l'éclairage de la « pensée complexe » telle que la conçoit Edgar Morin : « Il a fallu ces dernières décennies pour qu'on se rende compte que le désordre et l'ordre, tout en étant ennemis l'un de l'autre, coopéraient d'une certaine façon pour organiser l'univers. »[101] Au commencement était la turbulence, le chaos, le bouillonnement de la physis. Peu à peu, au long cours de l'évolution, homo sapiens a pu juguler et canaliser la sauvagerie. Mais il lui en reste des traces. Morin le marque par le terme sapiens/demens qui signifie non seulement relation instable, complémentaire, concurrente et antagoniste entre la « sagesse » (régulation) et la « folie » (dérèglement), mais aussi sagesse dans la folie et folie dans la sagesse.

« C'est par la danse et la musique que le chaos est contenu dans la tragédie grecque »[102], remarque le metteur en scène Philippe Brunet. Dans la tragi-comédie humaine, la danse serait tout à la fois l'émergence d'un chaos sauvage et l'apprivoisement de ce chaos. Puisant aux tréfonds du corps tout autant qu'aux confins du cosmos, la danse brasse le « chaosmos », comme disait Félix Guattari. Elle brasse le chaos, sous le double signe de l'horreur et de la splendeur. Chaos des étoiles en collision, en explosion, en perdition dans le vortex de leur propre cœur d'un noir sans

---

[101] Edgar Morin, *Introduction à la pensée complexe*, éd. Points Seuil, 2014, p. 83
[102] Philippe Brunet, France Culture Signe des temps, 2 juin 2019

fond. Splendeur du ciel, de l'harmonie des sphères, de la beauté suffocante, inhumaine, des galaxies. Elle brasse aussi, la danse, le chaos du corps, où des cellules meurent par centaines de milliards tous les jours, remplacées par d'autres pour des durées extrêmement variables. Mais elle célèbre la pérennité de ce même corps, qui se maintient par cette instabilité même.

La danse est la symphonie héroïque de ces tragédies et de ces bonheurs, de ces violences et de ces douceurs, des agonies et des naissances perpétuelles, de la jubilation d'un corps conscient de sa mortalité.
Symphonie silencieuse du corps qui dit oui à son destin éphémère.


## La musique silencieuse

> Le danseur avale la musique, nous empêche de l'écouter
> avec les oreilles pour nous la faire entendre avec ses gestes.
> Maurice Béjart[103]

Dans le déploiement de la musique du corps qu'est la danse, la musique des musiciens joue un rôle à la fois contingent et essentiel.
On a vu que le danseur doit savoir déployer la musicalité propre à son art avant de danser en musique. Une musique diffusée ne peut qu'*accompagner* la musique silencieuse qui émane du corps dansant. C'est cette musique du corps en mouvement qui est l'essence de la danse, pas celle qu'on entend. La musicalité propre à la danse est visuelle et non acoustique, c'est une « musique de vision ou musique pour l'œil », disait Loïe

---

[103] Maurice Béjart (1927-2007), *Ainsi danse Zarathoustra*, entretiens avec Michel Robert, éd. Actes Sud, 2006, p ; 92

Fuller[104]. Si le danseur ne la cultive pas, il ne pourra jamais réellement jouer avec la musique ; il ne fera, comme on dit malheureusement, que danser *sur* la musique, quitte à l'écraser. Louis Horst, le musicien de Martha Graham, veillait à ce que la musique ne domine pas la danse et il évitait les cordes car, par leur lyrisme, elles lui semblaient « mortelles pour la danse ». Le compositeur Pascal Dusapin va jusqu'à considérer « le spectacle de danse réussi comme un spectacle sans musique. »[105] On a vu en effet de telles réussites comme les quarante minutes sans musique de la première partie de *Rosas danst Rosas* d'Anne Teresa de Keersmaeker, un bijou de rythmicités décalées, répétées, scandées de sons divers et chantants : pas, chutes, frottements, glissements, respirations, suspensions rendant réellement audible une musicalité riche et tonique qui emporte l'adhésion (de la plupart) des spectateurs. Trisha Brown a longtemps dansé sans musique d'accompagnement et, depuis, de nombreux spectacles chorégraphiques comportent des séquences sans bande son. C'est ce que réussit magnifiquement Maud le Pladec dans *Twenty seven perspectives* : avec les variations musicales du compositeur Pete Harden sur la *Symphonie Inachevée* de Schubert, elle crée une « symphonie chorégraphique » qui se suspend parfois en longs silences au cours desquels les danseurs jouent une « partition fantôme ». Et lorsque la musique audible revient, on est bouleversé de sentir comment la musique corporelle l'a relayée, entretenue, nourrie. Hideyuki Yano considérait que « le silence, c'est la pleine conscience d'être dans le temps »[106]. La première pièce collective du théâtre du Mouvement, *Instablasix*, extrêmement enlevée et rythmée, se jouait entièrement sans musique.

---

[104] Loïe Fuller (1869-1928, *Ma vie et la danse*, éd. L'œil d'or, 2002, 171
[105] Cité par Chantal Aubry in *Bagouet*, éd. Coutaz, 1992, p.76
[106] Entretien avec Bernadette Bonis, *Révolution*, n°63, 1981, p.47

La composition chorégraphique s'élabore aujourd'hui très souvent en-deçà de toute musique externe. De même, dans la plupart des cours et ateliers de danse contemporaine, on travaille enchaînements et improvisations d'abord en silence puis, éventuellement, en coordination, en résonnance ou en contrepoint avec une musique. Au cours de leur longue collaboration, Merce Cunningham et John Cage ont souvent travaillé séparément, la partition musicale et la chorégraphie ne se rencontrant que le soir de la première. De toute façon, « on ne danse jamais ni en silence ni avec ou sur une musique jouée extérieurement, 'live' ou enregistrée, mais à partir et sous l'impulsion ou la pulsion d'une trame musicale toujours nouvelle, hybride et évanescente, issue des interférences d'au moins deux types de musicalité : celle qu'engendre notre propre temporalité corporelle et celle que nous imposent soit les bruits imperceptibles […] soit la composition sonore d'une œuvre élaborée. »[107]

Danser une œuvre musicale s'apparente au travail du comédien qui mobilise sa personnalité propre pour incarner un rôle. Apparaît alors un second niveau de jeu où musicalité corporelle et musique audible entrent en dialectique, comme l'exprime très clairement la chorégraphe Stéphanie Aubin : « Nous avons fait du silence notre allié ; c'est en lui, à partir de lui que nos danses se construisent. […] Ce faisant, nous avons mieux compris la différence entre le temps musical et le temps chorégraphique. Lorsque nous avons convié le son, la musique, à nous rejoindre, nous avons eu à réinventer et reformuler les nouvelles bases pour associer la musique à la danse. »[108] La musique devient alors un partenaire pour les danseurs qui ajustent leurs propres gestuelles et musicalités à cette supra musicalité.

---

[107] Michel Bernard, *Notes funambules*, n°5, éd. Université Paris-VIII, 1997
[108] Stéphanie Aubin, *Lettre ouverte aux musiciens*, l'Art en scène/Première, p.72

Tout se passe comme si le danseur se plaçait dans un champ d'ondes auxquelles il serait tellement réceptif qu'elles l'entraîneraient au-delà de la vibration, dans un grand entrelacs d'espace et de temps. Un corps sismographe, selon Nadia Vadori-Gauthier.
« On entendra alors la musique avec les yeux », disait Maurice Béjart[109].

Une inoubliable illustration de cette musicalité vibratoire m'a été donnée autrefois lorsqu'il me fut permis de m'immerger dans le véritable bain d'ondes de l'*International Visual Theatre*.[110] Je savais qu'il s'agissait de théâtre muet puisque ces artistes résistent à l'apprentissage obligatoire de la parole et s'attachent à faire reconnaître le langage gestuel des sourds comme une culture à part entière. Je m'attendais donc à n'y entendre que des souffles, des glissements de pas, des frottements et quelques émissions de voix. A fortiori pensais-je que toute musique acoustique y serait superflue. Je me trompais. Si certaines séquences se déroulent effectivement en silence, d'autres sont portées par la diffusion d'une musique. En effet, les acteurs-danseurs perçoivent quantité de vibrations : celles des pas, sauts et déplacements de leurs camarades bien sûr mais également celles de la musique. Il en résulte une intensité de jeu et d'expression, une force collective et individuelle impressionnantes. C'est que, issue des haut-parleurs aussi bien que des acteurs, la musicalité traverse les corps, de part en part ; elle les unit en un grand corps collectif où cependant chacun joue sa partition individuelle. Paradoxalement, les acteurs-danseurs malentendants incarnent à merveille ce qu'on appelle

---

[109] Maurice Béjart, *Ainsi danse Zarathoustra*, éd. Actes Sud, 2006, p.92
[110] Cet atelier avait lieu dans la tour du Village du château de Vincennes. Fondé en 1976 par Jean Grémion et l'acteur sourd Alfredo Corrado, il est aujourd'hui codirigé par Emmanuelle Laborit et Jennifer Lesage-David.

« l'écoute », à savoir la réceptivité et la disponibilité de l'acteur à ce qui se passe autour de lui. L'écoute musicale du corps.
L'impact visuel et émotionnel d'une improvisation collective est saisissant. On est immergé dans un océan humain, mouvant et cohérent, traversé de courants convergents ou contraires, soulevé d'une houle puissante qui se défaisait sur les berges en vaguelettes frémissantes. Les souffles s'assemblent et se répondent en une sorte de mugissement profond, cinglé parfois de rires aigus, par instants suspendu en un long calme plat, une mer étale lissée par le bruissant silence des sourds.

## Le miroir de l'invisible

> L'émotion de l'homme dansant libère le désir
> de rendre visibles des images encore invisibles.
> Mary Wigman[111]

De même qu'un sourd peut palper les sons et les silences, se les incorporer et les transformer en mouvement, de même un aveugle peut convertir le mouvement en images.

Il « perçoit le sol au bout de la canne et non pas dans le creux de la main qui tient le pommeau. […] L'image est projetée dans l'espace par le cerveau. […] Le visible et le tangible se conjuguent dans la perception des formes et du mouvement. »[112] Il est bien connu que les aveugles voient avec leurs mains, lisent avec leurs doigts ; on sait moins qu'ils voient aussi en bougeant. Accompagner une personne aveugle dans un trajet urbain, par exemple, est riche d'enseignement : elle sent les masses, les volumes, les porches ou les entrées d'immeubles sans rien

---

[111] Mary Wigman, *Le langage de la danse*, éd. Chiron, 1990
[112] Alain Berthoz, *Le sens du mouvement*, éd. Odile Jacob, 1997, p. 94-95

toucher, pas même du bout de la canne. Ces facultés perceptives décuplées mobilisent toucher, odorat, ouïe mais aussi ce sens du mouvement qu'Alain Berthoz considère comme un sixième sens. En effet, aux indications fournies par les sons, les odeurs, les courants d'air, les températures, les masses, s'ajoute l'évaluation des gestes et des déplacements. J'ai admiré l'aisance avec laquelle Annie, une de mes élèves totalement aveugle, s'est déplacée sans heurt et presque sans hésitation dans mon appartement dès la première fois où elle y est venue, alors qu'aucun angle n'y était droit, aucune porte en face d'une autre.

Ce n'est pas seulement l'environnement que le mouvement permet de se représenter ; c'est aussi l'image de soi, le fameux schéma corporel, et bien davantage.
À dix ans, emportée par la passion de la danse classique, je m'étais lancée à la poursuite d'un modèle sublime, m'efforçant de modeler mon corps en une forme idéale. Comme tant d'apprenties ballerines, j'avais été obsédée par le miroir, travaillant les yeux rivés sur l'immense glace murale, sur le professeur qu'il fallait imiter, sans jamais y parvenir d'ailleurs.
Vers vingt ans j'ai découvert d'autres façons de danser et le bonheur qui vient de la sensation du mouvement bien plus que de l'image produite qui, de toute façon, échappe toujours. Car on ne se voit jamais danser : la glace, la photo, ne livrent qu'un instant figé du mouvement et la vidéo n'est que la trace d'une danse passée. On ne se voit jamais en train de danser; on danse toujours à l'aveugle.
Alors j'ai lâché le miroir; je me suis lancée librement dans l'espace, aveuglément.

Une occasion inattendue m'a été fournie de confirmer cette évolution par un emploi d'appoint à l'Institut National des Jeunes

Aveugles. J'y étais engagée comme « éducatrice » à temps partiel. Comme partout où je suis passée dans la vie, à commencer par mon propre lycée, je n'ai pas tardé à y créer un cours de danse que j'ai maintenu pendant cinq ans, bien au-delà de mon emploi temporaire d'éducatrice, tant j'apprenais d'Annie, de Marie-Gabrielle, de Claude, de Philippe et quelques autres.

Annie, qui avait vu jusqu'à l'âge de huit ans, se souvenait des danseuses classiques. Elle voulait danser comme elles. Et elle y parvenait : elle put bientôt effectuer de très classiques tours en dehors et en dedans, guidée par ma voix et ma présence, qu'elle sentait. Elle préparait son tour en me « regardant » et le terminait pilepoil face à moi. J'étais son miroir vivant. Et parlant, car elle réclamait immédiatement mes commentaires : ai-je bien fait un tour complet ? Est-ce que j'étais bien droite ? Est-ce que mes cheveux ont dessiné un beau cercle ?
Assez vite, Annie a donné des spectacles : il fallait qu'elle se montre ! Ou plutôt, il lui fallait, par l'intermédiaire des autres, qu'elle se montre à elle-même. Elle invitait des amis, dansait devant eux avec enthousiasme, rires et force effets de chevelure. À peine arrêtée, encore tout essoufflée, elle demandait ce que nous lui avions vu exprimer, ce qu'elle avait raconté, ce qu'avaient raconté ses cheveux… Ces soirées étaient devenues une véritable quête de sa propre image, renvoyée par ses amis-miroirs, ses *amiroirs*, ses *admiroirs*…
Longtemps, elle m'a suivie hors de l'Institut des Jeunes Aveugles, s'insérant parfaitement dans mes autres cours. Elle parvint à dépasser son imagerie d'enfance, à improviser avec les autres danseurs, avec les lignes des murs, les volumes de la salle, avec le vent, les odeurs et les sons lorsque nous dansions en plein air... Quand je dus abandonner mon enseignement - et Annie -

pour partir en tournées, elle s'inscrivit dans d'autres cours. Elle était lancée, autonome ; désormais à elle-même son propre miroir.

Claude était totalement non voyante et totalement inhibée corporellement. Été comme hiver, elle s'emmitouflait de gros pulls, écharpes, bonnets, gants, chaussettes épaisses et grosses chaussures, qu'elle refusait obstinément d'ôter pour la séance de danse. Et la « danse » de Claude, c'était l'immobilité. L'immobilité emmitouflée, juste à côté de la porte, alors que nous disposions d'un grand gymnase. Claude était comme prisonnière d'un cercle d'un mètre de diamètre dont ne pouvaient l'extraire aucune sollicitation, aucun appel, aucun cri de joie de ses camarades, aucune musique. Un jour je fis travailler les chutes : glissade le long de sa propre verticale, contact au sol avec les mains, puis propulsion à l'horizontale par une poussée vigoureuse des pieds. Ce fut jouissif : en quelques minutes, le gymnase s'était transformé en une piscine animée de plongeons et d'éclats de rire. La peur de la chute était vaincue !
Je guettais Claude de loin; il m'avait semblé percevoir de son côté un infime mouvement. Soudain, elle s'affaissa sur elle-même ; j'accourus, prête à la soutenir. Mais non, du bout des moufles, elle frôla le sol et puis elle se redressa. Puis de nouveau la glissade verticale, de nouveau les mains au sol et hop, les pieds qui poussent, les bras qui s'allongent ! Et Claude recommença, se jeta hors de son cercle protecteur. Elle rit. Et recommença encore, et encore !
Elle avait surmonté sa peur d'un environnement violent contre lequel elle s'était jusque-là calfeutrée, isolée par une barrière mentale de protection, comme un bébé dans son parc.
À la rentrée suivante, Claude n'est pas revenue à l'atelier danse. Or, dans la cour de récréation, je l'ai à peine reconnue : légère et

court vêtue, coquette, les cheveux au vent et joliment frisés, elle riait, au centre d'un cercle... de camarades.

Bien des facteurs avaient dû permettre cette éclosion. Mais j'ai la faiblesse de croire que la séance de chutes y était pour quelque chose. Par un cheminement intérieur que j'ignore, elle avait ainsi trouvé accès à la fois au monde externe et à une image gratifiante d'elle-même. Miroir, mon beau miroir...

Marie-Gabrielle n'avait jamais vu. Mais elle vivait dans la beauté : dans la musique, à laquelle elle se destinait, et dans son habillement, d'un goût toujours exquis. Elle savait décrire les couleurs de ses pulls dans toute leur subtilité grâce à sa mère qui lui avait appris les verts-amande, les verts-sapin, les mauves, les parmes et les violets, les jaunes d'or et les mordorés qu'elle n'avait jamais vus.

Elle n'avait jamais vu non plus de danseuses et sa mère ne lui avait inculqué aucun cliché en la matière. Aussi, au contraire d'Annie, se fichait-elle pas mal de ressembler à quoi que ce soit. Elle ne poursuivait aucune image que le monde lui aurait imposée. Du coup, le monde lui semblait accueillant. Elle se lançait à corps perdu dans les lignes, les cercles, les formes et les élans où je l'entraînais. Son expression imprégnait son visage malgré la fixité de ses trop belles prothèses oculaires. Mais son corps entier se faisait visage, rayonnant d'intensité et de puissance vibrante, brute, authentique, bouleversante : une pure force d'être.

Philippe était un garçon jovial et communicatif, bon élève, bon musicien. Il se préparait à devenir professeur de piano, voire concertiste, voire soliste. Il était gourmand de tout ; aussi goûta-t-il la danse. Je dirais plutôt qu'il dévora la danse. Et l'espace.

Il aimait particulièrement les traversées de grands sauts. Alors que les autres attendaient mon signal pour s'élancer, guidés de ma voix à l'autre extrémité du gymnase, Philippe se jetait sans attendre que j'aie fini de guider l'élève précédent. Bondissant, joyeux, confiant, il était déjà au milieu de la diagonale lorsqu'il me lançait : « Tu me préviendras quand le mur sera là ? ». Quelques secondes plus tard il s'arrêtait devant moi, bien avant le mur, sans avertissement, souriant à l'exploit accompli. Mais, sans s'appesantir, il tournait déjà les talons pour recommencer ; il s'élançait déjà vers d'autres exploits : ski, équitation, concours de musique, réussite professionnelle, sentimentale... À l'exact opposé de Claude avant l'apprivoisement de la chute, Paul était naturellement en symbiose paisible avec son environnement. Il dansait spontanément et sans entrave. Il avait une *vision* familière et pacifique du monde dont il se sentait partie intégrante. Il l'aimait et aimait s'y mouvoir.

Je pourrais évoquer d'autres exemples, moins heureux : certains enfants, parfois porteurs de plusieurs handicaps, restaient repliés, inaccessibles à l'appel de l'espace, sourds à leur musique intérieure. Mais par Annie, Claude, Marie-Gabrielle, Philippe et quelques autres j'ai appris que la danse n'est ni une « occupation de l'espace » ni une « maîtrise du rythme » ; qu'elle est un enlacement amoureux, de l'espace et du temps. J'ai compris que l'image du corps déborde du visible, qu'elle s'élabore au contact d'un monde lui-même autant palpable que visible.
En témoigne l'extraordinaire parcours d'Hellen Keller, aveugle et sourde, qui, avant de devenir auteure, universitaire et conférencière internationale, a fréquenté l'école de danse de Martha Graham. Elle y percevait les mouvements par les vibrations du sol, de l'air.

**Le regard danseur**

De même que le « regard » des aveugles ouvre les yeux sur les multiples modes de communication avec l'environnement, les mouvements du danseur font apparaître ce qu'on ne voyait pas, au point de vouloir parfois s'effacer du paysage dévoilé : « Je voudrais [...] que par une sorte de 'super effet spécial', on me retire des images et que ma danse se fasse le révélateur d'un lieu, d'une personne ou d'une situation, qu'elle donne à voir ce qui est là. »[113]

C'est que le danseur porte un regard particulier sur le monde ; ou plutôt il expérimente différentes qualités de regards.
Il y a le regard intérieur, proche des yeux fermés, qui concentre la danse dans une sphère intime, qui enveloppe le corps mouvant d'une membrane protectrice, seconde peau doublant l'épiderme, à peine détachée de lui. Chacun balade sa bulle amniotique entre celles des autres, les frôlant précautionneusement, sans risque de perforation. Chacun voit les autres, l'espace et les objets présents, mais comme à travers un voile. Présence filtrée.
Il y a les yeux fermés : plongée en soi, mais aussi, acuité sensorielle décuplée. On entend mieux, les yeux fermés. On sent mieux. Y compris la présence de l'autre, qu'une infime variation de chaleur, de vibration, fait appréhender. Les aveugles sont nos grands maîtres en la matière, eux qui reconnaissent de loin le pas de tel ou telle, qui sentent la distance d'un mur ou la présence d'un arbre.
Il y a le regard ouvert, large, panoramique. Celui qui capte à distance en incluant le proche, celui qui adopte tout, incorpore tout et s'incorpore à tout. C'est le regard de la grande sphère, de la présence rayonnante, de la vaste reliance cosmique.

---

[113] Nadia Vadori-Gauthier, *Danser, résister*, ouvrage collectif, éd. Textuel, 2018, p.9-10

Et puis il y a le regard aigu, précis, ciblé. Celui-là est actif, au sens théâtral du mot : dramatique. Il agit et interpelle. Mais attention : ce regard peut tuer la danse. Il peut la tuer pour le danseur lui-même : s'il darde un objet, il peut arrêter le mouvement, pour passer à l'acte. S'il dévisage un partenaire, crée une situation qui fait surgir la comédie ou la tragédie ou encore le grotesque, provoquant un malaise fait de refus et de gêne. S'il s'adresse au public, ce sera dans sa globalité, et non pas en dardant tel ou telle sur tel ou tel fauteuil. Il tuerait alors la danse pour le spectateur aussi ; il l'arracherait à sa rêverie, passant à un autre jeu, théâtral.

Certains chorégraphes pourraient contester ces lignes, mais d'une manière générale, pour rester dans la danse, il faut que les jeux de regards s'intègrent à un rituel chorégraphique, qu'ils glissent d'un focus à l'autre comme autant d'interrogations fugaces

Quelle sorte de relation la danse tisse-t-elle donc entre les êtres ? Lorsque Nadia Vadori-Gauthier, en dansant dans l'espace public, entraîne dans son jeu les personnes qui se trouvent là, quel que soit leur statut, passant, ouvrier, policier, gardien, presque toujours, elle les regarde, mais d'un regard non intrusif, plutôt dans une invitation au voyage. Son regard porte au-delà des partenaires de rencontre. Elle leur sourit et ce sourire les embarque dans un espace autre que celui où ils vaquent, sans pour autant le leur faire quitter complètement. Ce sourire, bien sûr, est bienveillant ; il signifie une invitation non provocatrice, une invitation à la connivence. Connivence envers quoi ?

Connivence envers ce monde commun où nous nous mouvons tous, envers ces formes, ces couleurs, ces sons, ces vibrations qui sont nos communes nourritures. Envers la pluie qui est aussi partenaire, et non pas adversaire. Envers le temps décloisonné

qui nous relie par-delà les occupations. C'est un sourire de jouissance de tant de biens communs. Un sourire d'émerveillement pour tout ce « nous ». Il adoucit l'interpellation directe du « je » au « tu ». « *Je* t'invite à danser et *tu* peux m'inviter aussi. *Nous* nous invitons mutuellement. » Mais cette invite n'interpelle jamais de visage à visage, de regard à regard ; elle n'enferme pas dans la réciprocité biunivoque. Elle passe sous la « personna », le masque de l'autre. Quand Nadia inclut dans sa danse un policier, surtout si c'est en pleine manifestation, elle passe, comme elle dit, « par en-dessous ». Sinon, il est obligé de m'arrêter, dit-elle. Par-dessous quoi ? Par-dessous la fonction, par-dessous l'amour-propre, par-dessous la face qu'on ne veut pas perdre.
Par le corps ? Non, ce serait tout aussi provoquant, sinon davantage.
Par le milieu commun dans lequel nos corps sont plongés. Par « le monde ».

Danser, c'est être au monde et inviter à être au monde. Venir au monde. Naître, renaître, retrouver le premier regard, flou mais vaste, si vaste, grand ouvert sur un monde à découvrir.
Dans leur troublant album « Visages de l'aube »[114], Nancy Huston et Valérie Winckler plongent, et nous avec elles, dans les regards des nouveau-nés, regards insondables, qui semblent refléter des galaxies lointaines. On croit y lire l'étonnement, l'interrogation, mais aussi cette sorte de savoir mystérieux, grave, vénérable de celui qui vient de loin.

---

[114] *Visages de l'aube*, photos de Valérie Winckler, textes de Nancy Huston, éd. Actes Sud, 2001.

Un qui savait parler du regard du nouveau-né, c'était encore le docteur Leboyer. Retrouvons-le auprès de l'enfant qu'on vient très précautionneusement de plonger dans un bain tiède :

*...l'enfant ouvre les yeux tout grands.*
*Ce premier regard est inoubliable.*
*[...]On y sent une telle attention, une telle présence, une telle surprise, tant de questions, qu'on est bouleversé. [...]*
*Mais... mais ce n'est pas possible... il voit !*
*Qu'il « voie » au sens où nous l'entendons, sans doute non : le nouveau-né ne fait pas d'images comme nous les faisons.*
*Qu'il communique, selon une modalité qui lui est propre et dont nous n'avons plus, hélas, qu'un souvenir lointain, voilà qui ne peut plus faire de doute.*[115]

Serait-ce ce souvenir lointain que l'on retrouve en dansant, ce regard autre, intérieur et immense à la fois, ce regard de prime présence au monde, ce regard-toucher d'aveugle ?

## Toucher l'intangible

> Visible et tangible appartiennent au même monde [...]
> La vision est palpation du regard.
> Maurice Merleau-Ponty[116]

Le chamane danse au centre de l'assemblée où se trouvent bientôt invités les esprits. Des esprits visibles par lui seul mais présents. On les sent, ils vous frôlent ; on se recule un peu pour leur faire place, pour éviter leur contact. De même, dans nos théâtres occidentaux, tout un monde imaginaire surgit sur la scène par la seule magie de la danse. Celle-ci d'ailleurs, se passe volontiers de décors, quelque peu dérisoires au regard de sa puissance

---

[115] Frédérick Leboyer, *Pour une naissance sans violence*, éd. Points Seuil, 2008, p.110
[116] Maurice Merleau-Ponty, *Le visible et l'invisible*, éd. Gallimard, 1964

d'évocation. « Une imbécillité, la plantation traditionnelle des stables ou opaques décors si en opposition avec la mobilité limpide chorégraphique »[117], s'agace Mallarmé. Si, à sa création par les Ballets russes, *Le Sacre du Printemps* se déroulait dans une scénographie et des costumes orientalisants, la version de Maurice Béjart évoluait sur un plateau nu et celle de Pina Baush sur une scène juste recouverte de tourbe. Or, dans les trois cas[118], la sensation d'immersion au sein de la nature était aussi présente.

En faisant vibrer les corps, la danse les amplifie, les magnifie, les enveloppe d'une sorte d'aura qui donne à voir bien davantage et bien autre chose que des personnes en train de bouger ; elle se fait le révélateur d'un lieu, d'une personne ou d'une situation, d'une émotion.
Certaines compagnies contemporaines placent des lampes sur les costumes pour dessiner dans l'espace des formes lumineuses et mouvantes. Elles ne font que souligner cette véritable sculpture aérienne qui est la matière même de la danse, avec laquelle le spectateur est mis en contact. La sensation d'un toucher virtuel entre pour beaucoup dans le plaisir du spectateur. « Le plaisir premier de danser est ce contact avec l'espace pur et simple. L'essence de ce plaisir est le toucher », remarquait Rudolf Laban[119]. Mary Wigman parlait de la danse comme d'une « étreinte spatiale ».[120]

Le travail yeux fermés est devenu fréquent parmi les danseurs, les mimes, les comédiens. Il se pratique seul ou en groupe, se décline en divers exercices et consignes de jeu, se déroule parfois

---

[117] Stéphane Mallarmé, *Considérations sur l'art du ballet et la Loïe Fuller*, Œuvres complètes, éd. Gallimard, 1998, p. 313,315
[118] Trois cas parmi de nombreuses autres reprises de l'œuvre.
[119] Rudolf Laban, *Vision de l'espace dynamique*, éd. Contredanse, 2003
[120] Mary Wigman, *Le langage de la danse*, éd. Chiron, 1990

le long d'un « parcours sensoriel » matérialisé ou non par une corde conductrice, avec ou sans un accompagnateur « voyant » chargé de recueillir la description par « l'aveugle » des paysages traversés.

La danse confirme la justesse de la belle expression de Maurice Merleau-Ponty : « la vision est palpation du regard »[121]. Danser et regarder danser, c'est voir certes, mais c'est aussi imaginer de l'invisible, toucher de l'intangible, ressentir de l'insensible ; la danse est un art hallucinatoire.

L'acteur corporel ne cesse de faire « comme si » : comme si le talon s'enfonçait dans une matière onctueuse, comme si le dos repoussait une masse malléable, comme si les bras s'allongeaient jusqu'à l'horizon, comme si les pieds se prolongeaient en racines profondes... Le professeur, le chorégraphe ne s'embarrassent d'ailleurs pas de tous ces « comme si ». Il lance, sans hésitation : « allonge tes bras jusqu'à l'horizon », « embrasse le ciel », « enfonce tes racines », « traverse le mur »... Tout cela est possible. Le danseur, tel un neutrino[122], peut tout traverser. Il traverse tout.

Il touche le ciel et il sonde le sol. Il peut se faire indéracinable, inamovible, à force de s'ancrer dans le sol. On le dit léger, quelle erreur ! Pour s'envoler, pour avoir « de l'élévation », comme on dit en danse classique, il faut un puissant ancrage au sol. Il n'est que de songer aux puissantes cuisses du plus léger, du plus aérien des danseurs, Nijinski.

Comme en résonnance à la danse chtonienne et aérienne de Nijinski, Martha Graham a ancré l'énergie du corps puissamment

---

[121] Maurice Merleau-Ponty, *Le visible et l'invisible*, éd. Gallimard, 1964
[122] Particule élémentaire interférant si peu avec la matière que des milliards traversent notre corps chaque seconde.

et profondément dans la terre pour mieux la propulser par-delà l'horizon. Sa technique, qui est bien davantage une vision de la vie, repose sur le couple *contract/release* (contraction-relâchement). Il s'agit d'une contraction ventrale suivie, bien plus que d'un relâchement, d'une extension qui propulse l'énergie jusqu'au bout des membres, et au-delà. *Contract :* ramasse ton énergie en ton centre ; *release* : laisse-la filer jusqu'à l'horizon. Paradoxalement, dans cette danse, c'est au sol qu'on ressent le mieux la verticalité. *Contract* : va chercher sous ton dos, dans le sol, la force tellurique ; *release* : laisse-la remonter, par ton corps, t'aspirer vers le ciel. Et puis rassemble-la de nouveau pour la propulser encore.

Danse de l'immanence, de l'élévation de la terre vers le ciel. Les puissantes contractions et expansions astrales sont à l'œuvre dans le corps dansant ; il pulse de la même énergie que l'univers. Le dedans et le dehors s'enroulent et se déroulent comme un ruban de Moebius. La spirale, figure récurrente dans la danse Graham, joue sans cesse le passage de l'intérieur à l'extérieur. Danse foncièrement féminine, matricielle, reliant l'immensité du cosmos à l'autre univers, non moins immense, des entrailles.

Ainsi le corps danseur, redoublant et amplifiant le travail créateur de la conscience, se projette dans l'espace pour créer et recréer le monde à partir de lui-même, pour devenir un sujet-monde.

CHAPITRE V

# Le sujet-monde

> Le sujet émerge en même temps que le monde.
> Edgar Morin[123]

« Être sujet, c'est se mettre au centre de son propre monde, c'est occuper le site du 'je'. [...] Ainsi le monde est à l'intérieur de notre esprit, lequel est à l'intérieur du monde »[124], poursuit Edgar Morin.

Pour sa part, la philosophe Corinne Pelluchon préconise de «descendre dans son corps, au point de contact entre le je et le monde.»

C'est bien ce que Nadia Vadori-Gauthier a conscience de faire en dansant : « Je danse ce monde comme je suis dansée par lui, je le trace, il m'affecte. C'est finalement ce monde qui, à travers moi, danse et s'inscrit dans mon corps. »[125] Disciple philosophique de Gilles Deleuze, elle expérimente quotidiennement que « la subjectivité passe d'une motricité personnelle à un élément supra-personnel, à un mouvement du monde que la danse va tracer. »[126]

Cette cascade de citations témoigne de l'émergence de la danse dans la réflexion philosophique contemporaine. Dans les années

---

[123] Edgar Morin, *Introduction à la pensée complexe*, éd. Points Seuil, 2014, p. 53
[124] Idem, p. 88 et 60
[125] Nadia Vadori Gauthier, *Danser, résister,* ouvrage collectif, éd. Textuel, 2018, p 9
[126] Gilles Deleuze, *L'image-temps*, éd. de Minuit, 1985, p.83

quatre-vingt, cet art jusque-là souvent considéré comme mineur a conquis ses lettres de noblesse. Sous l'impulsion de Jean-Claude Serre, puis de Michel Bernard, la danse est entrée à l'Université. Le marxisme et le structuralisme y étaient alors omniprésents ; les philosophies du sujet persistaient, mais en sourdine. Il est intéressant de constater que la danse, en devenant un sujet de réflexion, a contribué à maintenir une réflexion sur le sujet.

Ce n'est pas l'aspect kaléidoscope du monde qui est nouveau. Le ballet académique incluait des « danses de caractère », se situait volontiers dans des contextes régionaux et s'ornait traditionnellement de tableaux folkloriques. La danse moderne, dès ses débuts, s'est inspirée de formes orientales, africaines. Un spectacle chorégraphique a toujours été un voyage imaginaire, parfois même un périple réellement vécu, à l'instar de cette pièce intitulée « En allant de l'ouest à l'est » où Susan Buirge retraçait le parcours de sa vie, depuis son Amérique natale vers l'Europe. Ce qui transforme la danse depuis quelques décennies, c'est qu'elle se joue à un niveau beaucoup plus profond que celui de la représentation. Elle crée des modes spécifiques d'être-au-monde et de faire être le monde. Elle est palpation du monde ; le monde projeté à l'extérieur, donné à voir, à partir de moi ; le monde qui se projette à l'intérieur, retrouvé, palpitant, en moi. Il ne s'agit plus de donner à voir des scènes de l'existence mais, pour paraphraser Corinne Pelluchon, de descendre dans la matière corporelle, au point de contact avec la matière.

Le corps dansant est un « corps sismographe », dit Nadia Vadori-Gauthier : « La vibration connecte toutes choses animées ou inanimées. Elle est une vitalité intrinsèque de la matière qui permet d'agencer des forces organiques et inorganiques, notre matière corporelle étant faite d'éléments physiques qui se trouvent également au sein de la matière inanimée. […] J'ai commencé à explorer plus spécifiquement cette qualité vibratoire de la matière en me confrontant physiquement aux pierres, à la terre, à l'eau, aux arbres. Je me suis accordée au vent et aux sons de la nature. J'ai plongé dans le silence au cœur des choses, dans le vide entre les particules. […] Je me mets dans une certaine fréquence et suis dansée par elle. »[127]

Mais alors, pourrait-on penser – pour s'en inquiéter ou s'en réjouir – la danse dissout le sujet ! Plonge-t-elle dans la sauvagerie de la matière, dans l'anonymat des particules pour rejoindre la désindividualisation de la transe dionysiaque ?
Certes, la danse n'est pas le théâtre ; il n'est pas dans son essence de présenter des personnages avec une psychologie et une histoire. Si elle le fait, c'est à titre anecdotique et contingent. On peut d'ailleurs dire la même chose de la musique qui peut certes servir une action, comme dans l'opéra, mais dont la nature profonde est indépendante de tout livret. Certaines chorégraphies contemporaines peuvent en effet donner l'impression de brasser une matière humaine anonyme.
Mais jamais le spectateur ni le danseur n'oublient qu'il s'agit, précisément, d'une matière humaine, une matière humaine partie à la rencontre d'autres formes de la matière dont elle est issue, où de multiples formes d'individuations se trament. Car « ces notions d'être, d'existence, de soi, que nous croyions réservées aux seuls êtres biologiques, sont des notions physiques », écrit Edgar Morin.[128] « De même que dans l'hologramme le tout se

---

[127] Nadia Vadori Gauthier, *Danser, résister,* éd. Textuel, 2018, p 14-15 et 13
[128] Edgar Morin, Terre-Patrie, éd. du Seuil, Club express, 1993, p. 57

trouve inscrit dans la partie, de même […] l'humain porte en lui l'aventure de l'univers et l'aventure de la vie. »[129]

Puisque nous sommes devenus humains en traversant, directement ou indirectement, tous les avatars de la matière, nous pouvons, par le corps, vivre toutes les métamorphoses. Puisque, issus comme tous les vivants du feuilletage de la matière prétendument « inerte » à la surface humide des poussières minérales, nous sommes devenus cellule, molécule, phytoplancton, zooplancton, coraux, mollusques, poissons, reptiles, oiseaux, mammifères, etc, etc., nous pouvons tout (re)devenir.
Ces métamorphoses ne sont pas des métaphores. On ne fait pas « comme si » on devenait animal, plante ou pierre. On le devient objectivement, on entre dans une relation intime, singulière, physique et mentale avec une forme de la matière à laquelle on est apparenté. Le chemin ne peut être qu'intérieur, personnel, unique.
C'est pourquoi, arrivée à ce stade de la réflexion, je vais apparaître davantage, de temps en temps, ne pouvant parfois parler de ces expériences qu'à titre personnel.

## Devenir autre

> La répétition, essence du rythme, fondement du mouvement dansé,
> est la trace du voyage incessant du sujet
> entre identification et désidentification.
> […]
> Entre ces deux pôles du même et de l'autre, l'homme danse.
> France Schott-Billmann[130]

---

[129] Edgar Morin, *Connaissance, ignorance, mystère*, éd. Fayard, 2017, p.123
[130] France Schott-Billmann, *Le besoin de danser*, éd. Odile Jacob, 2000, pp. 141 et 24

Les danseurs sont des êtres de métamorphose. Même lorsqu'ils n'incarnent pas un faune ou une femme-cygne, même lorsqu'ils jouent de la forme humaine, ils en jouent tellement bien qu'ils la transfigurent. Comme spectateur, on se reconnaît à peine en eux, ils sont un rêve de corps humain, que ce soit dans la perfection académique ou dans les inventions multiformes des danses contemporaines.

Il ne s'agit pas d'un modèle idéal, comme on le pense classiquement. De même que Spinoza disait que « nous ne désirons pas une chose parce qu'elle est bonne mais elle est bonne parce que nous la désirons »[131], de même, « le corps de la danse, on le trouve beau parce qu'on le fabrique. »[132] Même si les danseurs travaillent avec acharnement à obtenir ce qu'ils appellent parfois « un corps idéal », c'est de tout autre chose qu'il s'agit, en fait. En entrant en danse, on pénètre dans un mode d'exister différent. On ne devient pas seulement un autre, on devient autre.

« Devenir, c'est, à partir des formes qu'on a, du sujet qu'on est, des organes qu'on possède ou des fonctions qu'on remplit, extraire des particules, entre lesquelles on instaure des rapports de mouvement et de repos, de vitesse et de lenteur, les plus proches de ce qu'on est en train de devenir, et par lesquels on devient. C'est en ce sens que le devenir est le processus du désir.»[133] C'est décidément le « sujet qu'on est » qui devient. Il ne devient pas oiseau ou faune, il devient un autre lui-même, en allant chercher dans son corps ce qu'il a en commun avec l'oiseau ou le faune. Même lorsqu'il se fait mime, le danseur

---

[131] Baruch Spinoza, *Éthique* III, proposition 9, scolie
[132] Pierre Legendre, *La passion d'être un autre, étude pour la danse*, éd. du Seuil, 1978, p. 154
[133] Gilles Deleuze et Félix Guattari, *Mille plateaux*, éd. De Minuit, 2013, p.333-4

n'imite pas l'animal ou la plante ; il cherche sa propre animalité, sa propre végétalité.

Dans la foulée des poètes, des fabulistes, des conteurs, à l'instar d'Ovide, Ésope, La Fontaine, Mérimée, Lewis Caroll et tant et tant d'autres, le danseur peut incorporer tous les aspects de la matière ; il peut tout devenir.

### Devenir minéral

La chorégraphe Nathalie Pernette a composé un triptyque intitulé *Une pierre presque immobile : la figure du gisant, la figure du baiser, la figure de l'érosion* car « une pierre vit malgré son apparente immobilité.», affirme-t-elle.
C'est un thème extrêmement original dans la danse. Il est d'ailleurs rare dans le spectacle en général, à quelques exceptions près, comme les statues fatales dans *Dom Juan* ou *la Vénus d'Ille*, adaptée de la nouvelle éponyme de Prosper Mérimée à l'opéra et à la télévision et une seule fois, récemment, au théâtre.[134] De même, la légende du Golem, mannequin humanoïde fabriqué avec de l'argile par le rabbin Loew, a inspiré la littérature et le cinéma, mais à ma connaissance pas, ou peu, le spectacle vivant.

On peut comprendre que l'immobilité du marbre, du granit ou du bronze inspire peu les artistes du mouvement. Pourtant l'acteur Edward Gordon Craig, au début du XXᵉ s., avait prôné un art théâtral qui décomposait et recomposait le mouvement, l'art de la *sur marionnette*. Celle-ci « ne rivalisera pas avec la vie, mais ira au-delà ; elle ne figurera pas le corps de chair et d'os, mais le corps en état d'extase, et tandis qu'émanera d'elle un esprit

---

[134] Spleen théâtre, adaptation et mise en scène Alex Adarjan, 2019

vivant, elle se revêtira d'une beauté de mort. » C'est que Craig, bien qu'il ait partagé la vie d'Isadora Duncan, une des danseuses les plus sensuelles de la Belle Époque, était un véritable apollinien : « L'art est l'antithèse même du Chaos, qui n'est autre chose qu'une avalanche d'accidents. [...] nous ne pouvons nous servir que de matériaux dont nous usions avec certitude. Or, l'homme n'est pas de ceux-là. »[135] Voilà qui est clair : la vie est l'ennemie du beau.

En 1922, à la suite de Craig, mais dans un esprit différent, celui de l'art moderne du Bauhaus, Oskar Schlemmer a créé *le Ballet triadique*, où les interprètes, habillés de formes géométriques multicolores et futuristes, bougent comme des objets mécaniques, mais avec une inventivité ludique et truculente qui a séduit le public et marqué une étape décisive dans le développement de la danse contemporaine.

Dans le même temps, Étienne Decroux fondait le *mime corporel* qu'il faisait reposer sur la technique de la *statuaire mobile*, toute une grammaire corporelle jouant sur les grandes articulations du corps humain : tête, buste, torse, tronc, portés par les jambes, prolongés par les bras. C'est le mariage entre l'immobilité et le mouvement : des secteurs du corps, figés, se trouvent mus par d'autres segments, offrant des tableaux d'immobilités déplacées, transportées, empreints d'émotions tout à la fois esthétiques et pathétiques, poignantes. C'est un retour à l'expressivité, dépouillée, stylisée. Même si le thème de la pierre est peu présent dans cet art, la référence explicite à la statuaire et un travail très précis de « la comédie du muscle » réintroduisent une matière, un grain vibrant. C'est la vie qui veut affleurer, l'affectivité qui se contient et s'exprime en un cri silencieux.

Étienne Decroux a ouvert la voie à des artistes très divers, tels son propre fils Maximilien Decroux, Jean-Louis Barrault, Marcel

---

[135] Edward Gordon Craig, *L'art du théâtre*, 1905

Marceau, les mimes Pinok et Matho, ou les fondateurs du théâtre du Mouvement, Claire Heggen et Yves Marc. Avec ces derniers, j'ai eu la surprise de découvrir que, par-delà sa première apparence de rigidité, la technique de segmentation du corps débouche sur une fluidité extrême. Les mouvements, ayant été décomposés par le menu, peuvent se réarticuler avec une finesse et une souplesse décuplées. Ainsi, le champ poétique du mime corporel s'ouvre à toutes les matières : la pierre vibre et prend vie dans la statuaire mobile ; les corps se dressent comme des troncs, se déploient comme des branchages, frémissent comme des frondaisons, s'enfoncent comme des racines, se ploient comme des tiges ; ils explorent toutes les ondulations de l'eau, de la liane, du reptile, de l'oiseau, du félin, de l'humain.

Et toute cette diversité peut être visitée, éprouvée, parce qu'on a commencé par la statuaire mobile, par le travail de la pierre. Tout comme la vie à la surface des roches…

Ce n'est que maintenant, de longues années plus tard, que je comprends à quel point cette soif d'explorer les confins du mouvement et de l'immobilité était intimement liée à mon amour immodéré pour une des régions les plus rocailleuses de France : la Lozère.

Ma famille paternelle est originaire du Causse Méjean. Ce haut-plateau enserré entre les gorges du Tarn, celles de la Jonte et la vallée du Tarnon a été largement déboisé dès l'âge de bronze et jusqu'à la période romaine, ce qui en a fait un quasi désert minéral. Mes racines y sont donc tenaces, accrochées aux cailloux. En témoigne d'ailleurs mon patronyme : Costecalde. C'est le nom d'une colline qui, malgré ses 1074m, se remarque à peine puisque l'altitude moyenne du causse est aux alentours de 1000 m. *Le Costecalde (la côte chaude)* domine –modestement- une pénéplaine calcaire, caillouteuse, agrémentée çà et là, lorsque l'argile retient l'eau, de quelques champs fertiles, percée d'avens (dont le célèbre aven Armand) et parcourue de rivières souterraines qui jaillissent en sources (dont la célèbre eau de Quézac) tout autour du plateau.

C'est près d'une de ces sources, à Florac, que mes aïeux sont descendus s'établir. À l'âge où je découvrais la danse, je plaçais mes vacances sous le signe du rocher de Rochefort, un promontoire du causse Méjean qui surplombe la ville de 500 mètres et fait mine d'être prêt à se détacher. Tout est là : dans cette majestueuse et robuste fragilité. Rochefort ne bouge pas ; Floracois et vacanciers, dormez tranquilles. Mais Rochefort pourrait bien bouger un jour...

Sous ce haut patronage, je m'en donnais à cœur-joie. Je parlerai plus loin de la mobilité presque frénétique que je déployais dans la vallée, au pied du colosse de calcaire dont je vérifiais chaque matin s'il trônait toujours sur son piédestal. Les cours de danse ne me manquaient pas pendant l'été ; je m'adonnais au mouvement sous l'égide de ce monument naturel mais j'aimais aussi le regarder sans bouger, surtout pour suivre des yeux la lente ascension d'un petit point coloré : un grimpeur montant à l'assaut du géant le long d'une coulée d'érosion. C'était comme une histoire d'amour surprise à distance, un duo patient et discret, un pas de deux où le partenaire immobile menait la danse.

Le rocher de Rochefort est en fait la sentinelle avancée d'une troupe nombreuse déployée sur le causse : le chaos de Nîmes-le-Vieux, vaste ensemble de rochers que l'eau, la glace, le vent, le temps, ont rendu semblable à une cité en ruines. Mais lorsqu'on pénètre dans cette ville fantôme, on ne tarde pas à remarquer que de nombreux rochers, surtout ceux qui entourent le hameau du Veygalier, ont de véritables physionomies : des corps de chimères, des postures, des têtes, des regards... On se rend compte qu'on est entré chez des vivants. Cette impression de vie est accentuée par le fait que ces figures changent selon l'angle sous lequel on les regarde, selon l'incidence du soleil, selon les jeux d'ombre et de lumière. Tel, qui m'apparaît clairement comme une sorte de chameau le matin me reste introuvable l'après-midi, comme s'il s'était enfui. Tel autre, semblant me toiser d'un regard patibulaire un jour, m'offre une mine débonnaire le lendemain. Mieux, d'une année sur l'autre, les rochers changent : une ride s'est creusée, un front s'est dégarni, un méplat s'est patiné... Les rochers vieillissent.

Ce n'est pas du délire. Certes, on est plus ou moins porté à interpréter ces silhouettes ; j'avoue y être particulièrement encline. Mais les paysans du lieu eux-mêmes personnifient leurs rochers. L'un d'eux, que j'appelle pour ma part « l'homme qui pleure » parce qu'une coulée de rouille s'écoule comme une larme le long de son visage, est familièrement nommé « Mitterrand » par ses voisins humains. Ces rochers sont devenus mes amis, je les visite, les salue, leur parle. J'ai dessiné leurs portraits, que je présente dans un album que je dirais presque de famille.[136]

Sommes-nous loin de la danse ?

En pénétrant dans Nîmes-le-Vieux, on entre en scène. Et c'est peu dire que le site est théâtral. On cherche un rocher déjà repéré ; on veut le retrouver, le revoir. C'est une sorte de rendez-vous qu'on craint toujours un peu de manquer. On sent son approche, on retrouve des indices, des repères. Où se cache-t-il ? Parfois on l'appelle, un peu fâché qu'il ne réponde pas. C'est un jeu d'approche et de poursuite, rythmé par le bruit des pas sur les cailloux, les dérapages plus ou moins contrôlés sur les éboulis, les dégringolades dans les creux, les ralentis dans les montées, Une sorte de pas-de-deux. Mais on s'oriente d'après les

---

[136] Nelly Costecalde, *Les Géants du causse Méjean*, éd. BOD, 2014

silhouettes d'autres rochers qui s'esquissent au loin et qu'on ira visiter ensuite, qui attendent leur duo. On passe d'un partenaire à l'autre, on revient vers celui-ci, on évite celui-là et c'est en réalité avec toute la troupe qu'on danse.
Appeler ça une danse pourra paraître exagéré.
Cependant, à qui sait goûter ces jeux d'approche, d'esquive, de poursuite, de rencontres multiformes avec des êtres immobiles, le don de la danse est assuré.

Mais sur le causse se donnent aussi de somptueux spectacles de ballet.
Il faut y monter à la nuit tombée, début août, au moment des pluies d'étoiles. Une fois arrivé sur le plateau, il faut s'allonger à même la *pelouse*, comme on dit, à plat ventre sur la paillasse d'herbes drues qui crisse au moindre mouvement. Par mille piqûres ténues, elle vous transfuse une vie intime et souterraine : infiltrations patientes, creusements millénaires, écoulements secrets, pousse imperceptible d'une flore minérale, frôlements furtifs d'une faune aveugle. Et puis vous vous retournez sur le dos. Et vous attendez. Le ciel revêt sans hâte sa grande tenue d'août, majestueux manteau de velours sombre et pailleté. Et la chorégraphie des météores commence. Tout d'abord, des solistes s'aventurent en de larges traversées, ouvrant la voie aux coryphées, lesquels, en de fulgurantes diagonales, entraînent à leur tour des nuées de ballerines scintillantes, bondissant d'on ne sait quelles coulisses du monde pour aller s'y ré engouffrer tout aussitôt. [137]
Quand on a dansé avec les étoiles, et même avec des rochers, on sait que la vie est fille de la matière et du mouvement.

---

[137] Extrait adapté de *La nuit des nuits*, in *Les nouvelles d'outre-temps*, Nelly Costecalde, éd. Lacour-Ollé, 2013, p. 47, 55

Dans le devenir minéral, je suis allée plus loin encore, en me dédoublant dans un personnage qui m'est une sorte de frère : Pierre.[138] Cela se passe sur le Causse Méjean, toujours. Pierre y vit au milieu des rochers de Nîmes-le-Vieux, dont il se sent bien plus proche que de sa famille. Il s'identifie tellement à eux qu'un soir, lors d'un violent orage, il se blottit au fond d'une lavogne (petite mare dans un creux argileux) et se transforme en caillou. Le fond de la lavogne s'effondre, la transformant en aven et Pierre devenu pierre y tombe, tel Alice, en une chute très lente. Dans le monde souterrain, il rencontre toutes sortes de créatures merveilleuses ; il s'immobilise devant une fontaine pétrifiée, et il est remis en mouvement par la vision de stalagmites ressemblant étrangement à ses parents du monde superficiel. Expulsé du monde souterrain dans le tourbillon d'une source, il revient à la vie de surface, il revient au mouvement et à la paix.

Ce devenir passe par l'eau, élément minéral originel. Nager est une danse en immersion. La danse aquatique devrait plonger bien plus profondément que les figures spectaculaires et les performances sportives. Carolyn Carlson le sait, elle qui a chorégraphié en 2008 un inoubliable *Eau*, qui dansera bientôt *Immersion* devant les Nymphéas de Monet au Musée de l'Orangerie, elle qui, lorsqu'elle ne danse pas, trace ses *Écrits sur l'eau*.[139] Rachid Ouramdane le sait aussi, qui a créé *Traverser la nuit* avec des migrants, des danseurs et des enfants se rencontrant, se croisant, s'entraidant dans le flux continu des vagues.
Devenir minéral, n'est-ce pas l'expérience la plus extrême, la danse des tout premiers frémissements de la vie, lorsqu'elle s'est auto-organisée à la surface humide des pierres ?

---

[138] *Pierre, in Les nouvelles d'outre-temps, Nelly Costecalde, éd. Lacour-Ollé, 2013,*
[139] Carolyn Carlson, *Writings on water*, éd. Actes Sud, 2017

**Devenir végétal**

À peine moins rare que celui du minéral, le thème du végétal apparaît sporadiquement dans la danse : femmes-fleurs, fée Lilas, spectre de la rose... La Loïe Fuller passait par toutes les teintes, toutes les éclosions florales, mais se muait bien vite en papillon ou en serpent.

Là encore, c'est le mime corporel qui m'a ouvert la voie du devenir plante. L'engagement du poids est un principe fondamental de cet art : il faut s'enraciner, c'est la puissance de l'implantation dans le sol qui confère au mouvement sa force dramatique. J'ai dû beaucoup travailler pour trouver cette force, imprégnée que j'étais du modèle – faux au demeurant- de la légèreté. Mais, reprenant la danse après de longues années d'interruption, je m'aperçois de l'acquis dû au mime corporel.

En dansant je voyage souvent dans mes racines et dans mes branches. En dansant je suis souvent un arbre. La danse, cette interminable histoire d'amour entre la terre et le ciel, entre la gravité et l'envol, est une croissance renouvelée : on puise une sève au plus profond du sol pour la propulser, la faire circuler dans son corps aérien. En bougeant, le corps se fait tronc, les membres se déploient et se démultiplient en frondaison vibrante. Qu'est-ce que cet arbre qui marche, tourne, saute, se tient en équilibre sur une racine, roule au sol, se redresse, rebondit ? Plonger dans ses racines, les enfoncer, les allonger, les animer et en extraire la poussée, la circulation, la vie. Surgit soudain la double image d'un arbre de vie verdoyant et de son opposé, arbre de mort rougeoyant d'un « champignon » atomique. La dyade est bien connue dans l'iconographie antinucléaire ; elle porte un message simple, en-deçà des mots. Arbre phœnix qui ne renaîtrait pas des cendres.

La naissance et l'arbre... le rapprochement a déjà été évoqué. J'ouvre les *Cahiers du nouveau-né*[140] consacré au placenta. Surprise : dès les premières pages, on rencontre des images végétales de cet organe méconnu, éphémère, qui enracine l'embryon dans la paroi de l'utérus, comme dans une terre fertile. Bernard This décrit la continuité de l'évolution des stratégies de reproduction botaniques et de celle des mammifères : « *l'enracinement de la plante prépare celui du placenta.* »[141] Un dessin montre l'ensemble que formaient autrefois l'enfant et ses « annexes » - placenta et membranes, lorsqu'on ne coupait le cordon ombilical qu'après la délivrance. Le nouveau-né apparaissait comme un petit arbre au tronc encore enraciné dans une motte fertile et tout irriguée de vaisseaux, de radicelles, porteuse de bourgeons charnus nichés dans ses anfractuosités.

Le bébé, arbuste déraciné qui devra apprendre à marcher. Tout se passe comme si nous avions appris de l'arbre la verticalité. C'est peut-être le sens de la coutume qui consiste à planter un arbre à la naissance d'un enfant. Car, songe Bernard This, «nous assistons, au cours de chaque grossesse, à la récapitulation en accéléré, de toute l'histoire de l'évolution : l'*ontogénèse*, développement de chaque être, résume la *phylogénèse*, la série évolutive des formes végétales et animales. En deux cent quatre-vingts jours, cet enfant, doué d'une prodigieuse mémoire inscrite dans l'ensemble de ses gènes, son *génome*, est capable de résumer plusieurs milliards d'années ! »[142]

---

[140] Les Cahiers du nouveau-né, n°8 *Délivrances ou le placenta dévoilé,* Groupe de Recherche et d'Études sur le Nouveau-Né (GRENN), éd. Stock, 1978-1989
[141] Bernard This, 1928-2016, obstétricien, psychiatre, psychanalyste, Cahier du nouveau-né n°8, p. 28
[142] idem, p. 21

Mais si la danse a jusqu'à présent peu exploré les chemins corporels conduisant du terreau minéral aux luxuriances végétales, comment trouvera-t-elle la voie de l'animal ?

**Devenir animal**

Les animaux sont largement plus présents que les plantes et les pierres dans la danse. Comment en serait-il autrement puisque nous sommes des leurs ? Mais nous sommes des mammifères et ceux-ci se produisent assez peu sur les scènes chorégraphiques où l'on voit plutôt des oiseaux. Légèreté oblige : Oiseau de feu, pigeons (deux qui s'aimaient d'amour tendre), cygnes du lac, oiseaux des bords de mer… Messager, Tchaïkovski, Stravinsky, Cage, ont rythmé bien des battements d'ailes chorégraphiés respectivement par Mérante, Petipa, Fokine, Cunningham et beaucoup d'autres à leur suite.
Camille Saint Saëns offre davantage de diversité puisque ses animaux de carnaval admettent dans leur troupe… des pianistes ! Mais, s'ils inspirent nombre de spectacles d'enfants, ils intéressent peu les chorégraphes. Notons toutefois une exception : en 1913, le théâtre des Arts à Paris créait un ballet-pantomime commandé au compositeur Albert Roussel et chorégraphié par Léo Staats : *le Festin de l'Araignée.* On y voyait l'héroïne, incarnée par Henriette Sahary-Djély, guetter des fourmis, des bousiers, un papillon, des mantes religieuses et parvenir à phagocyter une éphémère, vouée de toutes façons à un bien bref destin. L'œuvre fut reprise ensuite à l'Opéra-Comique et à l'Opéra mais reste une rareté dans le répertoire.
Pourtant la mythologie, les contes, la littérature, la peinture, la sculpture, qui foisonnent de figures animales, de bestiaires, de monstres humano-animaux et de métamorphoses auraient pu inspirer les librettistes. De même, la psychanalyse met au jour

moult identifications animales que la danse pourrait largement véhiculer.

« Lorsque les artistes ou les philosophes regardent l'être humain comme un animal, ou l'animal comme un être humain, lorsqu'ils envisagent le devenir-animal de l'homme et le devenir-humain de l'animal, l'animal devient un prétexte pour une réflexion sur l'homme, comme si l'humanité ne pouvait se sentir humaine qu'au bord de l'animalité », note la psychanalyste Simone Korff-Sausse. Et elle constate les fréquentes, les violentes réactions de rejet que suscitent, y compris chez les soignants, des modes d'expression non-verbaux liés à l'autisme ou même tout simplement à la surdité : « Ne pas communiquer avec des mots, mais au moyen de gestes évoque une animalité insupportable, qu'il faut dès lors réprimer. »[143]

La danse est de ces modes d'expression non verbaux. Cela la placerait-il trop près de l'animalité ? Cela la rendrait-il dangereuse au point qu'elle ait si longtemps été stigmatisée, reléguée au rang d'art mineur et moralement douteux ?
Deux oiseaux célèbres dans le répertoire du ballet classique peuvent éclairer un peu la question. Le double rôle d'Odette-Odile dans *le Lac des cygnes* personnalise l'inaccessibilité et la dangerosité de l'objet du désir amoureux. Ensorcelée au point d'être non seulement cygne le jour et femme la nuit mais encore femme double et ambivalente, elle conduit Siegfried à sa perte. Il semble que Tchaïkovski ait transposé là son propre drame d'homosexuel refoulé : la femme, assimilée à l'animal, le renverrait à sa propre malédiction. *L'Oiseau de feu* est également un être à la fois bénéfique et dangereux puisqu'il intervient pour

---

[143] Simone Korff-Sausse, *Les identifications déshumanisantes : l'animalité dans la vie psychique et la création artistique* dans Revue française de psychanalyse 2011/1 (Vol. 75), pages 87 à 102

sauver Ivan Tsarévitch du danger majeur auquel il l'a lui-même conduit : être changé en pierre. Ces deux figures illustrent une conception prophylactique de l'animalité : « c'est d'abord une limite, celle qui borde l'humain et permet de définir l'humain par ce qu'il n'est pas. »[144]

Ce n'est donc pas de l'animalité que ces ballets nous parlent, c'est de l'humain et seulement de l'humain tel qu'il entend se distinguer radicalement du reste de la nature. Dans sa pièce *Outwitting the Devil*, Akram Khan met en scène le vieux Gilgamesh qui se rappelle comment il a détruit la forêt et ses habitants animaux. Ces derniers, dans une gestuelle à couper le souffle et qui semble véritablement au-delà de l'humain, renvoient cependant tous Gilgamesh à sa propre image et culpabilité. « L'animal, aussi séduisant puisse-t-il nous apparaître, c'est le bestial, l'ennemi. Or, c'est un procédé humain, trop humain, que d'assimiler le bestial et l'ennemi. L'historien Jacques Semmelin montre bien le pernicieux cheminement dans les processus génocidaires : « la propagande du régime a déjà pu antérieurement décrire ses ennemis comme des animaux (tels que rats, poux, cafards, vermine...) [...] Au moment de tuer, ces représentations animales des victimes peuvent réapparaître sous d'autres formes, comme celle du gibier à chasser. »[145]

La bestialité est là pour désigner le rebut humain et justifier des comportements qu'on n'observe d'ailleurs chez aucune « bête ». Pour désigner ces dérélictions, comme celle de Grégor dans *la Métamorphose* de Kafka, l'écrivain Michel Surya a recours au néologisme *humanimalité*.

---

[144] idem
[145] Jacques Semmelin, *Purifier et détruire*, éd. du Seuil, 2005, p.302

Or, ce néologisme a déjà été forgé ; nous l'utilisions largement au Théâtre du Mouvement. Mais en un sens diamétralement opposé. Par *humanimal*, nous entendions la part d'héritage physique que nous devons à nos frères et ancêtres animaux. Noble héritage transmis par des traditions gestuelles bien différentes des académismes, fruit de la rencontre entre le mime corporel et les danses africaines. Car l'humanimal, partout où le chamanisme est encore présent, on le connaît, on le respecte, on le révère. On sait que l'humain et les autres animaux peuvent se transformer les uns dans les autres ; on n'oublie jamais qu'ils se nourrissent les uns des autres, au sens propre et au sens figuré.
La poétique de l'animalité n'a rien à voir avec l'imitation : « Le devenir-animal de l'homme est réel, sans que soit réel l'animal qu'il devient.. » [146] Si on tente d'approcher la gestuelle d'un félin, d'un oiseau ou d'un insecte, ce n'est pas pour donner l'illusion d'en être un (ce qui ne serait que vaine platitude) ; c'est pour explorer ce qui, de nous, est frère du félin, de l'oiseau ou de l'insecte, ce que nous avons à apprendre d'eux. C'est appréhender avec eux le parcours de l'évolution qui nous a tous embarqués.

C'est en quelque sorte dire à l'animal : Toi et moi avons fait un sacré bout de chemin côte-à-côte, dans l'amitié et dans l'adversité. Et j'aimerais tant, à tes côtés, continuer la route ! Je sais que mes congénères, les humains, te mettent en danger et eux-mêmes avec. Je m'insurge contre ça. Je danse notre devenir commun pour le maintenir.
C'est lui dire : Ce long chemin parcouru l'un à côté de l'autre, nous l'avons aussi franchi avec nos frères les végétaux et nos ancêtres à tous, les minéraux. Notre devenir est interrègne.

---

[146] Gilles Deleuze et Félix Guattari, *Mille plateaux*, éd. de Minuit, 2013, p. 291

### Devenir interrègne, matière, cosmos

En matière de devenirs, Gilles Deleuze et Félix Guattari sont passés maîtres : «*Souvenirs d'une molécule.* – Le devenir-animal n'est qu'un cas parmi d'autres [...] : devenir-femme, devenir-enfant ; devenir-animal, végétal ou minéral ; devenirs moléculaires de toutes sortes, devenirs-particules. [...] Chanter ou composer, peindre, écrire n'ont peut-être pas d'autre but : déchaîner ces devenirs. »[147]
Et la danse, donc ?

Dans le monde de la danse on entend beaucoup parler, en ce début de XXI<sup>e</sup>s., d'*état de corps*, d'*état d'énergie*, d'*état de matière*. Il ne s'agit plus seulement pour le danseur de moduler son énergie propre, son énergie d'être humain dansant, mais d'explorer des mondes d'énergie. On entre dans des espaces de matière fluide ou résistante, volatile ou moelleuse. On explore les fluidités et les viscosités, les apesanteurs et les gravités, les résistances et les températures. On devient ligne de force ou flux, on devient particule ou onde...
La danse entraîne l'humain bien au-delà de sa personne, à la rencontre d'autres corporéités.

Est-ce un rêve ? Oui, celui que Diderot a déjà fait : « ... une molécule sensible et vivante se fond dans une molécule sensible et vivante. [...] Lorsque j'ai vu la matière inerte passer à l'état sensible, rien ne doit plus m'étonner. [...] Tous les êtres circulent les uns dans les autres, par conséquent toutes les espèces... Tout est un flux perpétuel... Tout animal est plus ou moins homme ;

---

[147] Idem, p. 333

tout minéral est plus ou moins plante ; toute plante est plus ou moins animal. »[148]

Chaque être peut entrer en continuité avec d'autres êtres. En se confrontant physiquement aux pierres, à la terre, à l'eau, aux arbres, en s'accordant au vent et aux sons de la nature, comme dit et fait Nadia Vadori Gauthier, la danse participe d'une vaste révolution de la pensée qui traverse et relie l'ensemble des connaissances, physiques, chimiques, biologiques, psychologiques, sociologiques, ce qu'Edgar Morin appelle *la pensée complexe*. Dans cette nouvelle et nécessaire compréhension du monde, le tout et les parties ne peuvent s'appréhender qu'ensemble.

Sans en formuler nécessairement la théorie, la danse expérimente la participation du corps humain aux divers états de la matière. Elle prend une dimension cosmique. Les chorégraphies d'Anne Teresa de Keersmaeker tracent souvent des spirales s'enroulant dans le sens inverse des aiguilles d'une montre, comme des galaxies, ou bien toutes sortes d'axes et de courbes. Parfois, comme dans *Au cœur de la vie nous sommes*, ces figures sont matérialisées au sol, complétées par les danseurs au cours du spectacle. Ils semblent alors voyager sur des trajectoires intergalactiques, passer d'orbite en orbite, se laisser happer par le vortex d'un trou noir. La chorégraphe a d'ailleurs inauguré cette trame d'écriture en 2013, sous un titre évocateur : *Vortex temporum*.

La danse se fait-elle pour autant processus de désindividualisation, renouant avec sa nature dionysiaque telle que l'entend Nietzsche ? Se fait-elle l'expression d'un rêve de fusion dans l'univers ?

---

[148] *Mille plateaux*, éd. De Minuit, 2013, p 888, 895,899

Le croire serait oublier que danser, à travers les époques et les modes de pensée, est toujours une joie. L'immense majorité des pratiquants, professionnels ou amateurs, dansent parce qu'ils aiment, ils adorent ça, par-delà les efforts, voire les souffrances, que cela comporte. La danse est un des domaines d'activité où on entend le plus parler de passion. Si d'aucuns prétendent s'oublier pour leur passion, il ne faut pas s'y méprendre : la « passion » est toujours et encore voulue, choisie. Qu'elle soit prétendument une « drogue » ou une « vocation », elle reste un enjeu narcissique majeur. Le moi y trouve largement son compte.

D'ailleurs, le rêve de fusion cosmique existe-t-il vraiment ? Les représentations du monde ont beau se renvoyer l'une à l'autre, elles demeurent des représentations, des organisations du monde autour d'un point central qui n'est autre que le sujet connaissant. « Être sujet, c'est se mettre au centre de son propre monde, c'est occuper le site du 'je'. »[149] Ce qui fascine dans la danse, c'est qu'à chaque spectacle on sait qu'on va être invité à une vision singulière du monde, à chaque fois qu'on danse soi-même on sent qu'on va constituer autour de soi un monde singulier. En ce sens, la danse participe de cet « humanisme anthropo-bio-cosmique »[150] qu'Edgar Morin appelle de ses vœux.

## Devenir humain : le corps sujet

> … un nouvel humanisme fondé sur la reconnaissance lucide
> de l'homme-partenaire de Terre
> et non sur l'illusion de l'homme centre de l'univers.
> France Schott-Billmann[151]

---

[149] Edgar Morin, *Introduction à la pensée complexe*, éd. Point Seuil, 2014, p. 88
[150] Edgar Morin, *Connaissance, ignorance, mystère*, éd. Fayard, 2017, p. 170
[151] France Schott-Billmann, *Le besoin de danser*, éd. Odile Jacob, 2000, p. 228

L'être humain se place toujours au centre de l'univers. Impossible de penser autrement, c'est ça, être sujet. De par le développement des connaissances astrologiques, nous sommes devenus cosmo-conscients, tout en restant égocentrés. Les plus avancés des astrophysiciens, les plus habiles à transmettre leurs connaissances, diffusent chacun des visions personnelles de l'Univers, empreintes d'interrogations, d'images, de couleurs, d'humour, propres à chacun. De par le développement des sciences de la vie et de la Terre, nous sommes devenus planéto-conscients… toujours en restant égocentrés. Le moyen de faire autrement ?

Il aura fallu que l'humanité se sente en danger d'extinction pour qu'elle comprenne que c'est elle-même qui s'est mise en péril en ayant pendant des siècles pillé et consommé les autres espèces animales, végétales et minérales. Maintenant, une partie grandissante (espérons-le) de l'humanité aspire au souci et au soin de ce qui n'est pas elle. Cette prise de conscience aurait-elle eu lieu si nous n'avions rien eu à craindre pour nous-mêmes ? C'est peu probable et … c'est humain.
Il n'empêche que, par-delà ces réactions anthropocentriques de survie, circule dans les mentalités, dans la culture, pour un certain nombre de personnes en tout cas, une sensibilité désintéressée au sort des non-humains. On se prend ici et là à œuvrer pour la préservation de ce qui reste de sauvage sur Terre. Le projet apollinien de maîtrise se fendille, s'assouplit, s'élargit, laisse de nouveau circuler la sève dionysiaque dans ce qui lui reste de chair.
Le corps vibrant, palpitant, haletant, ruisselant, du danseur n'est pas pour rien dans cette renaissance.

Danser, dit Anne Teresa de Keersmaecker, c'est « célébrer l'humanité. Et mes partenaires sont : la musique, les danseurs et la nature. »[152]

La danse nous replace dans l'immense continuum de la matière, par et par-delà l'animal et le végétal, jusqu'à ce qu'il y a de vie dans le mouvement secret des minéraux. Mieux, elle permet de révéler les états de la matière.
La méthode du *Body-Mind Centering,* où s'enracine la danse de Nadia Vadori Gauthier, « s'étend à la fois à la matière organique et inorganique et […] n'établit pas de séparation entre humain et non-humain. » Alors « s'active une dimension éthique qui redéfinit le politique, c'est-à-dire la façon de s'agencer aux autres et au monde. »[153]
M'agencer au monde, c'est m'y placer et m'y représenter parmi les autres êtres, disposés à ma façon. Ma façon peut et doit être éclairée, informée par le maximum de connaissances ; elle n'en sera pas moins singulière. C'est cela, être un sujet : constituer le monde, lui conférer du sens, tout en ajustant sans cesse mon point de vue sur lui en fonction de ce que j'apprends des autres points de vue subjectifs, intuitifs, artistiques, littéraires, scientifiques. Et c'est, par là-même, m'auto constituer.

Depuis le milieu du XX$^e$s., l'*autopoïèse* (du grec *auto* : soi-même et *poïèsis* : production, création) est considéré comme la marque même du vivant. Il s'agit de la capacité d'un organisme de se produire lui-même, en permanence et en interaction avec son environnement, et ainsi de maintenir son *auto-éco-organisation*. Cette aptitude traverse tout le vivant et lorsqu'elle arrive à l'humain, elle s'est tellement complexifiée qu'elle devient

---

[152] Au micro d'Olivia Gesbert, France Culture, *La Grande Table,* 10 avril 2019
[153] Nadia Vadori-Gauthier, *Danser, résister,* ouvrage collectif, éd. Textuel, 2018, p.10

consciente et même délibérée. Ainsi, l'humanité n'hésite pas à appeler « inventeurs » ses découvreurs scientifiques et même « créateurs » ses grands artistes. Ce n'est pas tout à fait par abus de langage : ces grandes figures culturelles modifient les représentations du monde, ils font advenir de nouveaux mondes, ils accomplissent en grand ce que tout un chacun fait quotidiennement : créer le monde au centre duquel on est.

Je suis dans ce monde-là, subjectif, plus ou moins partagé, plus ou moins commun avec les mondes des autres. Mon monde est subjectif, fait de la somme de mes expériences ; il est contingent. Mais en même temps il m'est nécessaire de penser comme absolu, *le monde des mondes*, qui englobe et accueille la totalité des mondes subjectifs, ce Monde que nous avons en commun et qui prend une multitude de configurations singulières. Il m'est nécessaire également, sachant que ce n'est que de façon contingente et par l'exercice de ma subjectivité que je me place au centre du monde, de tenir cette place – la mienne- pour essentielle.

### De la contingence à l'essence

Créer le monde à partir de soi... Créer un monde à soi... un monde de soie, comme celui que l'araignée extrait de son propre corps, tirant de ses entrailles le fil avec lequel elle tisse sa toile, structure parfaite, symétrique, harmonieuse, fine et solide, discrète et brillante. Et puis elle s'y installe, au beau milieu, immobile, une patte sur un fil, attendant la vibration qui signalera qu'une proie s'est prise à son piège. Alors, toujours avec les fils extraits d'elle-même, elle ligotera, enveloppera l'insecte pour le phagocyter.

De même, l'Araigne, femme-araignée, sécrète un monde qui lui est consubstantiel et qui par construction est une totalité. Ce monde est pour elle le lieu de l'assimilation de l'autre, le royaume du moi. L'Araigne est l'allégorie du solipsisme. Elle est la veuve noire, la femme solitaire, la mère possessive, l'amante exclusive. Le symbole d'une féminité forcenée.

Comme l'animal dont elle a capturé le nom, l'Araigne est objet de phobie et de fascination. On envie celle qui trône, toute-puissante, au centre de son univers entièrement fait d'elle-même. Et on la redoute ; on craint surtout de se reconnaître en elle, image abhorrée dans un miroir maléfique.

J'avais été fascinée dans mon enfance par un article sur *le Festin de l'Araignée* dans le *Dictionnaire du ballet moderne*[154]. M'était surtout restée en mémoire la photo, avec Suzanne Lorcia régnant sur ses proies depuis le centre de sa toile. Aussi, en suis-je venue, dans les années quatre-vingt, à me composer un solo intitulé *l'Araigne*. J'évoluais en suspension dans une grande toile élastique, prédatrice prise dans mes propres filets, ivre de toute-puissance et de solitude. J'exorcisais ainsi la femme possessive, étouffante, que je ne voulais pas être. En travaillant au scénario je découvris le roman d'Henri Troyat, *l'Araigne*[155] dont le personnage central est un homme immature, inhibé, possessif, ne vivant que de l'amour exclusif de sa mère et de ses sœurs et ne supportant pas que ces dernières, une à une, s'éloignent de lui pour vivre leur existence de femmes. Il meurt d'avoir voulu les récupérer par un simulacre raté de suicide, c'est-à-dire un suicide réussi. Je compris alors que la figure de l'Araigne, souvent liée à la féminité (comme en témoigne l'œuvre de Louise Bourgeois qui a même nommé « Maman » une de ses sculptures monumentales), symbolise surtout un égocentrisme extrême, toxique et auto-toxique. Elle se situe par-delà le genre et

---

[154] *Dictionnaire du ballet moderne*, ouvrage collectif, éd. Hazan, 1957
[155] Henri Troyat, *L'Araigne*, éd. Plon 1938, prix Goncourt 1938

probablement dans un certain déni de la sexualité. Comme le roman de Troyat, ma pièce montrait le caractère suicidaire de ce rêve d'omnipotence solitaire.

Mais le fil d'Ariane que je m'efforçais de tirer était entrelacé avec la danse et je voulais démêler le lacis. Le nœud liait ensemble un certain idéal du corps et un certain idéal du moi. Il souquait un complexe d'exaltation et de souffrance fort répandu dans le milieu de la danse : l'anorexie. Ou plutôt une certaine sorte d'anorexie car ce syndrome revêt de multiples formes, de degrés de gravité variés, allant de la simple crise passagère au grand tableau clinique potentiellement mortel. L'anorexie dont je vais parler est celle que j'ai vécue, ou plus exactement celle que je me relate maintenant, après une longue méditation sur ses enjeux et sur son sens. Je me permets cette approche personnelle parce qu'elle me semble éclairante sur un défi vital du sujet et en particulier du sujet dansant. Je veux parler d'une lutte à-la-vie-à-la-mort, une lutte sauvage, sans merci, entre la contingence et l'essence, ayant ici pour ère de combat : la danse.

L'apprenti danseur rêve d'un corps parfait. C'est un rêve suractif, acharné. Artisan de lui-même, le danseur utilise le burin de la danse pour sculpter son propre corps. Il s'attache continuellement à modeler la morphologie avec laquelle il a débuté afin de la rendre toujours plus conforme au modèle idéal. Il s'efforce de transformer ses dispositions contingentes en perfections absolues. Sa quête, son Graal, c'est de devenir l'essence du danseur.

Pour un dessein aussi exigeant, il faut prendre sur soi-même, au sens figuré comme au sens propre. Il n'y a plus qu'un pas à franchir, un saut à risquer, pour en venir à creuser sa propre matière, qu'il faut affiner, dépouiller de tout superflu. L'acharné tend au décharné. Rien ne doit subsister dans le corps qui ne serve la danse. Tout doit être muscle. Pour cela on dispose d'un instrument encore plus tranchant que le burin du sculpteur : la faim. Cet outil magique, non seulement allège, épure le corps, mais il procure une sorte d'ivresse, un sentiment de toute-puissance. Le phénomène est connu des sportifs : lorsqu'un certain niveau d'effort est atteint, le cerveau libère des hormones appelées endorphines ou endomorphines. Comme leur nom l'indique, elles s'apparentent à une morphine endogène qui diffuse dans tout le corps un effet analgésique et euphorisant. On ne ressent plus l'effort ni la douleur, on se sent pousser des ailes, on est capable de tout. Ces mêmes endorphines étant aussi produites dans la situation de stress organique due au jeûne prolongé, l'anorexie, greffée sur une pratique corporelle intense, cumule les effets euphorisants de l'effort et de la faim ; elle porte la transe à son paroxysme.

Comme l'exaltation anorexique dope toutes les facultés, la jeune danseuse (il est notoire que l'anorexie atteint davantage les femmes que les hommes) s'élève au-dessus de tout, par l'excellence chorégraphique mais très souvent aussi par la connaissance, la poésie, la recherche de la beauté. Elle brille autant dans ses études qu'en studio ou sur scène. Elle prend de la hauteur, toujours plus, elle s'envole telle une plume, mieux : telle une étoile.

Mais dans les coulisses, les vestiaires, à la maison, elle se livre en cachette à une comptabilité obsessionnelle des grammes perdus, des calories absorbées et brûlées. Elle traque le moindre bourrelet –souvent imaginaire-, le moindre pli de la peau, insupportablement mort car passif : l'énergie n'y circule pas. Il s'agit de se forger un corps qui soit pure énergie, quand tout est consommé et qu'il n'en reste que la quintessence : se dépenser, ne rien garder en soi. L'idéal serait d'être pure source, pure production, de n'avoir rien à absorber : ne rien consommer, tout consumer. Par là elle bascule dans l'anti-araignée : elle envie la toute-puissante mais elle déteste la phagocyteuse. Elle abhorre la sensation physique de réplétion, cette horrible impression de se sentir pleine, comme enceinte. Elle veut se vider, accoucher d'elle-même !

La danse a ceci de particulier que sa matière première principale est le corps. Aussi peut-elle engendrer le sentiment de se créer soi-même à partir de sa propre substance, de pouvoir se refaire, se reconcevoir, déjouer la contingence de sa propre naissance, comme cette adolescente née garçon, façonnant son corps avec acharnement pour devenir une danseuse étoile.[156] Par l'ascèse et par la danse, se concevoir soi-même, en permanence ; se faire créatrice de soi-même, défier la contingence. S'affirmer comme essence absolue.

Mais ce n'est pas seulement se façonner un autre corps, c'est faire surgir un autre monde, fait d'espace merveilleux, mu par une temporalité tout autre que la médiocre régularité des repas et de la bonne éducation. Par la faim, se rendre maîtresse du temps : manger si on veut et quand on veut. Car c'est parce qu'on en a envie que le gâteau est bon et ce n'est pas parce qu'il est bon qu'on est obligée de le manger. C'est quand on le convoite qu'il est le meilleur. Délices du différé ! Préférer son désir à son plaisir. L'anorexique est une Araigne qui aurait si bien réussi à être une totalité, un absolu, qu'elle ne règnerait plus que sur du moi. Plus d'extérieur ni d'intérieur, plus rien à ingérer.

Plus d'altérité.

Et c'est là que les fils blessent. C'est le retour de la douleur, la chute des endorphines. À trop se griser de son propre désir, on finit par se désintéresser du but initialement recherché. À trop viser l'autosuffisance, on en vient à ne même plus dépendre de

---

[156] C'est le sujet, inspiré d'un cas réel, du film *Girl*, de Lucas Dhont, 2018.

l'obtention de l'objet initialement désiré : gâteau ou corps parfait. Car le corps imparfait veille ; il lance des alertes, il met en grève des fonctions, il finit par lâcher, quitter le jeu de dupes. La jeune transsexuelle de *Girl*, après être allée jusqu'à se mutiler, dut être hospitalisée et sa vocation de danse s'évanouit. Une jeune trapéziste que j'ai connue était devenue si aérienne, si éthérée -et si carencée en potassium- qu'elle fut terrassée par un infarctus.

L'anorexique, et spécialement la danseuse anorexique court après un corps tout autre que celui par lequel elle se meut, une sorte de corps sans organes, un *CsO*, comme disaient Deleuze et Guattari. Ce corps ne s'éprouve plus comme fait de chair, d'os, de vaisseaux, de sang ou de neurones ; il est d'une toute autre matière. Si seulement il n'était plus matériel ! Il est une force d'auto-engendrement du désir, d'auto-engendrement de soi-même. « Comment voulez-vous qu'il soit produit par des parents, lui qui témoigne de son auto-production, de son engendrement par lui-même ? »[157]

Après de longues années, il m'est apparu en effet que l'axe central de mon propre épisode anorexique avait été ce désir fou de ne devoir mon être qu'à moi-même, indépendamment des circonstances familiales de ma conception. Un des premiers actes thérapeutiques en cas d'anorexie est l'éloignement de la famille ; un des premiers signes d'entrée sur la voie de la guérison est le retour possible, plus ou moins apaisé, dans le milieu familial. C'est aussi la reprise des fonctions organiques du corps, la réconciliation avec le corps fait d'organes, le rétablissement des échanges métaboliques avec l'extérieur.

Le retour d'anorexie est un réapprentissage de la spirale du désir : déjouer le circuit clos, le cercle vicieux d'un désir sans autre source ni autre objet que le moi. Retrouver une exigence encore

---

[157] Gilles Deleuze et Félix Guattari, *L'Anti-Œdipe*, éd. De Minuit, rééd. 2008, p.21

supérieure à celle qu'on avait crue suprême : ne plus se contenter de se désirer soi-même, accepter que le désir soit désir de quelque chose. Reconnaître que le désir, même exacerbé par l'anorexie, est désir du monde.

Vivre, c'est vivre d'air, de lumière, de toutes les nourritures, du monde. Reconnaître que le moi n'est pas un absolu autosuffisant. Et s'en réjouir. Reconnaître que la faim insatiable du corps organique dansant est de partager avec d'autres corps organiques l'inépuisable nourriture offerte par le monde et la renouveler en la partageant.

Car l'objet de la danse n'est ni le corps ni le moi mais un corps et un moi productifs d'échanges avec l'autre, avec le monde. Le corps comme sujet et non comme objet de la danse, le corps en acte.

### Le corps en acte

On éprouve un profond plaisir à modeler son corps, à l'assouplir, à développer son agilité, sa puissance. Mais si danser s'en tient à un rapport narcissique à soi-même, consistant à se perfectionner sans cesse en quête d'un corps parfait, on réduit la danse à un entraînement, et on ne donne rien d'autre à voir qu'une performance esthétique. On «fait de la danse» mais danse-t-on ? Veut-on devenir danseur ou bien veut-on danser ?

Le corps traité comme un instrument s'avère vite maltraité, surtout si l'apprenti danseur se lance dans la course au professionnalisme. Pour faire carrière, il ne suffit certes pas d'être bon technicien ; il faut être porteur d'un « je ne sais quoi » qui fait la pâte artistique. Pour autant, on se doit de devenir toujours plus performant, toujours plus compétitif. Et ceci dans l'urgence, car l'âge de la retraite est très vite atteint. Certes, on connaît de magnifiques exemples de danseurs âgés ; on les

admire, on les remercie de danser encore, non seulement parce qu'ils ont été de brillants interprètes ou chorégraphes mais surtout parce qu'ils ont apporté une vision artistique singulière, parce qu'ils ont éclairé et changé notre vision du monde. Grâce à l'économie de moyens techniques à laquelle l'âge les contraint, ils nous livrent la quintessence de leur danse, l'essence de leur sujet dansant.
Je l'ai ressenti fortement en voyant Merce Cunningham sur scène alors qu'il était octogénaire. Le parti-pris de formalisme et de froideur de ce chantre de la danse pure, émancipée de toute expression, m'a généralement laissée indifférente. Mais ce jour-là il m'a émue. Je ne me rappelle plus ni la date, ni le titre du spectacle. Je me rappelle seulement le très beau vieil homme progressant lentement le long d'une diagonale, en bougeant à peine, mais d'une façon si concentrée, si épurée, qu'il semblait nous livrer le symbole même de son chemin de vie.

À une autre extrémité du large spectre des pratiques, on peut « danser pour son plaisir ». Cela se fait généralement dans une grande bienveillance à l'égard de soi-même, dans la recherche d'un bien-être, voire d'une thérapie. Mais il est rare qu'on s'en tienne à une gymnastique artistique centrée sur la personne. Il y a souvent dans ces formes de danse une dimension spirituelle et relationnelle, comme en témoigne par exemple le développement du courant de la biodanza : la danse à la portée de tous, reliant les participants en une interaction joyeuse. Les courants hédonistes de la danse se déploient souvent en plein air, voire en pleine nature. Isadora Duncan, François Malkovsky, Rudolf Laban, Mary Wigman, ont semé les graines de la danse moderne dans un terreau naturaliste où s'épanouissent aujourd'hui des artistes comme Nadia Vadori Gauthier, Manuela Blanchard, Armelle Six et bien d'autres. Leur danse est une relation amoureuse avec le monde environnant. Loin du spectaculaire scénique, elle file et tisse les liens à l'autre, humain et autre qu'humain et les leur restitue en les leur donnant à voir. Car ne danser que pour soi n'a aucun sens : on danse toujours avec l'autre et pour l'autre. N'oublions pas le nourris-son : lorsqu'il gesticule et vocalise tout seul, sans rien demander, il s'adresse à la présence imaginaire de l'adulte nourricier et il s'adresse à lui-même comme auto-spectateur. Toute danse est adressée.

Circule aujourd'hui dans la danse une quête aux «états de corps» : explorer sans limites ce que peut un corps, ses capacités de métamorphoses, sa résistance dans des situations singulières, des conditions extrêmes. La danse acrobatique a trouvé un renouveau dans le Hip Hop et la Break-dance ; la danse voltige, au bout de longes, a donné naissance à la danse-escalade ; on danse à la verticale le long de tours et d'immeubles. On danse sur des skate-boards ou longboards. On danse même sous l'eau comme Julie Gautier : 6'30 en apnée pour elle et pour le spectateur émerveillé.
Bobbi Jene Smith a quitté Tel Aviv et la compagnie Batsheva pour poursuivre seule son exploration des extrêmes. « Plaisir et effort », dit-elle avoir appris auprès d'Ohad Naharin, le chorégraphe de Batsheva. Pousser cette quête aussi loin que possible, jusqu'à « atteindre cet état où je ne peux plus rien cacher ». Un film[158] donne à voir toutes les étapes de ce long chemin vers l'effort et le plaisir dans la construction d'un solo où, nue et transpirante, elle en vient à se coucher sur un sac de sable et, longuement, patiemment, obstinément, travailler à y atteindre l'orgasme.
L'audace de la performance estomaque et bouleverse ses anciens compagnons de Batsheva « Tu m'as tué » lui dit l'un, « Si j'avais

---

[158] Elvira Lind, *Bobbi Jene*, documentaire, 2017

vu ça plus jeune, ça aurait changé ma vie », avoue Ohad Naharin. Et l'amoureux de Bobbi d'admirer en silence, tout en prenant acte de son inutilité. Bobbi repart sans lui. Face à un sac de sable, il ne faisait plus le poids, ne puis-je m'empêcher de penser.
Bobbi Jene a oublié qu'on ne fait pas l'amour avec un sac, que ce sac n'est qu'un figurant auquel tout spectateur peut s'identifier.
Danser, c'est animer un monde qu'on crée à chaque pas, à chaque geste, et qu'on offre au public, l'invitant à se faire créateur lui-même, à voir à sa façon ce qu'on lui donne à voir, à se laisser entraîner par une musique personnelle. C'est l'invention permanente de mondes imaginaires mais incarnés. Les limites du possible s'éloignent ; danseurs et spectateurs embarquent ensemble sur l'océan du perfectionnement. Danser, c'est continuer, réitérer, amplifier les tout premiers mouvements de la vie, ceux qui étaient – ceux qui restent – indissociablement création de soi, constitution du monde, adresse à l'Autre.
Dès lors, la danse ne peut se régler sur des normes. La part apollinienne en elle ne vise pas l'adéquation à un modèle idéal ; elle consiste à donner forme et visibilité à l'immense diversité du vivant.

### Danse et diversité

La danse est tellement essentielle aux humains qu'elle est partie intégrante de multiples pratiques sociales.
Une des plus anciennes est le chamanisme qui, par essence, est danse puisque Saman est un mot de la langue evenki (mongole) qui signifie « danser, bondir, remuer, s'agiter ». Danser est un des modes essentiels d'entrée en relation avec l'Autre, les autres formes d'existence : esprit des morts, des animaux, des forêts, des rivières… Il est intéressant de remarquer qu'en ce début de

XXI$^e$ s. où l'humanité prend conscience de sa rupture fatale avec la nature, on voit revenir un peu partout des pratiques chamaniques. On s'efforce de se remettre à l'école du vivant, à travers des expériences et des rituels où la danse tient un rôle majeur.

La danse est omniprésente dans des rituels religieux ; toute liturgie est chorégraphique, spectaculaire et esthétique. Elle n'est pas toujours réservée au clergé ; au sein de certaines églises ou sectes, comme dans les rites du monde entier, l'assistance communie par la danse, parfois jusqu'à la transe.

La chorégraphie est aussi très utilisée en politique, surtout par les États autoritaires qui savent organiser de grands ensembles de masse et des spectacles de propagande.

La danse est traditionnellement associée à la séduction. Le monde animal offre de nombreuses scènes de parades nuptiales ou de domination. Pourquoi l'être humain ne ferait-il pas de même ? Il ne s'en prive certes pas, qu'il s'agisse de bals, soirées dansantes, fêtes populaires ou de démonstrations de force avant les affrontements belliqueux ou sportifs, les deux fonctions de séduction et de domination pouvant d'ailleurs se combiner comme dans certaines danses de salon. On regroupe sous cette appellation « danses de salon » une grande variété de pratiques, depuis les grands bals aristocratiques jusqu'aux fêtes de famille, en passant par toutes les boîtes de nuit, les guinguettes, les bastringues, guinches, bals populaires, rave-party, et autres teufs...

La danse est un puissant facteur de cohésion sociale sous ses multiples formes : ethniques, folkloriques, carnavalesques, religieuses, politiques, courtisanes, mondaines, voire thérapeutiques. Elle est dès lors supposée manifester le *corps social*, le *corps du roi*, le *corps magique*, le *corps mystique*, l'*âme*

*commune* (tiens, où est passé le corps ?), le *corps idéal*, le *corps phallique* qui capterait et contiendrait le désir, le *corps fétiche* qui serait l'idéal commun au danseur et au spectateur…
Pierre Legendre[159], dans sa critique de cette fonction iconique, normative, répressive et «castratrice», reste centré sur des formes de danse propres aux sociétés occidentales chrétiennes obsédées par la contention du corps et du désir sexuel. Pourtant, à bien y regarder, même le ballet le plus académique, véhiculant une narration imprégnée des rapports sociaux les plus conventionnels, d'une image du couple la plus convenue, contient mal la force vitale qui l'anime et qui seule, en fait, fascine. Car ce n'est pas la plastique impeccable de la ballerine, ni la puissance impressionnante du danseur, ni les prouesses techniques époustouflantes, ni les fastes des mouvements d'ensemble qui enthousiasment le spectateur. Tout cela peut l'éblouir, oui. Mais ce qui le soulève de son siège c'est la contagion, ou plutôt le réveil, l'activation en lui-même de l'élan de la danse, la sensation d'être lui-même transporté, de danser avec les danseurs, ce que John Martin appelait la « sympathie musculaire ».
La puissance fusionnelle de la danse, on l'a déjà vu, sa nature dionysiaque, la porte à une certaine dissolution de l'individu, une certaine uniformisation.

Or, le XXe siècle est marqué par l'éclosion de la diversité dans la danse. S'émancipant des danses traditionnelles et classiques où l'uniformité dominait, de nombreux artistes ont ouvert les vannes de la liberté d'expression et lancé la devise : à chaque corps sa gestuelle. On peut désormais danser, y compris professionnellement, sans avoir la silhouette élancée naguère

---

[159] Pierre Legendre, *La passion d'être un autre, étude pour la danse*, éd. du Seuil, 1978

requise. Pour un nombre croissant de danseurs, la quête se situe ailleurs que dans la compétition et la course à la beauté.

Depuis quelques années, la danse fait une place au handicap. On voit des danseurs sans bras, ou paralysés des jambes. Loin de nous ahurir d'exploits para-olympiques, ils apportent leur touche personnelle à la poétique d'ensemble, faisant presque oublier leur particularité, comme Annie Hanauer, amputée d'un bras, dans la compagnie de Rachid Ouramdane.

La chorégraphe Cécile Martinez mène depuis plusieurs années un atelier *Au nom de la danse* mêlant danseurs valides et danseurs handicapés, tous danseurs à part entière. « Ils ne savent pas faire de pirouettes ? Mais ce qu'ils font c'est de la danse, [...] ils dansent avec leur être profond. [...] Leur différence est une richesse artistique incroyable. »[160]

Raimund Hoghe, danseur et metteur en scène qui a longtemps collaboré avec Pina Bausch, est atteint d'une déformation congénitale de la colonne vertébrale. Ce que j'ai vu de ses prestations échappe au « spectaculaire » : il est là, simplement, comme il est. Et son jeu ne cherche ni à effacer, ni à exploiter son infirmité. Il danse comme son corps singulier peut danser, ce corps unique, parfait en son genre, et qui sait simplement passer de sa perfection à une perfection supérieure, ce corps sujet de joie singulière.

« Pourquoi faudrait-il avoir un beau corps pour danser ? Quelle violence ! », s'insurge Maguy Marin. Et la chorégraphe de faire jubiler des corps obèses au son des concertos brandebourgeois, de faire minauder une Cendrillon poupée de son ou d'embarquer les corps déformés, fatigués, des vieillards de *May B* pour un poignant et rageur voyage d'hiver. En écho et en soutien aux luttes pour le droit à la diversité culturelle et sociale, Maguy

---

[160] Stéphanie Pillonca, *Laissez-moi aimer*, documentaire, 2018

Marin œuvre pour le droit à une diversité joyeuse dans la danse. En cela, elle prolonge le sillon tracé par la danse contemporaine depuis le début du XX<sup>e</sup> siècle.

Or, voici qu'en ce début du XXI<sup>ème</sup> siècle, on voit reparaître les grands ensembles. « Alerte rouge : l'unisson enflamme les plateaux de danse contemporaine », s'écrie Rosita Boisseau dans *Le Monde* du 22 décembre 2018. « Les grands ensembles tirés au cordeau, où chaque interprète exécute le même mouvement que son voisin à la virgule près, prolifèrent. » Et, pour illustrer le phénomène, le journal assortit l'article d'une photo de la performance qui a eu lieu le 9 septembre précédent sur la place de l'Hôtel de Ville de Paris. Le chorégraphe Akram Khan avait fait exécuter une même danse de six minutes à plus de 700 amateurs.

En réalité, que voit-on sur la photo ? Une vingtaine de corps habillés de noir, jambes écartées *à la seconde*, torse courbé à gauche, mains devant le visage… ou sur le front… ou sur la tempe… ou l'une sur l'autre… C'est alors qu'on s'avise de l'écartement très inégal des pieds, de la variabilité des flexions, des hauteurs, des axes, de soupçons d'inclinaisons ou de rotations…

Qu'importe à Akram Khan ? En vérité cela lui importe hautement : sous l'apparence d'une chorégraphie de masse, se cache, ou plutôt se montre une célébration de la variété. L'œuvre, intitulée *Kadamati* (terre d'argile, en bengali), se veut une ode à la vie et à la diversité. Et nul doute que chacun des participants ait ressenti la joie d'être lui-même, unique, dans le grand ensemble.

Dans ce même article, Rosita Boisseau cite Mickaël Phelippeau, autre chorégraphe contemporain féru de danses d'ensemble : « C'est vrai que je mets en scène des unissons mais c'est pour montrer la différence physique des uns et des autres. C'est un anti corps de ballet qui représente la diversité. »

Mais ce sont des amateurs, s'écriera-t-on ! Akram Khan aussi bien que Mickaël Phelippeau aiment diriger des danseurs occasionnels, voire des sportifs. Leurs dissemblances ne tiennent qu'à leur non professionnalisme.

Soit. Je prends la première photo de corps de ballet classique qui me tombe sous les yeux : *le Lac des Cygnes* à l'opéra Bastille, saison 2016-2017. À première vue : deux rangs de cygnes blancs jambe droite dégagée en arrière, pied gauche à plat en parfaite ouverture, mains croisées sur le devant du tutu, torse légèrement cambré, port de tête trois-quarts droite. Toutes.

… Et pas deux identiques ! Y aurait-il du relâchement dans le corps de ballet ?

Certes non, le haut niveau technique des danseurs de l'Opéra de Paris est de notoriété mondiale.

On ne le remarque pas tout de suite, mais les corps de ballet n'ont jamais totalement effacé la diversité. Ils l'ont tenté, certes, y compris par une sélection drastique, impitoyable et raciste des danseurs. Les grands ballets asiatiques y sont presque parvenus, imitant et outrepassant la discipline du ballet occidental. Mais même au sein de ces rangs et de ces lignes, je crois bien que ce qui parvient à charmer, à leur insu, les amateurs de ce genre de spectacle, ce sont les infimes dissidences d'une courbe de nuque, d'un galbe de mollet, d'un volume de cuisse, d'un voile s'envolant plus haut que les autres. Seuls les défilés militaires et les grandes célébrations totalitaires semblent parvenir à l'impossible abdication de toute différence, transformant les soldats en éléments de jeux de construction, les citoyens en points de canevas géant. Mais sous les casques et les uniformes qui sait si quelque pensée, quelque émotion dissidentes ne palpitent pas encore ? Et on est loin de la danse.

Les danseurs ne sont pas des robots, et c'est bien leur charme. À la Belle-Époque des abonnés de l'Opéra, ces messieurs n'étaient pas dupes lorsqu'ils venaient distinguer une petite danseuse du rang pour jeter sur elle leur dévolu. Autres temps, autres mœurs, fort heureusement. Fort heureusement et pas toujours consciemment, les infimes variations de posture, d'allure et d'expression font la séduction de la troupe vivante.
Je me rappelle mes longues contemplations enfantines devant ces clichés de corps de ballet où je cherchais, parmi ces ballerines alignées, à laquelle je pourrais m'identifier. Car le rêve de toute apprentie ballerine, c'est précisément de sortir du rang. Pour cela, il lui faut d'abord y entrer mais pour s'y distinguer, laisser voir ce je ne sais quoi d'infinitésimalement différent qui fera émerger la soliste.

En réalité, l'unisson n'existe pas en danse. Chaque corps, de par son unicité morphologique, déploie une ligne mélodique singulière. On peut régler la fréquence et l'amplitude des vibrations corporelles pour les mettre au diapason ; le chœur qui en résultera sera toujours polyphonique.
Certes, Angelin Preljocaj déclare à Rosita Boisseau que « l'unisson donne de l'énergie et de la cohésion au groupe. Sans compter que les interprètes adorent ». Certes, comme les choristes vocaux, ils éprouvent dans le chœur une jubilation faite d'énergie reçue, transmise et décuplée. Mais jamais il ne ressentira la fusion des chants monophoniques, comme par exemple les chœurs grégoriens, où chaque timbre de voix se fond dans un ensemble, où l'on chante à proprement parler d'une seule voix. Ce n'est pas pour rien que tout danseur contemporain jouit du statut de soliste dans les conventions collectives : s'il advient qu'un seul soit remplacé, la chorégraphie dans son ensemble s'en

trouve modifiée.[161] En réalité, ce que « les interprètes adorent » c'est d'être soi, irremplaçable, inimitable, dans le grand ensemble, c'est de jouer chacun sa partition dans l'œuvre commune. C'est justement parce qu'on ne danse jamais à l'unisson.
Toute danse, même chorale, est polyphonique.

En 2012, au festival d'Avignon, Olivier Dubois, commentant sa création *Tragédie*, creusait la réflexion sur ce phénomène. Cette pièce est une plongée dans la chair du chœur antique, d'où son titre. Mais un chœur dépouillé de tout voile, dénudé. La nudité montre à l'évidence que l'uniformité est impossible ; les morphologies suffisent à dénier l'unisson. Longilignes ou râblés, maigres ou ronds, tous les corps concourent à la polyphonie des beautés.
Mais alors, pourquoi l'identité de la partition chorégraphique ? Pourquoi ne pas s'adonner au génie de la danse libre ? C'est que, explique Olivier Dubois[162], la contrainte extrême, le « cadenassage » de la composition chorégraphique selon des règles aussi strictes que celles de la versification classique, permet que « la moindre transgression dégage une liberté colossale ». Du « poème anatomique » naissent la différence et la jubilation partagée avec le public, car « le corps est en commun et il concerne tout le monde. » Tout le monde et chacun, spectateurs comme danseurs.
Le corps est en commun au point que le lien profond entre les singularités de la scène et les singularités de la salle, la nudité des neuf femmes et des neuf hommes qui évoluent sur le plateau

---

[161] Il découle de la réflexion faite plus haut au sujet des ensembles classiques que ce statut de soliste devrait bien revenir également aux membres des corps de ballet. Mais ce serait une révolution...
[162] https://www.theatre-contemporain.net/spectacles/Tragedie/videos

esquissent la possibilité « d'un troisième genre, un genre de l'art. »

L'androgynie des danseurs et danseuses est un phénomène ancien. Il est, certes, lié à des facteurs socio-culturels et historiques. Mais, par-delà les circonstances et les modèles, ne témoigne-il pas de la quête d'une essence humaine unissant le féminin et le masculin ?
La pulsion de danser ne vient-elle pas des premiers mouvements de la vie, antérieurs aux rapports de genre ? Ne puise-t-elle pas dans les profondeurs de l'énergie cellulaire, dans la mémoire primale de la matière corporelle ?

### La matière lumineuse de la danse

*The Seasons' Canon*, chorégraphie de la bien prénommée Crystal Pite, malaxe la lumineuse matière humaine du ballet de l'Opéra de Paris. Les mêmes danseurs qui s'efforcent vainement à une uniformité habillée de satin, de tulle et de velours lorsqu'ils interprètent le *Lac des Cygnes*, évoluent ici le torse nu, les jambes fourrées dans un pantalon de treillis couleur terre.
L'éclairage par les cintres illumine et sculpte les torses, laissant le bas des corps dans une pénombre brune. De même pour le décor : un plateau nu, couleur terre de Sienne, que surplombe un ciel d'un sombre profond strié de luminescences météoriques.
Les *Quatre Saisons* de Vivaldi se déroulent, restructurées par le compositeur Max Richter.
Une étendue de dos courbés sort lentement de la pénombre, formant une espèce de banc mouvant. En émergent çà et là des têtes vibrantes qui replongent aussitôt dans la nappe lumineuse des torses horizontaux et qui, par l'accélération de leurs surgissements, provoquent des ondulations, des vagues

éloignant quelque peu les corps sans les disperser. L'ensemble s'anime de translations, de reptations internes sans jamais perdre son unité organique. Viennent des soulèvements épars, des migrations locales qui déforment, amplifient et contractent le grand corps collectif dont chaque membre déploie une vie propre et néanmoins fusionnelle. De l'ombre sourd un chœur de femmes, chaînes souples et plastiques, aux têtes dociles et rebelles tout à la fois. Les bras se font antennes réactives, pattes graciles et articulées. Puis soudain surgit un chœur viril, fulgurant, flamboyant, tournoyant, bondissant. Chaque individu déploie pleinement son activité propre tout en restant organiquement relié à tous les autres Reptations roulées puis immobilité au sol tandis qu'une galaxie descend et s'étend au-dessus des corps. Ceux-ci soudain se redressent, se fondent en une ligne frontale, unique colonne vertébrale qui se hérisse de bras comme autant d'antennes fébriles.

Et de nouveau tous étendus au sol sous une pluie scintillante. Une nouvelle fois un corps émerge, porté par certains, ré englouti dans les profondeurs tandis qu'un autre s'exonde, puis un autre, puis tous.

Retour de la nappe de dos courbés, mouvante, soulevée de lames de fond, traversée d'ondes fuyantes, gonflée et creusée d'une houle profonde, fendue de torpilles filantes, se refermant sur elle-même et retournant au calme plat.

Matière humaine lumineuse, plastique, changeante, palpitante.

Où l'individualité se déploie dans la corporéité d'un vaste champ magnétique.

Où chaque corps rassemble à sa façon, unique, la matière dont il est composé. Matière commune et intime.

Contempler cette chorégraphie me procure tout à la fois sérénité et exaltation. J'y vois l'émergence cyclique d'individualités, de matière en fusion, d'élans, de naufrages, de résurgences… C'est une métamorphose perpétuelle où chaque niveau de la matière s'illumine en accédant sans cesse à un degré supérieur de réalité. Toute danse consiste à passer d'une perfection à une perfection supérieure. Toute danse est joie.

### La danse, la joie

Repensons à la *danse de la conscience* qui se déploie en volutes réflexives à partir et au-dessus d'elle-même en une sempiternelle spirale ascendante : à chaque boucle, le sujet s'élève au-dessus de ce qu'il était à l'instant précédent, tout en restant lui-même. Il est à la fois son propre axe vertical et la volute qu'il déploie. Je serais tentée de nommer *transascendance* ce mouvement émanant du sujet, par lequel il se dépasse tout en restant lui-même, ajoute une expérience à ses expériences antérieures, ajoute de l'être à son être. Il passe d'une réalité existentielle à une autre, plus riche.
La spirale *transascendante* de la conscience se déploie continuellement dans la vie pratique : apprendre à marcher, à parler, à écrire et compter, à vivre avec l'autre, à vivre du monde et à s'en nourrir, à faire de la bicyclette, à surfer sur les vagues ou sur la grande toile, que sais-je encore ? Toute vie est une envolée serpentine. Il ne s'agit pas là d'une vision idyllique des choses : une vie de violence ou de haine, une vie d'autodestruction est aussi une spirale superposant expérience sur expérience. Mais dans ces derniers cas, l'axe du moi autour duquel le tourbillon s'enroule s'est vidé de sa substance nourricière : la relation heureuse à l'autre. Il s'est fait œil d'un cyclone dévastateur, tornade de joie mauvaise, de passion triste, comme aurait dit Spinoza. Son axe central ainsi vidé, il tarit sa

propre source, vouant sa jouissance perverse à s'étioler et à se racornir en ressentiment.

La transascendance amoureuse de la vie dégage une joie, celle d'éprouver que l'on est passé d'un accomplissement à un sur-accomplissement, d'une jouissance à une sur-jouissance, elle-même appelée à se renouveler et à se redoubler encore et encore. Car « l'essence de la réflexivité pratique désirante est le désir perpétuel de combler la distance entre l'expérience passée de la jouissance et l'expérience présente de son absence. »[163] Et on a vu que, dès ses premiers déploiements, cette spirale ascendante de la conscience de soi passe et repasse par la relation à l'autre.

La danse – la *transascendanse* – dont la spirale est une des figures majeures, est l'expérience de cette expérience, la réflexivité de la réflexivité, en quelque sorte.
La danse est l'art de se délecter de l'acte même de la conscience, de sa faculté de se fléchir et réfléchir sans cesse sur elle-même. Comme l'épileptique qui peut se survoler lui-même, comme l'Idiot de Dostoïevski qui atteint des moments de « pur accroissement de la conscience de soi », c'est-à-dire de joie, le danseur démontre la possibilité pour tout être humain de s'écrier : «Oui, pour ce moment-là, on peut donner toute sa vie ! »[164] Nadia Vadori-Gauthier ne dit pas autre chose : « Je craque l'allumette du présent. […] Je porte la vie à incandescence, puis elle se conserve sous forme de cristaux de temps. »[165]
Nourrie de la bien qualifiée vie *courante* qui poursuit but après but, elle s'offre la liberté de s'en extraire pour jouir du seul mouvement, pour lui-même, sans autre objectif. La danse est jouissance de la course à la jouissance, pure jouissance en acte,

---

[163] Robert Misrahi, *Les actes de la joie*, PUF, 1987, p.25.
[164] Fedor Dostoïevski, L'Idiot, trad. André Marcowicz, éd. Actes Sud, 1993, p. 375-376
[165] Nadia Vadori-Gauthier, *Danser, résister,* ouvrage collectif, éd. Textuel, 2018 p.12, 23

pur désir, pure joie d'être. Ancrée sur l'expérience primale du différé et de l'anticipation d'un désir toujours intentionnel, orienté vers le monde, toujours adressé à l'autre, la danse n'est autre que la jouissance de ce mouvement pour lui-même, pour la pure joie de se sentir sujet désirant. « On danse le désir, qui volte en désir de danser »[166], écrit Michel Guérin. C'est pourquoi la danse peut tout aussi bien évoquer la diversité des intentions en représentant la vie courante – le manger, le boire, le chasser, le rêver, l'aimer -  que se déployer en deçà de toutes ces pantomimes dans le pur élan d'être qui est son essence.
Autrement dit, la danse peut se décliner en art narratif racontant un scénario, en évocation figurative de mondes imaginaires, aussi bien qu'en chorégraphie abstraite  nommée « danse pure ».
Le *bharata natyam*, par exemple, danse traditionnelle de l'Inde du sud, excelle à conjuguer tous ces aspects qui se succèdent au cours du spectacle : danse-prière d'ouverture, puis séquence purement rythmique qui conduit à l'évocation poétique puis à la narration épique virant au lyrisme, pour se clore sur une variation purement virtuose et une ultime invocation sacrée. À travers toutes ces formes, c'est l'énergie vitale, le pur mouvement d'être, qui mène la danse.
Abstraite ou narrative, la danse est joie qui se nourrit d'elle-même, qui transcende et guérit les souffrances de l'existence, tant il est vrai que « poursuivre la joie devient une joie »[167] et que « désirer, c'est en effet commencer de désirer, puis désirer désirer, et se réjouir de désirer. »[168] C'est le propre du désir, comme poursuite de la joie, de s'autoalimenter, d'être sa propre source, de jaillir de lui-même.
La danse est ce jaillissement.

---

[166] Michel Guérin, *Philosophie du geste*, éd. Actes Sud, 2011, p.74.
[167] Robert Misrahi, *Les actes de la joie*, PUF, 1987, p.60
[168] Robert Misrahi, *La jouissance d'être*, rééd. Encre marine, 2009, p.122

CHAPITRE VI

# La jubilation du dauphin

> L'allégresse dit la danse de la conscience, sa légèreté libertaire et dense, et la profondeur des lieux où elle puise son inspiration scintillante ou sa rayonnante vivacité.
>
> Robert Misrahi[169]

Jaillissement, envol, suspension, chute, plongeon, descente dans les profondeurs, rebond, saut, soubresaut, course, ondulation, spirale, torsion, cambré, cabriole, souplesse, grâce, vigueur, jubilation…

Parle-t-on de Nijinski ? De Noureev ? D'Isadora Duncan ?

Je parle de mon maître de danse naturel, je parle du dauphin, de sa mobilité, de sa vivacité, de sa jubilation. Le dauphin évolue en spirale, comme la conscience même. Ses sempiternels cycles de sauts, de plongeons, de nage coulée, le propulsent toujours en avant de lui-même. Un dauphin ne tourne pas en rond : il avance, il file, toujours au-delà. Il est l'étrave du présent qui fend la matière mouvante de la vie.

Les Anciens le considéraient comme le guide des marins, le compagnon d'Ulysse, mais aussi des poètes, tel Arion qu'il ramena sur son dos jusqu'à Corinthe après qu'il fut poussé à se jeter à l'eau avec sa lyre.

Quel pilote, en effet : n'apprend-on pas, dans son sillage, à jaillir, s'envoler, se suspendre, plonger, et rejaillir, comme dans toute

---

[169] Robert Misrahi, *La jouissance d'être*, réèd. Encre marine, 2009, p. 408

vie ? Toute vie est une odyssée, une danse sur les flots de l'existence, à travers bonheurs et avanies, ascensions, jubilations, dégringolades et extases.
Suivons le dauphin coryphée.


## Jaillir

Qui ne s'est jamais émerveillé devant la force de la vie qui surgit ?
Car elle surgit, plutôt qu'elle n'apparaît. Les petits mammifères, aussitôt nés se hissent sur leurs pattes, se ruent vers les tétines, luttant entre eux. Poussée phénoménale du vouloir-vivre. Les plantes ne sont pas de reste. C'est un émerveillement de saisir les signes annonciateurs de la levée des semis : le craquèlement de la terre que le prétendument faible haricot est capable de pourfendre avant de la percer de son échine arrondie en forme de crosse. Quant à la lente pousse souterraine du cristal, n'est-elle pas capable de se creuser un habitacle dans le roc ?
Pour sa part, le petit humain, dans les limbes de l'utérus déjà, bagarre des poings et des talons pour développer son squelette et repousser les parois trop étroites de son espace vital. Quelle lutte ! Puis, dès qu'il arrive à l'air libre, il crie, il expectore son effort, il proclame son conatus, sa poussée de vie.
Freud distingue les pulsions de vie et les pulsions de mort ; son disciple Erich Fromm oppose la biophilie à la nécrophilie. Je me demande si pulsion de mort et nécrophilie ne sont pas de simples perversions du vouloir vivre se retournant contre lui-même par excès d'amour, par dépit. Peut-être trouverai-je quelques éclaircissements sur cette question quand je plongerai dans les gouffres de la perte et de la résurgence de soi, en suivant le proverbe égyptien « Si tu es au fond du gouffre, ouvre bien les

yeux, un dauphin s'y trouve aussi, qui peut te conduire vers la sortie »,

Pour le moment ce sont divers aspects de l'élan de vivre qui vont me propulser dans l'exploration de la vie, cet élan qui ne m'a pratiquement jamais quittée depuis ma naissance, que j'ai proclamé dès ma petite enfance, que j'ai engagé dans la danse, et dont j'aimerais tant qu'il soit communicatif.

### L'élan qui fait tout

C'est une anecdote tellement ancienne que je ne m'en souviens pas directement. Mais je l'ai si souvent entendue raconter qu'elle accompagne et guide toute ma vie.
Je devais avoir quatre ans, cinq tout au plus. Avais-je gravi d'un bond deux marches d'escalier ? Avais-je enjambé une bordure de fleurs ou exécuté une pirouette acrobatique ? Probablement avais-je capté l'attention de toute la famille par un claironnant : « Regardez ce que je sais faire ! ».
Ce que la mémoire familiale a retenu et répété, c'est que, une fois l'exploit accompli, j'avais doctement expliqué : « C'est l'élan qui fait tout ! »
C'était resté. La sentence, lancée du haut de mes quatre-vingt centimètres, avait fait grosse impression et me fut par la suite souvent rappelée par ma mère avec dans son regard un mélange gratifiant d'amusement et d'admiration dont je suis encore très fière.

Cet élan juvénile, cette infatigable impulsion physique, me reliait à la nature. J'ai déjà dit que je la ressentais tout spécialement en Lozère, berceau de ma famille paternelle, région que j'ai toujours fortement aimée.

J'aimais, le soir, regarder le soleil se coucher derrière le Rocher de Rochefort. Cette contemplation vespérale apaisait un peu mon impétueux élan de vie, en même temps qu'elle le renouvelait par la promesse des journées à venir. Car j'avais couru tout le jour sur les sentiers schisteux, brillants sous le soleil, dans l'odeur chaude des buis et le crépitement des gousses de genêts. Je m'étais ruée à l'assaut des talus épineux pour découvrir, depuis leur crête, les vallons et les serres qu'ils me dissimulaient. J'avais consolé mes mollets griffés en traversant les caressantes prairies de stipes cheveux d'ange. J'étais redescendue me glisser comme une anguille entre les lanières onctueuses du Tarnon, repoussant par ma brasse les feuilles flottantes et faisant fuir les araignées d'eau. Je m'étais séchée sur les rochers cuivrés, plaquée à même leur croupe brûlante. Mes genoux, agacés de fatigue, réclamaient encore des marches, encore des escalades pour le lendemain. [170]

Maintenant septuagénaire, je garde quelque chose de cet élan. Je monte encore les marches deux par deux, c'est tellement moins fatigant que de les gravir lentement ! Plus je prends de l'âge, et plus cela m'est nécessaire. Et je me lève souvent le matin dans une impulsion joyeuse vers la nouvelle journée qui commence. Encore une !
Un jour, je le sais bien, cette ardeur me manquera. Elle commence déjà à me faire défaut, parfois. Mais j'ose croire que mon corps s'en souviendra et la portera encore, en corps... J'en veux pour preuve la sensation fidèle d'être mue par la danse. J'ai dansé toute ma vie, dès l'école maternelle, j'ai été folle de danse à partir de dix ans, je suis devenue une professionnelle du mouvement. Et puis je suis passée à autre chose et j'ai donné, durant de longues années, la priorité à l'accompagnement de fins

---

[170] Adapté de *La nuit des nuits,* in Nelly Costecalde *Les nouvelles d'outre-temps,* éd. Lacour, 2013, p.46

de vies aimées. La danse dormait au fond de moi, mais d'un sommeil léger, prêt à laisser rejaillir l'élan-qui-fait-tout. Entretemps mon corps vieillissait, des poussées d'arthrose me transformaient parfois en mannequin douloureux. Mais je trouvais toujours assez de mobilité dans les bras, les mains, la pose du pied, pour esquisser quelques pas rythmés et faire sourire mon entourage en lançant : «Regardez, j'ai la danse en moi !».
Enfin, en m'inscrivant à un cours de conscience corporelle (méthode Feldenkrais), j'ai trouvé en même temps un cours de danse contemporaine. Et me suis remise à pratiquer la danse. Elle était toujours en moi ! Belle au Bois dormant n'attendant qu'un baiser pour se réveiller. Je danse donc de nouveau. Dussé-je un jour m'arrêter définitivement, je danserai encore, jusqu'à la fin. Car la musicalité circule à jamais dans mes membres et dans mon imagination. Tout geste est musique pour moi. Musique parfois heurtée lorsque je me montre maladroite, musique cocasse lorsque je chorégraphie par jeu mes déplacements d'une pièce à l'autre, mes descentes d'escalier, ou bien la prise et pose d'objets…
J'ai dansé, alors je danse.
Car c'est l'élan qui fait la danse.

Oserais-je avancer que, si par malheur je me trouvais paralysée, mon élan persisterait, propulserait mon fauteuil et mon esprit ? Arrogance ? Jean-Dominique Bauby me permet d'espérer que non.

### L'élan intérieur

Le 8 décembre 1995, Jean-Dominique Bauby, quadragénaire en plein essor, père de famille et rédacteur en chef du magazine *Elle*,

a été brusquement frappé d'un accident vasculaire qui l'a paralysé entièrement, à l'exception de l'œil gauche.
Avec cet œil, il a dicté un livre de 137 pages où il déploie l'immensité de sa vie intérieure. Et c'est bien le cas de parler de vie *intérieure*, d'une incroyable vigueur, d'une poignante lucidité. Dans un état d'immobilité totale, quel élan de vivre et d'aimer encore ! Quelle réactivité et quel humour !
Il faut lire ce livre hors du commun[171].

Je pense surtout à ces moments étonnants, drôles, jubilatoires, où il raconte ses visites au portrait de l'impératrice Eugénie qui trône dans la grande galerie de l'hôpital maritime de Berk. L'épouse de Napoléon III a en effet été la marraine de cet établissement qui accueillait alors des enfants malades.
Face à l'image plate et figée accrochée au mur, lui-même enfermé dans le scaphandre de son corps totalement rigide, Jean-Dominique s'envole sur l'aile de son œil-papillon, s'élance en de voluptueuses danses avec la froufroutante souveraine, emporté par les accents d'un orchestre fantasmatique.
Un jour il distingue en surimpression un visage hideux, grimaçant, qui s'interpose entre la belle dame et lui. Il comprend que ce monstre n'est autre que son propre reflet dans la vitre. Personne, bien sûr, n'avait eu la cruauté de lui tendre un miroir jusque-là. La catastrophe est si terrible qu'elle déclenche chez le paralytique un fou-rire rentré certes, mais qui, dans les divagations de son vouloir-vivre forcé, se communique à Eugénie. Ils rient ensemble, ils se tordent de rire. Jean–Dominique et Eugénie se lancent dans une valse vertigineuse d'autant plus grisante qu'elle se déroule à l'insu de tous, d'autant plus étourdissante qu'elle est restée immobile, d'autant plus grisante qu'elle n'a pas eu lieu.

---

[171] Jean-Dominique Bauby, *Le scaphandre et le papillon*, éditions Robert Laffont, 1997

Je raconterai plus loin une expérience semblable de rire salvateur dans la dérision mais –gardons les proportions- dans des circonstances infiniment moins tragiques.

### Mouvement mental

Ce qu'il y a de bouleversant dans le drame de Jean-Dominique Bauby, c'est que, à travers son expérience extrême, par le seul truchement des battements d'une paupière, il nous parle de nous-mêmes. Il nous montre à quel point il est resté, à l'intérieur de son scaphandre, un homme comme les autres. Un peu comme s'il nous disait : « Si, dans mon enfermement, je vis tout comme vous, c'est que vous avez vous-mêmes l'expérience du mouvement dans l'immobilité. »

Et je me rappelle ce rêve récurrent : je rêve que je cours devant une mystérieuse menace qui me poursuit. Course le plus souvent entravée par je ne sais quelle torpeur fatale, mais course tout de même, par la phénoménale énergie qu'elle mobilise et qui, au moment où je rate la marche d'un escalier salvateur, me réveille en sursaut. Mon cœur bat à rompre, une tringle embroche douloureusement mes jambes, je transpire, je halète. Mon corps entier est tendu dans l'effort figé. Pourtant je n'ai pas bougé.

Qui n'a contemplé un chat en train de chasser en rêve ? Les moustaches frémissent, les pattes s'agitent a minima. Tourmente intérieure dont on ne perçoit que d'infimes indices.

Les neurologues disent que la seule pensée d'un geste mobilise l'appareil moteur, déclenche une amorce invisible du mouvement. Ce phénomène entre d'ailleurs pour une grande part dans l'apprentissage moteur. Inutile de s'acharner pendant des heures à exécuter une figure de danse. Il vaut mieux, dès qu'on a plus ou moins réussi le pas, le tour ou le saut difficile, arrêter l'entraînement, se rhabiller, prendre une bonne boisson chaude et vaquer à d'autres occupations. Et le soir, au moment de s'endormir, y repenser, rêver qu'on réussit, puis se laisser emporter par d'autres songes. Le lendemain on s'étonne de la facilité avec laquelle on réussit ce qui la veille semblait une prouesse.

Il en est de même pour l'apprentissage d'une langue, d'un texte, ou la résolution d'un problème de mathématiques. Un chemin mental s'est frayé, une voie s'est ouverte.

Mais cette expérience a pour moi de tout temps été particulièrement savoureuse dans le registre corporel. J'ai déjà évoqué les beaux instants qui précédaient une représentation du *Théâtre du Mouvement* : allongés au sol, nous nous concentrions, immobiles et décontractés, en un « filage mental » de la pièce. Sur nos visages, sous nos paupières et dans nos corps passaient discrètement des amorces de mouvement, des frissons de musicalité.

Mais il y avait encore plus beau, plus profond : c'était lorsque nous travaillions sur la miniaturisation du mouvement que nous répétions en le diminuant à chaque cycle, jusqu'à ce qu'il devienne une simple trace mentale imperceptible pour l'observateur. Et pourtant, en nous, nous bougions encore ; ce souvenir de mouvement était le mouvement tout entier, virtuel, prêt à renaître. Un simple signal, et nous lui redonnions de la chair, une forme, du volume, nous le redéployions, nous l'amplifiions, le dilations, le distendions jusqu'à toucher aux confins de l'espace. Là, dans l'extrême agrandissement, juste avant qu'il ne se perde et ne se dissolve dans l'infiniment grand, nous trouvions l'infime contraction permettant de le rattraper, de le ramener dans l'espace humain, de le resserrer dans des dimensions vivables, de le concentrer dans la sobriété, la discrétion, l'esquisse, et puis enfin dans le secret d'une trace. Juste une amorce. Mais prête à repartir.

**Disponibilité et amplitude**

Le corps se tient toujours disponible, apte à miniaturiser le mouvement ou à le redéployer dans les grandes dimensions. Rêve d'infiniment petit et d'infiniment grand, rêve cosmique. Ce n'est pas pour rien qu'on nomme *étoiles* ceux qui brillent au firmament de la danse classique.

Les étoiles danseuses, je les ai contemplées au cours d'une longue rêverie nocturne sur le causse Méjean et, parfois, je me remémore le spectacle :

« Le ciel revêt sans hâte sa grande tenue d'août, majestueux manteau de velours sombre et pailleté. Et la chorégraphie des météores commence. Tout d'abord, des solistes s'aventurent en de larges traversées, ouvrant la voie aux coryphées, lesquels, en de fulgurantes diagonales, entraînent à leur tour des nuées de ballerines scintillantes, bondissant d'on ne sait quelles coulisses du monde pour aller s'y ré engouffrer tout aussitôt. »[172]

Bondir des coulisses, c'est le rêve du danseur. Même si l'entrée en scène se fait doucement et progressivement, c'est toujours une soudaine parution : ça y est, je suis visible du public, je le sens palpiter, ça y est, je suis dans le feu des projecteurs… Je suis transfigurée, je suis une autre. Je suis moi-même et davantage que moi-même ; une aura lumineuse m'enveloppe, me magnifie. Qu'importe ma véritable taille, on est toujours grand sur scène. Quand on danse on passe dans d'autres dimensions. Il n'y a pas de danse étriquée ; une danse étriquée n'est pas une danse. Même une danse minimaliste, qui cherche l'infiniment petit, par cet *infiniment*, cherche la grandeur du petit.

---

[172] Nelly Costecalde, *La nuit des nuits*, in *Les nouvelles d'outre-temps*, Lacour, 2013, p.55

Mais la grande joie, c'est d'entrer en un saut.

Je me rappelle avec délice deux de mes élèves adolescentes qui, devant bondir sur scène juste au paroxysme d'une montée musicale, se préparaient en coulisses, tendues, vibrantes, jubilantes, certaines par avance qu'elles réussiraient et réussiraient ensemble.

Elles réitéraient à leur façon, à leur mesure, l'exploit mémorable de Nijinski surgissant de nulle part, sans même éveiller la belle endormie qui rêve de la rose qu'elle portait hier au bal et dont il est le spectre immatériel et surpuissant.[173]

Plus récemment, ce fantasme de l'entrée en scène bondissante et surhumaine a été magnifiquement incarné dans le film *Billy Elliot* dont le héros, enfant pauvre du nord de l'Angleterre pris de passion pour la danse, envers et contre la réticence de sa famille et qui, au terme d'une longue métamorphose, devient danseur étoile. La dernière séquence montre son dos puissant, frémissant, d'homme-cygne concentrant toute son énergie pour bondir sur scène. Et l'image de fin est un envol.[174]

## S'envoler

Voler est un vieux rêve humain.

De nombreuses légendes en témoignent. Une des plus anciennes est celle du roi babylonien Étana : pour le remercier de l'avoir soigné, un aigle l'emporta sur son dos pour aller quérir dans les cieux l'herbe magique qui guérirait la reine. On se souvient de l'exploit de Bellérophon qui vainquit la Chimère en montant Pégase, le cheval ailé ; on rêve toujours de tenter, comme Icare, de s'élever de ses propres ailes jusque dans l'azur.

---

[173] *Le Spectre de la Rose*, chorégraphie de Michel Fokine, musique de Weber et Berlioz, Opéra de Monaco, 1911
[174] Stephen Daldry, *Billy Eliot*, long métrage, Royaume-Uni, 2000

S'agit-il d'aspiration à l'immortalité ? « Puisque les dieux sont immortels, pourquoi n'irait-on pas, comme pour le feu, […] leur ravir au sein même des cieux le précieux privilège ? », se demande Jacques Lacarrière[175] qui remarque que ces « conquérants du ciel » sont des hommes supérieurement doués : Étana est un roi puissant, Bellérophon accomplit des travaux dignes d'Hercule, Icare est le fils téméraire de Dédale, cet architecte, sculpteur et inventeur génial. Ce sont des surhommes capables de se survoler eux-mêmes, des inspirateurs de Zarathoustra : « Maintenant je suis léger, maintenant je vole, maintenant je me vois au-dessous de moi-même, maintenant un dieu danse en moi. »[176] Quelle que soit l'issue de leur entreprise, ils planent nettement au-dessus de la condition humaine ordinaire.

Bien différente est la belle aventure de Christian Moullec, qui vole avec les oies sauvages à bord d'un ULM. À le voir et à l'écouter, il ne semble pas se croire au-dessus de qui que ce soit ; il navigue au contraire volontiers au-dessous des oiseaux, ou parmi eux, jubilant de pouvoir parfois les effleurer en vol. C'est pour eux qu'il œuvre, pour la survie des bernaches nonettes et des oies naines. Il ne se prend manifestement pas pour un surhomme à moteur. Bien harnaché à son petit appareil à deux places, il dit partager avec son épouse ou tout autre passager « des instants d'éternité ».

Étana, Bellérophon, Icare, Moullec s'accrochent à un animal ou à des appareils volants.
D'innombrables « fous volants », ont tenté de fabriquer, voire de rafistoler des chaussures, des ballons, des aéro-vélos et autres tapis volants… En atteste l'exposition *Envol* proposée pendant

---

[175] Jacques Lacarrière, *Au cœur des mythologies*, éd. du Félin, 1999, p ; 242
[176] Friedrich Nietzsche, *Ainsi parlait Zarathoustra*, éd. Poche, 1963, p.53

l'été 2018 par la Maison Rouge, à Paris. On y voit même un petit film où un certain Gino de Dominicis tente obstinément, sans aucun artifice, de décoller en battant des bras en haut d'une montagne.[177] Il sait que sa tentative est sans espoir pour lui-même, mais il ne la tient cependant pas pour vaine : si des générations à sa suite persévèrent dans cet essai, un jour, peut-être, les bras de nos lointains descendants se muteront en ailes… Vaslav Ninjinski était optimiste à plus court terme : lui qui avait émerveillé le monde par ses sauts hors du commun, promettait à sa fille qu'elle le surpasserait et qu'elle, volerait.
Car c'est bien l'utopie que courtise le danseur : décoller de ses propres forces, s'élever de ses propres ailes. En attendant, il saute et il soustrait ses partenaires à la pesanteur dans l'art des portés.

Le chorégraphe Angelin Preljocaj, dans son ballet *Le Parc*, a réglé un sublime duo pour Aurélie Dupont et Manuel Legris. En un long baiser, la femme décolle et virevolte en apesanteur, seulement rattachée à la terre par ses lèvres unies aux lèvres de l'homme, lui-même virevoltant au sol. Enfin, au terme d'un long vol plané, elle repose pied à terre et les deux amants titubent, ivres de la gravité retrouvée.

La danse, si elle se rêve affranchie de la pesanteur, s'avère toujours, en fin de compte un jeu passionné avec la gravité, une longue histoire d'amour entre l'homme et la terre. L'aspiration à l'envol n'est qu'un rêve d'infidélité passagère, un phantasme d'arrachement à la terre bien-aimée aussitôt retrouvée, une sempiternelle déclaration d'amour à celle qu'on ne peut quitter.

---

[177] Gerry Schum, *Identifications*, court métrage, 1970. Vu à l'exposition *L'Envol*, Maison rouge, juin-octobre 2018.

Y parvient-elle, Julie Nioche, lorsqu'elle plane comme en songe dans *Nos solitudes*[178] ? Suspendue, comme endormie, à de multiples fils dotés de contrepoids qui s'abaissent quand elle s'élève et s'élèvent quand elle redescend, elle plane, entre deux altitudes, sereine et comme bercée par les poids qui balancent et veillent sur sa sécurité autant que sur sa filiation à la terre.

Histoire d'amour avec la terre et la pesanteur…

Admirons Darvich Khan, qui, dans son *Jardin des pierres*[179], saute, se prosterne, salue le soleil, baise les cailloux, rafle au sol des poignées de sable qu'il projette au ciel, comme s'il voulait que des échantillons de la Terre s'envolent avec lui. Il nous montre que le désir d'envol est une aspiration terrestre. « Je deviens un morceau du monde. Un assemblage d'atomes et de vide, d'eau et d'air, une partie du monde comme la mouette, la mer, le ciel. Appartenir, c'est l'envol. […] L'envol, c'est ça : […] c'est être si présent au monde qu'on s'atomise », écrit à son sujet Marie Darrieusecq.[180]

Dans son essor, emporter dans le ciel des fragments de la Terre. Intention touchante. Mais les noces de la Terre et du Ciel sont consommées depuis longtemps ; la terre ne plane-t-elle pas depuis quatre milliards et demi d'années dans l'immensité du ciel ?

Gaïa et Ouranos convolent toujours…

Le rêve d'élévation, un culte à la déesse chtonienne, une tentative pour célébrer sempiternellement les noces de la Terre avec le ciel.

---

[178] *Nos solitudes*, 2010, conception, chorégraphie, interprétation Julie Nioche, musique Alexander Meyer, captation vidéo vue à l'exposition *L'Envol ou le rêve de voler*, Maison Rouge, juin-octobre 2018.

[179] Darvich Khan, berger sourd, qui ornait les arbustes du désert de Datch-i-Lout (Iran) avec des pierres trouées, filmé par Parviz Kimiavi, *Le jardin de pierres*, 1976, vu lors de l'exposition L'Envol ou le rêve de voler.

[180] Marie Darrieusecq, *Quitter le sol,* in catalogue de l'exposition l'*Envol ou le rêve de voler.*

Mais n'oublions pas que la Terre, bigame, est aussi mariée avec le vivant. Notre danse nuptiale, par son goût pour « l'élévation lente ou vive, rejoue la poussée universelle du vivant dans son rapport avec le sol, avec l'émergence et l'affirmation de soi [...] dans l'entre-deux de la terre quittée et du ciel exclu », médite Michel Guérin.[181]

Le ciel est pour nous un lieu de rêve, pas de vie, sauf à nous enserrer dans des appareils, capsules et scaphandres de facture bien terrestre. Essayons quelques instants de nous prendre pour Icare ou Bellérophon, Christian Moullec ou pour tout autre passager d'un avion, d'un ULM ou d'un deltaplane et imaginons-nous en train d'observer des danseurs à terre : ils sembleront plaqués au sol. Revenus sur terre auprès d'eux : leurs bonds seront phénoménaux.

Plus que de vol, le saut du danseur est un rêve d'envol.

Les rêves de vol sont connus et interprétés en psychanalyse. Mais les rêves d'envol, juste de décollage ?

« J'ai dix-huit ans. J'ai délaissé ma lecture, cédant au chat le magazine qu'il convoitait pour s'y étendre, et je regarde le soleil se coucher derrière Rochefort. J'ai dix-huit ans, l'âge de tous les possibles. Une infinité de vies fourmille dans mon corps. J'aspire à la connaissance, au jeu, à l'art, à toutes les créations, à tous les enfantements ; je vibre de toutes les amours espérées.

En face, les pentes vibrent, elles aussi. De chaleur accumulée. Je crois les entendre grésiller tandis qu'elles se laissent engloutir par l'ombre montante ; j'attends la fin de leur naufrage, lorsque les ténèbres auront submergé la couronne du plateau. C'est imminent : seuls quelques créneaux resplendissent encore. Je me brûle les yeux à guetter la bascule de la lumière. Après quoi,

---

[181] Michel Guérin, *L'Espace plastique*, éd. La Part de l'Œil, 2008, p. 53

j'attendrai les étoiles filantes, ces sœurs lointaines qui nous visitent chaque année.

Mais voilà que le soleil ressort pour rattraper ses derniers rayons attardés dans l'échancrure de la falaise. Je soutiens l'éblouissement. Alors, fétu de paille aspiré par l'incendie, je m'embrase et m'envole comme une flammèche.

Le temps se suspend, l'espace disparaît.

Suis-je en train de mourir ? Suis-je en train de naître ? »[182]

Être enlevée par le soleil... Ce qui compte plus que le vol, c'est l'envol.

Qu'importe que j'atterrisse sur un haut plateau, qu'importe qu'Étana, Icare ou Bellérophon retombent sur terre ou s'abîment en mer, ce n'est pas ça qui les illustre, on ne s'intéresse pas à leur survie après l'exploit. En 1935, Serge Lifar a tenté d'incarner Icare perdant ses ailes, plaqué au sol ; dans les archives filmées je ne vois que lourdeur et souffrance. J'aurais préféré voir Icare prenant son essor, enthousiaste, accomplissant son destin, faisant fi de son issue.

Ce qui, d'ailleurs, rend Nijinski inoubliable dans *le Spectre de la Rose*, ce n'est pas tant le bond par lequel il atterrit en scène que celui de sa sortie. Après avoir conduit le rêve d'une jeune fille, il s'évapore par la fenêtre. Or, « Nijinski utilisait un effet d'optique. Il avait inventé [...] de briser la trajectoire du saut par lequel il disparaissait en coulisses. Il *se nouait en l'air* », disait Jean Cocteau, afin que les spectateurs imaginent la fin de la trajectoire d'envol [...]. « Je prends une force très grande, mais je n'ai pas besoin de penser à ma chute », disait-il.[183]

---

[182] Nelly Costecalde, *La nuit des nuits*, in *Les nouvelles d'outre temps*, éd. Lacour, 2000, p. 46-47
[183] Françoise Reiss, *Nijinski ou la grâce*, éd. Plon, 1957, p. 21

Non, Nijinski, n'avait pas besoin de penser à sa chute. Car, proclamait-il, « il n'y a pas de chute pour qui tombe en Dieu »[184] Elle n'allait pas tarder, pourtant, la chute ; bientôt son délire mystique le ravirait à la danse et aux siens. On verra plus loin que le spectre de la danse, cependant, continuera à l'habiter. En attendant, il pouvait s'identifier à Dieu et rester suspendu dans ses rêves, planer dans son journal, écrire « Je le signerai du nom de Nijinski, mais mon vrai nom, c'est Dieu. »[185]

Le 27 février 1919, Vaslav Nijinski, dieu de l'envol mais peut-être pas du vol, cosignait plus modestement son journal : « Dieu et Nijinski ». Pas fou au point de confondre Celui qui est censé voler et planer au-dessus de tout et celui qui n'aura su que s'envoler et se suspendre un instant sans penser à la chute.

## Suspendre

Il est un enfant légendaire très célèbre et familier : Peter Pan. Il évolue hors du temps, puisqu'il ne grandit pas, et que son « pays » est le *Neverland, le pays du Jamais*. Ce lieu, parfois appelé *pays du Nulle Part*, flotte hors temps et hors espace. C'est à proprement parler une utopie. Peter se joue du temps et de l'espace ; il vole dans un lieu et une durée sans mesure. On ne sait rien de son vol : il est toujours déjà là ou déjà parti. Le vol de Peter Pan est une parenthèse : « Il ouvre la fenêtre. Un instant après, il revient de plusieurs heures de vol. Tel est le Temps pour lui. Telle est la vie. »[186] Pour lui comme pour le danseur, c'est l'envol qui compte, et l'atterrissage miraculeux.

---

[184] Idem p. 111
[185] Vaslav Nijinski, *Journal*, éd. Gallimard, éd. NRF, 1953, p.269
[186] Henri Michaux, *Plume*, précédé de *Lointain intérieur*, éd. Gallimard, 1963, p.70

Quand les enfants parviennent à le suivre péniblement dans les airs, eux connaissent péripéties, égarements et avanies et ils perdent vite Peter de vue. Lorsqu'enfin ils seront rentrés à la maison, revenus dans le cours de leurs vies, Peter les regardera derrière la vitre désormais fermée, dans une bulle invisible pour eux mais à jamais présent dans la bulle de leur rêve, dans la bulle de leur être.

### Une bulle

Cette bulle, c'est d'abord l'utérus de notre mère, chambre sombre et douillette qui enfle avec nous. Petit à petit, petit à grand, la bulle se développe avec l'enfant dont la croissance écarte la paroi, en fait vibrer les moirures. Lorsque nous mettons le nez dehors, nous nous trouvons brusquement dans une autre bulle, transparente. Petit à petit, petit à grand, nous apprenons, à travers elle, à regarder le monde où chaque vie déploie ses irisations singulières. Réminiscence lointaine des premières membranes cellulaires, seuils d'échanges entre intérieur et extérieur.
À mesure que nous vivons, l'espace intérieur s'agrandit, la lentille de notre conscience nous permet de voir de plus en plus de choses, de plus en plus loin. La conscience est un cristallin qui réfléchit le monde à travers sa courbure.
Cette bulle est aussi une peau ; par elle nous touchons l'univers et il nous touche. Elle est un vaste nez, un immense palais où odeurs et saveurs se mélangent. La bulle est enfin un tympan vibrant, une caisse de résonnance pour les tumultes du monde, sa musique, ses silences.
À nous de l'assouplir, de la lustrer sans cesse, d'éviter qu'elle ne se racornisse, qu'elle ne s'opacifie. Les blessures la percutent, la traversent ; à nous de les y accueillir et d'ourdir notre alchimie intérieure afin de transformer le plomb en or, afin de muter les

douleurs en respiration persistante, dilatante. À nous de renforcer la bulle afin que les chocs du monde ne l'endommagent pas trop. Même si avec l'âge elle s'indure et se ternit, elle ne cesse d'être unique, personnelle, singulière.

Pour autant, elle est universelle. C'est un cosmos en expansion, comme notre univers, que bien des astrophysiciens représentent comme un ballon de baudruche qui enfle, dont tous les points s'écartent continûment les uns des autres.

Mais, contrairement à la baudruche, la bulle de vie est perméable. C'est un univers pénétré, peuplé d'une multitude d'êtres. Plus nous y invitons de vivants – humains, animaux, végétaux, minéraux – plus la bulle se fait nourricière. Et vaste, et souple, et poreuse.

Il arrive qu'une bulle éclate brusquement : accident, explosion, implosion, mort subite. Mais normalement, elle se rétracte quand le souffle vient à manquer pour l'entretenir. Alors elle s'aspire elle-même ; comme une étoile en fin de vie, elle rentre dans sa propre source et disparaît.

Pour toujours ? À jamais.

Où ? Nulle part.

Son temps est achevé ; son espace aspiré. Il ne reste plus que son enveloppe, soudain inerte, opaque, vouée à la décomposition. Désagrégation lente en terre, sublimation par le mouvement chatoyant du feu, dispersion...

Entre-temps, en attendant l'éclatement ou la diffusion, à nous d'entretenir, par notre mouvement, l'élasticité de notre bulle d'espace-temps, à nous de l'explorer, d'aller la reconnaître dans toutes ses zones. Surtout, surtout, à nous d'oser approcher de son origine, d'aller toucher du doigt la source, le nombril, la valve par laquelle notre souffle jaillit, là où il se tarira bientôt.

Certains astrophysiciens, encore, donnent de notre univers une image semblablement élastique : explosion initiale, suivie d'une expansion continue, suivie d'une contraction, elle-même annonciatrice d'une nouvelle expansion.

Contraction, expansion, mouvement, pulsation de vie, propulsion. Force motrice. Chaque individu est un générateur de temps.
À chaque instant j'engendre du passé et de l'avenir. Je convertis mon expérience en projet. Mais dans l'expérience, les projets possibles sont déjà là ; dans le projet, j'investis mon expérience passée. Je lui confère le statut de passé et j'esquisse la silhouette de l'avenir.
Quand donc suis-je dans le présent ? Jamais. Où puis-je le pénétrer ? Nulle part. Impossible de dire : voilà, ça y est, je suis dans mon présent. Ce n'est déjà plus vrai, c'est déjà du passé, le présent est déjà absent.
Mais le présent est toujours absent, interface sans épaisseur, curseur en progression continue qui n'a pas le temps d'exister pour lui-même. Le présent n'a pas le temps ; le présent n'est pas le temps. Il est le hors-temps qui court sur un vecteur, séparateur mouvant du passé et de l'avenir, source mobile d'où le temps fuse.
Et fuse avec lui la sensation toujours fugace, toujours ponctuelle, toujours présente, de naître au temps et de le faire naître. Autrement dit, le présent c'est la conscience en acte, insaisissable, mouvante, pur jaillissement d'énergie, pur élan d'être. Source joyeuse de sa propre temporalité, le moi s'expérimente comme créateur de lui-même, en quelque sorte. Il peut se prendre pour un dieu.
Où l'on repense au rêve de l'anorexique de s'engendrer soi-même.

Mais tout geyser doit s'écouler et l'éjaculation de l'être se fait immédiatement désir d'exister, de se répandre, de féconder l'étendue infinie des causes et des effets, de générer des lignées d'évènements passés et à venir. Le moi a faim d'absorber le monde et de s'y laisser absorber. Il se porte irrésistiblement vers les autres êtres dont il se nourrit et qu'il nourrit. Il désire se déployer dans l'étendue et la temporalité, prolonger l'élan, entrer en mouvement.

C'est pourquoi la course, et sa sœur plus placide la marche, procurent, entretiennent, et au besoin réparent le conatus. Courir c'est attiser le volcan ; marcher c'est balader sa conscience sans étendue dans l'étendue du monde, s'offrir la double sensation d'être consubstantiel à la nature et tout à la fois absolument indépendant. « La marche infinie, ici et là, illustre la coïncidence entre le Soi sans nom et le cœur partout présent du Monde. [...] indifférent au passé et au futur, je ne suis rien d'autre que l'éternel présent de la coïncidence », écrit Frédéric Gros[187].

La marche, la course, la danse, et plus généralement le mouvement, autant de manières pour le moi de célébrer les noces de l'éternité et de la temporalité. Dans cette union impossible et toujours proclamée, il peut s'adonner aux plaisirs comme aux souffrances de l'anticipation et du différé. Il peut jouer à sa guise sur l'élasticité du temps : différer telle satisfaction ou au contraire l'anticiper. Il peut même, par la rêverie, la faire durer, étirer imaginairement ce présent incorporel, oublier le temps dans la contemplation d'un paysage, d'une œuvre, de quelqu'un… dans l'amour, l'art, la méditation.

Durée ou suspension, deux faces de l'éternité. L'une, gourmande de vie, étale indéfiniment l'oubli du temps dans l'érotisme, la marche, le dessin, la poésie, la musique, la danse et tant d'autres

---

[187] Frédéric Gros, *Marcher, une philosophie*, éd. Carnets du Nord, 2009, p. 18

créations humaines, brasse et brasse le désir en le renouvelant - « L'éternité comme vibration de présences. » L'autre, tout aussi gourmande de vie, contracte dans un instant sans épaisseur la totalité de temps - « L'éternité, comme étincelle »[188].

Ces instants d'éternité ponctuelle, absolue, ce sont les jalons étincelants de mon existence, lorsque, au zénith de mon élan de vivre, je donne, comme un dauphin, un ultime et sublime coup de rein qui me propulse dans l'éternité. J'ose croire que la vie en offre à tout un chacun, j'ai besoin de croire que le plus déshérité, survivant dans les décombres, la guerre, le cachot ou le désert, peut aussi les éprouver. J'ai besoin de croire que c'est plus vital encore pour eux.

Moments solitaires et en même temps, paradoxalement, moments de fusion avec le monde, avec l'autre. L'adolescence est propice à ces fulgurances, ambivalentes souvent, dangereuses parfois.

### Course à l'abîme

C'était au cours de l'été 1968. Je m'étais rendue, avec des amies, au Festival d'Avignon, surtout pour voir *Le sacre du printemps*, de Maurice Béjart. Nous avions ensuite voulu nous éloigner de la foule et, par une radieuse après-midi, nous étions montées sur un plateau bordé d'une falaise abrupte. Nous avions traversé, durant les mois précédents, des turbulences libératoires ; sur la lancée des « évènements », tout était possible. La jeunesse avait des ailes. Tout était possible et permis. Nous étions un groupe de filles sur cette hauteur ; l'air, le soleil, nous appelaient à une volupté, une « jouissance sans entrave », comme le proclamaient les slogans. Les chemisiers, les soutiens-gorge, furent vite

---

[188] idem, p. 119

dégrafés. Nous nous mîmes à courir, seins nus, au bord de l'à-pic.

J'avais dérivé loin du groupe, ajoutant au transport d'allégresse la griserie de la solitude. Je courais sans effort au bord du précipice. Le ciel immense et le paysage miniature de la vallée m'étaient à la fois lointains et proches, à portée de mon élan, de mon désir. Je me sentais surpuissante, je jubilais, affranchie de la pesanteur et des contraintes. Je volais vers l'abîme, j'aspirais au grand saut, je me précipitais vers l'éternité.

Le grand envol, la danse suprême.

En une étincelle, j'allais porter ma vie à incandescence. Et j'allais la brûler.

Qu'est-ce qui m'a retenue ? La raison ? Foin de raison, j'étais bien au-delà du raisonnable. La crainte de la douleur ? Dans l'exaltation où je planais, j'avais sans doute oublié ce qu'était la douleur. La pensée de la souffrance que je causerais à mes parents, mes amis ? Ça oui, peut-être.

Je crois plutôt que c'est un surcroît d'hédonisme qui m'a sauvée. Ma course au bord de la corniche m'avait donné à jouir d'un entrelacs voluptueux d'espace et de temps dont le saut eût été l'accomplissement. Je savais bien qu'après il n'y aurait plus d'entrave, mais plus de jouissance non plus. Or, je désirais par-dessus tout retrouver la délectation.

J'avais déjà l'intuition que si l'éternité est suspension c'est qu'elle jaillit de la terre repoussée, du frottement de sol par mes pieds. Elle est fruit de la terre, de la vie, du mouvement. Elle est immanente, invention folle et géniale de la conscience temporelle et matérielle. C'est moi qui en craque l'allumette et des allumettes, je voulais en garder plein les poches. Je voulais encore danser pour encore sauter et encore danser.

Le grand saut est l'étincelle de la danse.

Il est de grands sauts finaux qui ne retombent jamais.

Je pense à tel camarade, mort en dansant. Crise cardiaque, soudain, lors d'une fête.

Je me rappelle tel ami, si heureux de s'élancer de nouveau sur les pistes de ski après une maladie enfin vaincue. Dernier jour, dernière descente. Il lève soudain les bras au ciel et s'effondre.

Je songe à Théo le cycliste, fou amoureux, s'élançant sur les pentes du causse Méjean, à la poursuite éperdue de l'image de son aimée qu'il croit voir danser dans les frondaisons. Voici le tournant fatal où, pendant le Tour de France de 1960, Roger Rivière, lors d'une échappée, a fait une sortie de route qui brisa ses reins et sa carrière. Théo salue au passage la plaque commémorative du célèbre prédécesseur ; ses jambes accélèrent leur rotation, il ne sent plus l'effort. Il rit, il voit son amante sur les flancs de la montagne, dans les feuillages rutilants de l'automne, dans la truculence de la nature.

Il fonce. Il jubile, il lâche le guidon, il lève les bras, déploie ses ailes.

Violent coup dans la poitrine, trop de joie. Le cœur cède. La roue avant heurte le parapet ; Théo est projeté par-dessus le guidon ; Théo s'envole, se perche dans les branches d'un châtaignier.

Y accroche à jamais son rire.

### Le rire du dauphin

Théo a suspendu sa vie en un rire amoureux. Il a ainsi rejoint la troupe joyeuse des dauphins rieurs. Ou plutôt, il leur a faussé compagnie car eux, les dauphins jubilants, entendent bien rire encore et jubiler encore.

J'ai connu un dauphin rieur. Un qui, à jamais, a suspendu ma vie en un éclat de joie. Un qui est pour moi, à jamais, *le* dauphin rieur avec qui, à jamais, je danse.
Je voyais tous ses âges à la fois sur son visage grave, candide, mature et juvénile. Et je voyais tous les âges du monde. Nous partagions le sentiment de pousser souvent la porte de l'éternité, d'entrer l'un par l'autre en symbiose avec l'univers entier. Nous traversions, l'un par l'autre, les mondes et les galaxies. Nous fusions, l'un à travers l'autre, à des années-lumière, au tréfonds de la matière et par-delà l'horizon du cosmos. Au zénith de la suspension suprême, il s'ébrouait, il riait, du rire éclaboussant d'un dauphin qui, d'un ultime coup de reins, à l'apogée de son vol, s'élève encore, passe outre-temps-outre-espace ou plutôt condense le temps et l'espace, se propulse dans l'éternité. Et moi, jubilant aussi, accrochée de toutes mes forces à mon dauphin rieur, je m'envolais avec lui.

Demeure le rêve :
« J'ai marché toute une nuit sous les étoiles filantes. Et je m'endors enfin au creux du chemin.
Ma conscience engourdie traverse des couches de brumes opalescentes. Et puis je débouche dans une sorte de firmament intérieur sillonné en tous sens d'étranges météores. Est-ce le ciel de ma randonnée nocturne que je retrouve en songe ? Suis-je devenue moi-même un bolide filant dans l'espace infini ? Quelle est, pourtant, cette sensation de plonger dans l'infiniment petit, dans le microcosme des atomes et des particules ? Suis-je devenue un grain de matière pour m'incorporer avec tant de fougue à ces cascades folles ? Çà et là se produisent des chocs d'où jaillissent des paires de spirales s'enroulant en sens opposés, chacune reflet inversé de sa jumelle. Voici mon tour : télescopage brutal, fracture, scission de moi d'avec moi.

Maintenant une sorte de plongeon ascensionnel me fait converger vers un autre point, minuscule alter ego qui fuse vers moi. Collision douce, puissante étreinte, jubilation de se traverser l'un l'autre, de se projeter l'un l'autre vers l'infini de l'univers parmi des gerbes d'étincelles qui fusent en vastes arpèges silencieux. »[189]
N'est-ce qu'un rêve ?

### La musique des sphères

La danse des astres est-elle un rêve d'amour ?
Depuis l'Antiquité, on a reçu la musique comme l'ambassadrice du cosmos, on a entendu l'Univers chanter. Pythagore associait le *si* à Saturne, le *do* à Jupiter, le *ré* à Mars, le *mi* au Soleil, le *fa* à Mercure, le *sol* à Vénus et le *la* à la Lune. Platon et Aristote ont discuté sur l'harmonie des sphères. Bien plus tard Kepler a décrit dans l'*Harmonices Mundi*, la mélodie de chaque planète.
De tout temps, les musiciens ont composé des Hymnes à l'univers pour accompagner la grande chorégraphie cosmique : *Naturalis concordia vocum cum planetis* (anonyme XIIe siècle), *Ballet des Planètes* (Lully), *Il mondo della luna* (Haydn)...
Cela continue de nos jours. « L'évolution du langage de la physique trouve un équivalent dans le langage de la musique avec, souvent, une volonté délibérée du compositeur de conserver le lien avec l'harmonie des sphères »[190], note Dominique Proust, qui est à la fois astrophysicien et organiste. Et de continuer le répertoire : *La nuit transfigurée, Pierrot lunaire* (Arnold Schönberg), *Poème de l'extase*

---
[189] Nelly Costecalde, La nuit des nuits, in Nouvelles d'outre-temps, Ed. Lacour, 2013, p.51-52
[190] Dominique Proust, *L'orgue cosmique, de la mécanique céleste à la mécanique cantique* (sic), éd. Hermann, 2012, p.30

(Alexandre Scriabine), *Les Planètes* (Holst), *L'harmonie du monde* (Paul Hindemith, *Atlas eclipticalis* (John Cage), *Triekreis, Sirius* (Karlheinz Stockhausen), *Aux couleurs du ciel* (Morel), *Music of the Spheres* (Oldfield)... Toutes ces œuvres célèbrent la consubstantialité de la musique et du cosmos.

Est-ce la raison pour laquelle on a voulu renvoyer de la musique dans l'espace ? Parce que les astrophysiciens « ont eu la preuve de la véracité des parallèles entre les lois physiques et les lois acoustiques pour expliquer l'harmonie du monde, dont les Anciens avaient l'intuition »[191], ils ont en 1977 lancé dans l'Univers, à bord des sondes spatiales Voyager, un vidéodisque contenant le florilège des civilisations humaines, avec des morceaux de musiques terrestres. À bon entendeur (bien hypothétique), salut !
C'est l'envol sans atterrissage ; c'est le bond de Nijinski. Acte gratuit, sublime. Mozart, Bach, Stravinski, Louis Armstrong, Blind Willie Jonson et toute une moisson de musiques du monde, emportés en un vol spatial sans retour, suspendus à jamais dans le grand Nulle Part.

Une seule image chorégraphique, cependant : une danseuse de Bali. Il est intéressant de noter qu'il s'agit d'une danse très ancrée au sol, comportant peu de sauts ou alors tout petits. Comme si les terriens avaient voulu témoigner de leur attachement à leur planète, comme si la danse témoignait que tout désir d'envol ne se réalise qu'en une brève suspension.

---

[191] Dominique Proust, *L'harmonie des sphères*, éd. Dervy, 1998

**Danser, suspendre**

L'amour, la musique, la danse des astres... Autant de suspensions du temps et de l'espace. Et pourtant, quoi de plus vivant, quoi de plus charnel que l'amour, la musique, la danse ? C'est qu'ils jouent sur la concomitance de la vie et de l'éternité, du mouvement et de l'immobilité. Ayant été faire un tour hors de l'espace et du temps, le sujet continue désormais son existence aux deux niveaux.
Mais l'a-t-il vraiment fait, ce tour dans l'éternité ? Je me le demandais au début de cette méditation. Maintenant, c'est la danse qui me suggère une possible réponse.

Plus que le saut, le danseur Dominique Dupuy aime la suspension près du sol. « Le saut est un désir [mais] c'est dans le sens même de l'espace et de la durée, parcourus du sol au sol – celui qu'on quitte, qu'on a quitté, qu'on retrouve – que réside la qualité fondamentale de la saltation. En dehors de la réalisation de sauts spectaculaires, ce sens est présent dans quelques-unes des actions dansées les plus chargées de poésie d'espace : la suspension, haute et basse, comme le vol des oiseaux, ascendant et descendant, la vibration vigoureuse et tranchante dans son va-et-vient haut bas, et surtout le rebondi, acte d'amour partagé entre ciel et terre... »[192]
Le danseur ne cesse de jouer sur le mouvement et sur la suspension du mouvement. C'est l'étoffe même de son ouvrage : sur la trame de la temporalité, il entrecroise la chaîne de la spatialité et à chaque demi-tour de navette, il met en suspens le choix de continuer.

---

[192] Dominique Dupuy, *La sagesse du danseur*, éd. J.C. Béhar, 2011, p. 62

L'élan fait tout, je l'ai senti très tôt dans la vie, mais l'élan se prend, se perd, se reprend. À chaque phase corporelle tout est en jeu : l'impulsion se tarira-t-elle ou se renouvellera-t-elle ? Le spectateur est suspendu à ce suspens. Il retient son souffle, il jouit de ce temps retenu, tout en aspirant à la reprise. Car, bien sûr, la danse continue. La suspension n'est qu'une… suspension, un arrêt à peine marqué, un soupir qui ponctue la musique, un contretemps qui relance la danse.

En réalité, à l'intérieur du corps danseur, le mouvement ne s'est jamais arrêté. Chaque immobilité vibre encore de la séquence passée, vibre déjà de la relance. Cette disponibilité se travaille en studio et jusque dans la vie courante : tenir le corps toujours prêt, se tenir toujours prêt.

Je garde et je regarde une vidéo merveilleuse qui suit Jean Babilée un peu partout : sur scène, en répétition, en entraînement, en promenade, en moto, dans son salon, dans sa cuisine. Jamais il ne cessait de danser ! Entre deux manipulations de casseroles, il se suspendait dans l'embrasure d'une porte ; en enfilant un survêtement il étirait ses orteils, en travaillant à la barre il exhalait la poésie… Sur sa moto même, son chat sur l'épaule, il dessinait d'amples chorégraphies sinueuses, libres, heureuses.

Il faut le revoir dans *Life*, chorégraphie de Maurice Béjart. Il apparaît dans l'encadrement d'une légère structure tubulaire, parallélépipédique. Au tout début, avant la musique, il émerge imperceptiblement de l'ombre, de l'immobilité et du silence, il déploie lentement les bras, pivote comme une statue vivante, élève à peine une arabesque et la surélève, à peine, d'une demi-pointe : il est oiseau, il ne touche déjà plus terre tout en gardant un contact, minimal, à la terre. Il montre que l'envol est un désir d'envol. Quelques secondes plus tard le voilà qui se tracte délicatement, puissamment, par les bras, à mi-hauteur d'un mât

et il reste là, flottant entre ciel et terre, ni au ciel ni sur terre, nulle part. Il plane dans l'être. Il s'enroule autour de son propre axe, il est la spirale *transascendante* de la conscience. Il est la *transascendanse*.
Cela dure quelques secondes : on a touché l'éternité.
C'est bientôt sa partenaire qui vient se suspendre. Alors un jeu d'équilibre et de bascule s'engage entre eux, en suspension tour à tour et ensemble, sous leur double action réciproque.
Ils subliment le duo de danse.

Le *pas de deux*, ce summum de la danse classique, vaut comme une allégorie de l'élévation par l'amour. Portée par la force masculine, la ballerine vole, plane, s'enroule. Mais l'œil du spectateur ne tarde pas à admirer la puissante musculature du partenaire qui, de fait, ancre fortement le couple en terre, la femme juchée au sommet d'un socle bien planté.
Tout différent fut le poignant duo de Lucas Thierry et Catherine Dubois, *Lettre au porteur*[193] : un poilu de la guerre de 14 songe à sa bien-aimée. Tandis qu'il arpente la tranchée boueuse en se remémorant leurs lettres, la pensée de la jeune femme le hante, (dés)incarnée par la danseuse qui, posée sur ses épaules, basculant sur son dos, s'enroulant à ses jambes, juchée en équilibre sur un de ses pieds, circulant sur son corps, ne touche jamais terre.
Moment suspendu de la mémoire et de l'absence, ô combien, puisque Lucas épuisait sur scène ses dernières forces, s'effondrant en coulisses, n'ayant plus l'énergie de venir saluer. Se sachant en train de mourir du sida, il s'est prodigué, jusqu'au bout, ce paroxysme de vie, cette sensation d'éternité.

---

[193] Mise en scène Lucas Thierry, dans le cadre du Théâtre du Mouvement, 1990

Si « nous sentons et expérimentons que nous sommes éternels »[194] ce ne peut être que dans et par notre corps vivant, conscient, sur-conscient et désirant. Notre corps pensant et désirant qui a appris dès le berceau à s'offrir par anticipation la satisfaction de son propre désir. Notre corps devenu si habile à créer de l'espace et du temps qu'il peut, en virtuose, se permettre de les suspendre.

L'art de la suspension exauce – et exhausse -, par son propre mouvement, le grand désir d'être.

Plutôt que de parler de l'éternité comme si elle était une substance, ne serait-il pas plus juste de parler de l'acte par lequel le sujet s'offre cette auto-affection consciente de plénitude absolue et se procure la sensation de passer outre-temps. Préférer au substantif le verbe *éterniser*.

Savoir que la suspension est une fulgurance que l'on s'offre, que l'on replongera, mais que cet instant sans durée, rien ne pourra jamais faire qu'il n'ait pas eu lieu. Savoir que, quand bien même il ne serait qu'une illusion, il est une illusion sublime et que la joie qu'il a procurée est bien réelle.

Voilà la sagesse du dauphin jubilant : être créateur de sa propre essence. Après cela, « plonger, disparaître [dans l'oubli de soi], suprême joie ! »[195]

## Plonger

L'auteure Colette appelait Jean Babilée « le garçon qui vole ». En effet, dans *Auditorium*, l'époustouflant tourbillon de sauts et de batterie filmé par Michel Drach, il semble ne jamais toucher

---

[194] Baruch Spinoza, *Éthique* V, 23, scolie
[195] Friedrich Nietzsche, *La naissance de la tragédie*, éd. Gallimard, 1970, p ; 144

terre. Mais dans *Le jeune homme et la mort*[196] ce sont au contraire ses chutes dont on se souvient : plaquées brusquement au sol, une jambe encore en suspension, dans la figure de l'ange déchu, mais tellement puissantes et fulgurantes que son épouse parle « d'écrasements sur terre ».

C'est que l'art du saut, *l'élévation* tant recherchée en danse, ne s'acquiert que par un très fort rapport à la terre ; son fondement est le *plié*, forte pression des pieds sur le sol qui va puiser l'énergie le plus profondément possible, qui enracine le danseur au centre de la Terre et qui seul lui permettra de fuser dans les airs.

Aux antipodes de l'esprit de pesanteur tant redouté par Nietzsche, la gravité est la clef de la légèreté, aussi bien que de la « présence » du danseur.

Je n'ai, pour ma part, jamais très bien sauté et ce n'est que tardivement, en travaillant le théâtre gestuel, que j'ai compris pourquoi. Mes metteurs en scène faisaient la guerre à mes « tics de danseuse » ; ils m'incitaient à chercher moins de légèreté, à renforcer et enrichir mon rapport au sol, à acquérir davantage de poids. Je m'étais pourtant depuis longtemps détournée des clichés de la danseuse classique légère et aérienne. Faire danser des aveugles m'avait incitée à renforcer le travail avec le sol. Je n'avais jamais oublié le jour des chutes, lorsque Claude avait enfin accepté de s'abandonner au sol, accédant à la légèreté de la vie en acceptant la gravité. Je m'étais passionnée pour la danse de Martha Graham, danse à la fois fluide, enracinée et dramatique. J'ai déjà évoqué le principe de base, le *contract-release* qui favorise l'extraction de la force venue du sol. Par la danse contemporaine, j'avais découvert la puissance des appuis

---

[196] Chorégraphie de Roland Petit, sur un livret de Jean Cocteau. Musique de J.S. Bach: Passacaille et fugue en do mineur. Interprètes : Jean Balilée et Nathalie Philippart. 1946

et des pressions, la richesse des passages au sol qui donnent davantage d'ampleur à l'élévation. Avec la danse africaine, je m'adonnais avec délice à la frappe de la terre, stimulée, emportée par la batterie chtonienne du tambour. Mais c'est le mouvement théâtral qui m'a vraiment donné le goût du poids.

Il est vrai que l'art dramatique est plus apte à traiter de ce qui est grave... Mais il est vrai aussi que, de plus en plus, les mouvances de danse contemporaine jouent la carte de la gravité.

### Gravité : danser pour survivre

C'est dans les moments graves que la force vitale de la danse se révèle. Et elle monte de la terre.

J'avais vingt-huit ans, à l'automne 1975, lorsqu'un deuil soudain m'a frappée. Mon ami avait disparu d'une façon des plus brutales : le crash d'un avion. Probablement un attentat. C'était d'autant plus violent qu'il venait de passer une semaine chez moi, à me répéter « Je vais exploser ». Prémonition ? Je crois plutôt, d'après des renseignements glanés bien plus tard, qu'il avait conscience d'une menace.

Passons, ce n'est pas le lieu de raconter ça. Mais je dois ajouter, pour faire saisir toute la force salvatrice de la danse, qu'au même moment, alors que j'ignorais encore l'accident, un autre évènement, heureux, m'était arrivé. Terrassée par cette concomitance d'un bonheur et d'un grand malheur, je ne respirais plus qu'au ralenti. Je ne pouvais me concentrer sur rien ; je ne pouvais pas travailler.

Je me suis alors rendue dans un gymnase dont j'avais les clefs. À une heure de la journée où personne n'y allait, la vaste salle s'offrait à moi pour accueillir l'insoutenable.

J'avais en moi une musique très particulière : la pulsation ralentie de mon cœur, la sensation de devoir volontairement relancer chacune de mes respirations.

Je me suis accrochée d'abord à la barre, accroupie, pieds à plat sur le sol, dos enroulé, front posé sur les genoux. Je suis restée un moment ainsi, lovée sur moi-même, attendant de sentir les forces monter du sol. Je les appelais de toute la pression de mes plantes de pieds. Lentement. Je les sentais monter le long de mes jambes, déplier mes genoux, ranimer ma colonne vertébrale. Une grande succession d'enroulements et de déroulements du dos était lancée, mouvement que j'affectionnais et qui, en ce moment suspendu entre vie et mort était comme une réanimation. Je ranimais la musique de mes vertèbres, de mes muscles. Au fond de mon corps je puisais le chant de la vie qui veut encore vivre. Par le même mouvement, montait le flot incoercible des larmes. Je dansais, je pleurais. Je régénérais le temps.

J'ai lâché la barre et gagné progressivement l'espace. Mes mouvements, comme les torsades d'un génome, comme les volutes de la conscience, spiralaient sur eux-mêmes. Au centre de la salle, je me suis lovée de nouveau comme dans l'utérus de ma mère, comme au cœur de moi-même. Puis, ré-élargissant peu à peu mon centre de vie, repoussant les cloisons de la douleur, j'en ai percé les parois pour y laisser entrer ma joie, ma joie malgré tout, ma joie envers et contre tout.

La joie salvatrice de la danse. Aucune parole, aucune musique si ce n'est le chant, issu du corps, ne peut soulever les plus profondes douleurs pour en extraire le vouloir-vivre. « L'ivresse de la danse-chant découvrant, à même le corps, que le temps couve l'éternité et que la joie est plus profonde que la douleur. »[197]

---

[197] Michel Guérin, *Philosophie du geste*, éd. Actes Sud, 2011, p.75

Dans le spectacle *Sous d'autres cieux*, de Maëlle Poézy, d'après l'Énéide de Virgile « les épisodes de traversée sont pris en charge par la danse, une danse heurtée, saccadée, haletante, qui dit l'humain réduit à sa seule survie. »[198]

### La joie grave

Bien sûr, la joie naît de la satisfaction et de la jouissance. C'est dans ces creusets positifs que le sujet forge sa joie de vivre, l'adopte pour compagne et pour guide dans l'existence. S'il parvient à opter pour le bonheur, il renouvelle et renforce sa joie d'expérience en expérience. Et il se rend capable de la conserver au moment d'affronter les inévitables malheurs de la vie. Et c'est alors qu'il en éprouve la solidité. C'est alors aussi qu'il en décuple l'intensité. La joie se trempe à l'épreuve du malheur, comme un fer chauffé à blanc et soudain plongé dans l'eau froide. Elle tend ainsi à devenir indéfectible, apte à sous-tendre aussi bien la tristesse que l'allégresse.

J'ai dans ma mémoire musicale, depuis ma prime jeunesse, l'envolée lyrique d'un chanteur sud-américain qui, lors d'un silence suspendant une valse, lance, sur un ton déchirant : *Allegria, allegriaaaaa !* La fin de l'interjection retombe en s'étirant comme une queue de comète. On pleure et on rit à l'entendre. Émouvante sagesse populaire…

Cette même sagesse simple sait reconnaître parfois le bonheur dans le deuil. Il n'est pas rare de sentir une sorte de joie discrète dans les enterrements, comme si les proches voulaient silencieusement proclamer « Il est mort heureux ». Et les thanatopracteurs le savent.

---

[198] Fabienne Darge, Festival d'Avignon 2019, Le Monde, 11 juillet 2019

Bouleversée de voir un sourire illuminer le visage de mon aimé défunt, j'ai demandé s'il était dû aux soins post mortem et il me fut répondu « Non, madame, ce sourire reflète l'état dans lequel il est parti ». Et je savais bien, moi, quelle joie avait jusqu'au bout animé mon dauphin rieur.

La joie émane du corps alors que la vie l'a quitté. Non qu'une âme s'en échappe, mais parce que le corps, pendant toute la durée d'une vie, a gardé la mémoire de toute cette vie. Au bout du parcours, il en rayonne encore, pendant quelques instants. Mais ce rayonnement n'est visible que par ceux qui, ayant accompagné le défunt, restent imprégnés de sa singularité.

La joie brille dans les pleurs. Je plains grandement les hommes éduqués « comme des garçons » à qui on a interdit les larmes. Quelle amputation ! Quelle violence ! Les larmes sont la douceur de la souffrance et de la joie.

Je t'ai lâché la main<br>
Je t'ai vu t'enfoncer<br>
À l'intérieur de toi<br>
Au creux de ce chemin<br>
Vers l'intérieur de toi<br>
Je t'ai vu traverser<br>
Des rideaux de lumière<br>
Jusqu'au secret de toi<br>
Puis tu t'es effacé

Je vins le lendemain<br>
Tu gardais bien pressé<br>
Sous les lourds parchemins<br>
Plissés de tes paupières<br>
Le cher secret de toi<br>
Ton sourire esquissé<br>
Et toute la lumière<br>
Qui émanait de toi<br>
Me l'ont livré :<br>
la joie

À un ami qui, pour m'aider, me citait le conseil de Sénèque : « Ne pleure pas l'ami perdu mais réjouis-toi de l'avoir connu », je rétorquai :
>Mes pleurs c'est de la joie encore,
>les larmes sont un don.
>Pleure ton ami et réjouis-toi de l'avoir connu.

« Pleurer est un bonheur, oui un bonheur… », soutient le danseur Dominique Dupuy, « Est-il vraiment incongru de pleurer, d'aimer pleurer, d'aimer les larmes à en pleurer ? […] Sont-ce ces pleurs que je danse depuis soixante-dix ans ? […] Vient le silence, puis viennent les larmes, puis… la danse ? Est-ce que je danse les pleurs que je ne peux pleurer ? Vit-on jamais un danseur pleurer en scène ? C'est dans la danse que ses pleurs se nichent. »[199]

### Plonger au fond du corps

Non, je ne crois pas que quiconque ait vu pleurer un danseur sur scène.
Ou alors, peut-être, dans un spectacle Butô[200] ? En occident, les divers courants de danse contemporaine, aussi inventifs et novateurs soient-ils, n'ont pas encore dérogé à la règle traditionnelle d'une certaine neutralité expressive du visage. C'est le corps entier qui devient visage et assume l'expressivité. Les danseurs Butô, eux, incluent le visage dans l'expression, non pas à la manière totalement codifiée des danses indiennes traditionnelles, où le moindre battement de cil est préréglé, mais

---

[199] Dominique Dupuy, *La sagesse du danseur*, éd. J.C. Béhar, 2011, p. 12-13
[200] La danse Butô, créée dans les années 60 au Japon par Tatsumi Hijikata (1928-1986) et Kazuo Ōno (voir note 99, p. 98). Dansée presque nu, peint en blanc et le crâne rasé, elle évoque une imagerie grotesque, des sujets tabous, absurdes.

d'une façon sauvage : bouches grandes ouvertes, rictus, grimaces... Ce courant de danse apparu au Japon dans les années 60 et se donnant comme protestation à l'état de guerre persistant, flirte avec les confins de la vie. Par leurs mouvements lents, minimalistes, souvent chargés d'une violence à peine contenue et volontiers tournée contre eux-mêmes (Je n'oublierai jamais Carlotta Ikeda rongeant ses poings, accroupie à l'avant-scène), les danseurs de Butô peuvent dégager une atmosphère morbide, pour nous spectateurs occidentaux en tout cas. Mais en elle-même, cette danse dont le nom signifie *danser en frappant le sol*, est une sorte de descente dans le corps à la recherche de forces souterraines. Elle est, comme toutes les danses, une quête d'énergie vitale. En témoigne une de ses évolutions récentes en France : une méthode de conscience corporelle et émotionnelle : la butô-thérapie ![201]

De nombreuses méthodes de conscience corporelle se développent depuis quelques décennies : gymnastique volontaire, anti-gymnastique, gymnastique douce, holistique, méditation de pleine conscience, Pilates, Qi gong et autres Wutao... L'une d'elles, mise au point vers le milieu du XXe siècle par Moshe Feldenkrais, est prisée par de nombreux danseurs. L'historienne de la danse Laurence Louppe décrit fort justement la méthode Feldenkrais comme un « repérage des innombrables chemins possibles par où une conscience errante explore en ses profondeurs les circuits organiques, pour mieux en extirper une promesse de liberté »[202]. J'avais reçu quelques rudiments de cette méthode lorsque je travaillais avec le *Théâtre du Mouvement*, et je l'approfondis en ce moment, en même temps

---

[201] Nicoletti Martino, *Ce corps qui nous guérit : la conscience corporelle comme clé de connaissance et outil de transformation de soi*, éd. Romont, Recto-Verseau, 2015
[202] Laurence Louppe (1938-2012), *Le corps comme poétique*, revue Contredanse, 2000

que je recommence à danser. J'apprécie beaucoup que les deux enseignements soient liés lors d'ateliers qui commencent par une séance de Feldenkrais et se poursuivent en cours de danse.[203] On y passe une heure allongé, à explorer de minuscules mouvements, à peine amorcés, parfois seulement imaginés, en observant les infimes réactions d'autres parties du corps, puis la professeure de Feldenkrais passe le relais à sa collègue en danse qui nous fait développer en grand les mouvements miniatures préalablement explorés. La première fois que j'ai participé à une de ces séances, le thème commun était *poids et contrepoids*. Ce fut un bonheur d'expérimenter comment l'inventivité chorégraphique s'alimente aux sources les plus enfouies du fonctionnement organique.

On rejoint ici le danseur de Butô qui fouille les recoins du corps pour rencontrer l'ampleur du monde, le danseur classique qui puise la force de son saut au plus profond de ses pliés, le danseur Graham qui extrait l'expansion de la contraction, Dominique Dupuy qui irrigue de ses pleurs secrets la sérénité de sa danse…

### La danse des profondeurs

C'est une danse flottant entre deux eaux, une danse du bien-être, immergée dans un milieu fluide et porteur, réminiscence peut-être d'une symbiose prénatale. C'est une plongée sous-marine dans le pur bonheur d'être, extension du temps dans la durée, inverse asymétrique de la suspension fulgurante au zénith de l'intensité.

---

[203] Sylvie Horel et Anna Maget, association *l'Espérance*, Fontenay-sous-Bois

Une image fascinante de cette danse des profondeurs nous est offerte par une scène filmée au large de l'île Maurice[204]. Le plongeur océanographe François Sarano nous donne à contempler et nous commente le duo silencieux, très doux, respectueux, voluptueux qu'il a eu le bonheur de danser avec un cachalot. Le mastodonte de quinze mètres et de quarante tonnes[205] s'est approché de la minuscule grenouille humaine. « Il est venu m'apprivoiser. Un moment merveilleux où chacun tour à tour entraînait l'autre dans des cabrioles folles. Je tournais sur le dos, il tournait sur le dos. Il enfonçait la tête, je m'enfonçais. On nageait tour à tour comme un ballet et lui, le cachalot puissant, le cachalot incroyable, se mettait à ma portée. » Qui, de l'homme ou de l'animal, mène la danse ? Aucun, ou les deux tour à tour, ou plutôt les deux ensemble, illustrant admirablement ce qu'est l'écoute en danse.

La danse avec le cachalot représente la liberté, elle met l'homme et l'animal à égalité dans l'art de s'inventer soi-même, en miroir avec l'autre. Car, admire François Sarano, « ces cachalots, ce sont des animaux indomptés, libres, sauvages, qui choisissent de passer des moments de bien-être avec d'autres animaux –ils le font peut-être avec des dauphins – et avec des hommes. Il n'y a pas de soumission, il n'y a pas de domestication. Ces échanges se font sans contrepartie : pas de nourriture, pas de protection… C'est uniquement des moments de bien-être partagés. »

Leçon d'amitié libre de toute domination, de toute violence, pour la pure joie de danser, la joie d'être.

C'est le secret de la résilience des cachalots, après leur extermination jusque dans les années 1980 : grâce à cette force de bien être ensemble ils ont résisté, fuyant très loin dans les abysses le prédateur humain. Ce dernier, pour quelques cas où

---

[204] https://www.goodplanet.info/video/2018/01/19/francois/
[205] Les cachalots peuvent atteindre 20 mètres et cinquante tonnes.

l'énorme proie avait réussi à se défendre, l'avait diabolisé, transformé en Moby Dick, en Léviathan. Mais, une fois guérie la folie meurtrière des marins, les cachalots sont revenus vers eux.[206]

C'est surtout entre eux que les cachalots jouent et dansent, non pas tous les jours (que signifie le jour pour eux ?) mais tout le temps, car ils ont tout le temps, admire François Sarano : « Les cachalots aiment […] être bien, maintenant. Ils ont très vite satisfait leurs besoins élémentaires : manger… il y a beaucoup de calmars- et il leur reste des heures et des heures ; ils n'ont pas à courir tout le temps, à tuer le temps : ils sont le temps. »

Ils sont le temps, par leur corps en mouvement, dans leurs corps de minuscule plongeur humain et de colosse marin. Ils évoluent dans une pure durée sans mesure, roulant et enroulant la spirale de leur joie d'être, dansant.

### Temps étale

Danser en une temporalité sans mesure, c'est le génie de la mer, à sa surface comme en-dessous. En bateau, il faut toujours regarder la montre, faire le point, calculer les marées, évaluer la vitesse et les temps de traversée. On navigue dans un temps macroscopique, mesuré, régi par les éléments, la lune et les marées mais *dans le même temps* on flotte sur une durée hors mesure, un être d'instant à instant, entre le flux et le reflux, une immobilité suspendue à la crête du mouvement, une temporalité étale.

Lorsque la mer s'agite, la survie se joue de lame à lame, de gageure en gageure. La résistance maintenue de la voile qui

---

[206] François Sarano raconte que la réconciliation est telle qu'un cachalot est venu lui demander secours pour ôter un hameçon fiché dans sa mâchoire. Une belle danse de remerciement s'en est suivie…

faseille contre le vent offre une métaphore physique du conatus, effort de persistance, force d'être constante à travers les imprévus.

Curieusement, dans les conditions extrêmes de navigation, cette impression de durée intemporelle se renforce.

Que surgisse le « gros temps » - ce dont je n'ai heureusement que peu d'expérience – il ne s'agit plus que de tenir, d'endurer, comme si l'accalmie ne devait jamais arriver, comme si, dans la grande secousse générale, le pire pouvant advenir à chaque instant et l'issue de la tourmente étant imprévisible, on avait juste à tenir bon. Le temps, comme un mur d'eau, s'est fait compact.

Tout aussi étrange est le calme plat, quand le temps s'étale en un imperceptible et placide tangage. Tout s'arrête, comme s'il n'y avait plus rien à attendre. Mais cette impression de pure durée vient en fait de la persistance du mouvement, du bercement a minima.

La mer berce (quand elle ne secoue pas). Opportune homonymie en français : la mer berce comme une mère. Et le doux mouvement binaire du bercement plonge l'enfant comme le navigateur dans une alternance qui semble suspendre la course effrénée du temps. Bercé, on peut s'adonner au mouvement perpétuel, une temporalité affranchie du devenir, une pure sensation d'être.

Tels sont les souvenirs de la petite enfance, avant l'école, avant les amitiés, les rencontres et découvertes extérieures, lorsqu'il n'y avait qu'à sentir le temps s'étaler indéfiniment dans l'intimité de la chambre, des jouets, du parquet et des présences familiales. Par exemple les délicieuses, les cotonneuses journées de fièvre, passées au lit à écouter son cœur battre, son sang pulser aux tempes et fourmiller dans les membres engourdis, à s'abandonner au tempo de sa petite musique de vie, seule audible dans l'atmosphère ouatée que traverse parfois le bol de lait chaud au miel apporté par les mains de Maman.

Ou encore, ces immenses, interminables et délectables après-midis tout au long desquelles, assise à même le plancher, je contemplais ma mère qui s'activait à sa machine à coudre. Moments de contemplation et d'intimité qui m'ont à jamais offert un contact très simple avec le bonheur. Bien des années plus tard, j'ai peint pour Maman un petit tableau nous représentant ainsi. En haut, à gauche, j'avais écrit en lettres dorées mais à peine visibles, discrètes, ce titre un peu pompeux : *Bonheur parfait*. Je l'ai toujours, le petit tableau. Le bonheur aussi.

Par la suite, jusqu'à l'adolescence, il m'arrivait de passer des heures et des heures, immobile, accroupie devant une flaque au bord de l'eau. Je choisissais dans les rochers un replat tranquille, un peu à l'écart des chahuteurs et des éclabousseurs et assorti d'un petit creux ayant retenu de l'eau. Je m'allongeais à plat-ventre, le nez en surplomb de ma petite mer secrète. Et je plongeais mon regard dans les fonds miniatures. Le chatoiement des cailloux, les infimes rides de la surface de l'eau, les végétations minuscules ondulant à peine à une profondeur dérisoire, tout me renvoyait à la troublante réversibilité de l'infiniment grand et de l'infiniment petit. Infiniment grande étais-je, moi la petite gamine inclinée sur le monde lilliputien d'une flaque où, dans le micromouvement d'une herbe, dans la pulsion opiniâtre d'une araignée d'eau ou la fulgurance d'une irisation, se chorégraphiait le mouvement même de la vie.

J'avais aussi ces sortes de contemplations en me penchant sur les pierres, en explorant les géographies miniatures formées par les microreliefs, les veinures fauves ou bleutées, les lichens vert-amande ou jaune d'or, les herbes naines. Ou bien encore je les soulevais pour surprendre de menus insectes crapahutant et s'affairant dans ces campagnes secrètes, puis disparaissant par les failles en me laissant rêver d'une civilisation subtile, d'une sagesse du dessous des pierres.

Toujours, c'était le mouvement qui me fascinait, un mouvement se déroulant dans des espaces et des temporalités insolites, autres que ceux de la vie ordinaire, comme inventés par moi. Ces rêveries étaient comme des danses immobiles, imaginaires.

### Marcher

Étrangement, la marche en pleine nature m'a toujours procuré une semblable sensation d'immobilité transportée. Comme j'ai aimé marcher, toute ma vie !

Il est une randonnée de ma jeunesse que j'ai refaite en pensée tout au long de mon existence. Nous étions sept jeunes gens d'une vingtaine d'années. À partir de Saint-Jean–du-Gard, nous sommes montés vers le col du Mercou pour rejoindre le chemin de crête de la plus méridionale des serres cévenoles. Sacs, tentes, camping-gaz, casseroles sur le dos, nous avons arpenté une semaine durant cette draille de transhumance jalonnée de cols : l'Asclier, le Bomperrier, le Pas, jusqu'au pied de l'Aigoual, que nous avons gravi avant de dégringoler au fond de la triple vallée de Meyrueis, là où confluent la Brèze, le Béthuson et la Jonte. Nous avons franchi cette dernière pour escalader en plein cagnard la falaise abrupte du causse Méjean. Là-haut, trois jours encore à longer le bord du plateau aride, passant notre dernière nuit dans le chaos rocheux de Nîmes-le-Vieux avant de dévaler sur Florac où mon oncle pâtissier nous accueillit avec une montagne de croissants frais.

Marcher, c'est le remède au deuil de *Gargo*[207] qui refait tous les étés le tour des Cévennes pour les montrer, à travers son propre regard, à son épouse défunte. Tout au long de son périple, Gargo ramasse toute sa vie, revivant réellement çà et là des moments de son passé. Il porte tous ses âges à la fois. Il porte même tous les âges du monde à la fois, en un hors temps qui dure et dure, à la cadence de ses pas.

Dans une autre nouvelle, c'est moi-même que je mets en scène, marchant vers le lieu d'origine de ma famille, au cœur du causse Méjean par une de ces nuits d'été où l'on peut voir des pluies d'étoiles. « La chaussée luit, toute lisse, devant moi, si bien que je peux avancer tête levée, sans perdre une seule note des vastes arpèges silencieux dont le ciel me régale. Je perds la conscience du temps ; je baigne dans une durée sans mesure. Je sais seulement que je marche longtemps et que j'ai toujours envie de marcher. »[208]

Selon Frédéric Gros, la joie du marcheur, c'est « d'être mis en présence de ce qui absolument dure. […] La première éternité qu'on rencontre est celle des pierres, du mouvement des plaines, des lignes d'horizon. […] c'est une éternité immobile, vibrant sur place. […] Quand on marche, le monde n'a plus ni présent, ni futur. […] Là, le sentiment d'éternité, c'est tout à coup cette vibration des présences. »[209]

À la longue, en effet, l'alternance des pas engendre une sorte de transe flottante où l'on ne sent plus ni fatigue ni douleurs. J'en viens même parfois à ne plus savoir qui bouge : le monde ou moi ? Je m'amuse en effet à provoquer une illusion d'optique étonnante. Je chemine longuement sur un chemin de crête en

---

[207] *Gargo*, in *Nouvelles d'outre-temps*, éd. Lacour-Ollé, 2013
[208] *La Nuit des Nuits*, in *Nouvelles d'outre-temps*, éd. Lacour-Ollé, 2013
[209] Frédéric Gros, *Marcher, une philosophie*, éd. Carnets du Nord, 2009, pp. 114-119

ouvrant mon regard grand angle afin de percevoir le défilement du paysage en vision périphérique et je m'arrête brusquement : alors, pendant quelques secondes, je vois la couverture boisée des coteaux continuer à bouger de l'autre côté de la vallée. La végétation semble migrer sur les flancs de la montagne, se plisser comme un épiderme frissonnant. Une fois l'effet d'optique dissipé, je reprends la route et au bout d'un temps je ne sens plus mon propre mouvement. C'est la nature qui défile.
D'où cette sensation paradoxale d'immobilité mouvante : qui bouge, qui est immobile, moi ou le paysage ?
Marcher, devient alors une glissade sur un axe de présence.
« Je contemple cette femme qui marche et qui me donne le sentiment de l'immobile », s'extasiait Paul Valéry.[210]
Au *Théâtre du Mouvement*, nous aimions travailler les « immobilités transportées » : dans une marche sans à-coups, nous déplacions une partie du corps, figée en statue. Ou bien un acteur en transportait un autre immobilisé en une pose hiératique. Ou encore, cela pouvait se déployer en un tableau de groupe glissant sur des socles vivants. Nous passions dans un monde imaginaire où temps et hors temps dansaient ensemble, où mouvement et immobilité se nourrissaient l'un de l'autre. Et les spectateurs étaient transportés avec nous, saisis par une sublime sérénité.

### Danse, mouvement et immobilité

En écoutant Christine Gérard me parler de son plaisir à passer de longues heures sans bouger, j'ai eu le sentiment qu'elle puisait sa danse au fond d'un insondable puits d'immobilité.
Avec Hideyuki Yano, cette même sensation du mouvement puisé à la source de l'immobilité était permanente. Yano avait nommé

---

[210] Paul Valéry, *L'âme et la danse*, éd. Gallimard, 1944, p.148

sa compagnie « Ma », de ce terme japonais qui désigne l'espace-temps, « le point de soudure poétique de l'espace et du temps »[211] qui préside autant à la danse qu'aux arts des jardins, de l'architecture, de la musique, du théâtre. Yano nous entraînait dans les profondeurs du corps, à l'exploration de « l'intervalle de temps ou d'espace entre une attitude et la suivante »[212] pour en extraire un mouvement sans mesure (Yano ne comptait jamais les temps), pour extraire le Ma des confins de l'immobilité.

Peut-être Christine et Yano m'ont-ils inspiré ce moment décisif pour le Pierre de ma nouvelle[213], lorsque, après un long voyage sous terre il se trouve soudain « *au pied d'une grandiose pyramide, gigantesque cascade pétrifiée dont les multiples degrés débordaient les uns sur les autres en lourdes franges opalescentes. Fontaine perpétuelle dont le ruissellement à jamais figé célébrait l'union de l'eau et de la pierre, du mouvement et de l'immobilité, du devenir et de l'être. [...] Il s'y éternisa. Combien de temps ? Allez donc mesurer le temps au royaume de la durée !* »

C'est dans les couches profondes du moi qu'on rencontre la durée, selon Bergson. Tout se passe comme s'il fallait, pour renouveler son élan, plonger dans les profondeurs jusqu'à une sorte de nappe de temps étale. La cascade pétrifiée serait-elle une métaphore du *Ma* japonais ? Elle trône aux confins de l'immobilité sans être totalement immobile : comme toutes les concrétions calcaires, elle croît goutte à goutte, si lentement qu'elle semble figée. Mais par là même, elle exacerbe le sentiment de l'infime croissance ; elle annonce la goutte à venir, dans longtemps, si longtemps, mais dans le temps. Et dans

---

[211] Hideyuki Yano, *Dérapage*, revue Théâtre/Public n°52-53, 1983, p.75
[212] Geisha Fontaine, *Les danses du temps*, éd. CND, 2004, p.150
[213] *Pierre*, in *Nouvelles d'outre-temps*, éditions Lacour-Ollé, 2013, p.33

l'espace car, de la même façon, son achèvement n'est qu'apparent ; il annonce l'accroissement, infinitésimal certes, mais d'autant plus essentiel. La fontaine pétrifiée se situe aux confins du désir, à sa source infime, là où se manifeste sa résilience et sa force de résurrection,[214] là où le sujet-désir, en sa forge minuscule, fabrique l'espace et le temps, génère le mouvement.

C'est devant la fontaine pétrifiée que Pierre conçut le désir de ressurgir à la surface, de retrouver la vie. Il se remit en mouvement et soudain « *il se crut exaucé en voyant tout à coup, au-dessus de lui, des myriades d'étoiles. Le ciel ! Mais des draperies se mirent à bouger, à battre comme des ailes ; des sons que seuls les cailloux et certains animaux peuvent percevoir percutèrent le corps de Pierre. Une nuée de pipistrelles se décolla de la voûte, fondit sur les étoiles qui n'étaient que des vers luisants gobés en un instant. Puis la troupe de vampires, rassasiée, s'engouffra d'un vol lourd dans un orifice à mi-hauteur de la paroi. Cette fois c'était bien la sortie.*[215]

## Rejaillir

### La source, la perte, la résurgence

C'est en s'adonnant à cette suspension du temps que Pierre a permis à son désir de ressurgir. Dans son périple sous le causse Méjean, il n'a fait que suivre les aventures de nombre de rivières de ce pays : le Tarn au Pas de Soucis, la Jonte aux Douze, s'engouffrent sous terre pour ressurgir plus loin.

---

[214] Il faut entendre bien sûr « résurrection » au sens étymologique : acte de ressurgir.
[215] Nelly Costecalde, *Pierre*, in *Les nouvelles d'outre-temps*, éd. Lacour 2013, p. 34

Un peu plus au sud, au pied du Mont Aigoual, il est un autre exemple, grandiose : un calme et modeste ruisseau s'infiltre à l'intérieur du causse de Camprieu et rejaillit soixante-dix mètres plus bas après s'être divisé en plusieurs rivières souterraines formant un labyrinthe d'une dizaine de kilomètres. Au printemps, au moment des fortes eaux, il rejaillit dans un tel vacarme qu'on a nommé le site *Bramabiau*, le bœuf qui brame.
Mais le plus beau, c'est le nom du ruisseau : *le Bonheur* !
Ainsi y a-t-il perte et résurgence du Bonheur !
Voilà qui n'a pas manqué d'inspirer le chantre de cette région, André Chamson.[216]

Et voilà de quoi inspirer l'humanité entière : le bonheur se perd souvent ; il est même la plupart du temps souterrain. Mais il ne cesse de couler, cascader, de se faire torrent et de courir à sa résurgence. Là, en gerbe scintillante, il bondit en un saut de joie. Pour qui a entendu cascader le rire du dauphin, l'océan de l'allégresse n'est pas loin.

Le bonheur est recherché sous des aspects divers. Pour l'un c'est la tranquillité, pour l'autre c'est la postérité ; pour certains c'est la réussite de leurs enfants, pour d'autres c'est l'art, ou la connaissance, ou la justice, la préservation de la nature, la solidarité... Le bonheur a de multiples visages. Pour ceux qui subissent la guerre c'est la paix, pour ceux qui ont soif de pouvoir c'est la guerre. Pour tant et tant d'exilés, c'est d'aller chercher ailleurs une vie digne d'eux, au risque de la perdre, leur vie. Tous cherchent à aller mieux, à s'approcher d'un idéal de vie qui les tient debout. Et c'est ce qui fait leur dignité, c'est là que réside leur courage.

---

[216] André Chamson, *L'auberge de l'Abîme*, éd. Grasset, 1933

Si ces considérations heurtent un certain esprit de commisération qui nous a appris à considérer surtout le malheur des gens, j'en appellerai à un auteur qui n'est pas de ceux que je cite souvent, saint Augustin : « Le bonheur, n'est-ce pas ce à quoi tous aspirent et que personne ne dédaigne ? Où l'ont-ils connu pour le vouloir ainsi ? Où donc l'ont-ils vu pour l'aimer ? Certainement il est en nous : comment ? Je ne sais pas. […] Même dans la tristesse, j'évoque ma joie, comme dans le malheur je me souviens du bonheur.»[217]

Si je suis malheureuse, c'est que j'ai l'idée d'un bonheur qui devrait être le mien. Si l'on n'ose parler de joie de vivre devant ceux qui se débattent dans la souffrance, accordons-leur au moins la soif de vivre, ou l'élan de vie, ou la persévérance dans l'être, le fameux conatus spinozien.

### Le spectre de la danse

C'est encore un danseur, et non des moindres, qui nous délivre une étonnante leçon de résurgence.

En 1939, Nijinski, le génie bondissant de la danse, le fabuleux spectre de la rose, ne danse plus. Vaslav Nijinski est fou. Depuis vingt ans il végète d'hôpital en hôtel, d'accès de violence en catalepsie, lui naguère éclair fulgurant. De la danse qui fut son âme, dont il fut l'âme, il ne sait plus rien.

Serge Lifar, une des dernières étoiles des Ballets Russes, vient le voir. Il danse pour lui, dans l'espoir de lui remémorer les pas, les rôles de sa jeunesse. Un photographe est là. Quel legs pour nous ! Huit photographies livrent une résurgence bouleversante :

---

[217] Saint Augustin, *Confessions*, livre X, chap. 20 éd. Garnier-Frères, 1960, p. 105

- 1 : Avachi sur sa chaise, Vaslav Nijinski est fasciné par les pieds de Lifar qui s'échauffe à la barre : les pointes cambrées, les chaussons lui rappellent-ils quelque chose ?
- 2 : Une arabesque pliée, la tête de Lifar, encadrée par un bras en demi-couronne, s'abaisse au niveau de celle de Vaslav : Nijinski lève un regard interrogateur vers le visage de Lifar.
- 3 : Toujours à la barre, Serge Lifar élève la jambe droite : Nijinski se lève aussi et esquisse, face à Lifar, un *dégagé* de la jambe gauche. Il a posé sa main droite sur la barre ; il a repris contact avec la danse oubliée.
- 4 : L'émotion est-elle trop bouleversante ? Vaslav Nijinski, essoufflé, porte la main à sa poitrine.
- 5 : Il s'accroche à la réminiscence des chaussons ; Lifar lève une jambe pour lui en montrer un de près.
- 6 : Quelqu'un met un disque ; Lifar danse ; Nijinski se penche, sourit, s'anime. Le génie de la danse lui revient-t-il du Paradis perdu ?
- 7 : Lifar est courbé au sol. Au-dessus de lui, Nijinski déploie ses bras comme un vieil oiseau blessé.
- 8 : Soudain, tout droit, il s'élève en l'air, le visage comme étonné de cette soudaine résurgence.

Ce bond a jailli sans préparation, sans élan. Il se tenait ramassé au fond du corps alourdi, comme un félin pelotonné, prêt à la détente, depuis vingt ans !

Ultime saut, somme de tous les sauts, quintessence, spectre de saut, fulgurance d'un élan vital qui s'affirme une ultime fois. Car Nijinski est ensuite retombé définitivement dans sa morne inertie.

On pourrait être tenté de dire que son esprit avait oublié la danse mais pas son corps. Mais la série de photographies montre bien que le spectre de la danse était tapi aussi dans son « esprit » puisque la porte de la mémoire s'est entrouverte quand il a regardé le visage de Lifar, puis ses chaussons. Enfin, c'est la musique qui l'a ouverte à pleins battants, laissant s'envoler l'esprit du bond comme celui de la lanterne magique d'Aladin. Où était-il embusqué ?

Le visage de Nijinski ne marque ni plaisir ni joie dans ce saut ressuscité, mais plutôt de l'étonnement. Comme si, du fond de son aliénation, il extirpait le ressort même de la conscience réflexive : l'étonnement d'être et de se sentir être.
Peut-être aurait-il manifesté de la joie s'il avait voulu que ce saut ressurgisse encore. Mais sans doute n'en avait-il plus le désir. Ce qui est remarquable, c'est qu'il a littéralement lévité, sans prendre d'élan. Par-delà l'exploit que ça représente – et qui témoigne de la persistance d'une constitution physique hors du commun – cette absence d'élan révèle un pathétique *manque* d'élan. Une perte –sans résurgence – du désir.

Pour que le désir engendre la joie, il faut la mémoire et la confiance : il faut se rappeler qu'on a connu le bonheur et être confiant dans la possibilité de le connaître de nouveau. Les larmes sont alors à la fois amères et douces. Elles sont regret mais elles sont aussi une prière adressée à l'avenir. Comme toute prière, elles jaillissent d'une foi : la croyance que la joie renaît de ses cendres.

Joie  
Sacré  
petit phénix  
qui jaillit en riant  
de mon corps cisaillé  
un deuil bouscule  
un autre deuil  

Je suis au seuil  
le seuil bascule  
et mon cœur mitraillé  
rebondit en riant  
petit phénix  
sacré  

Joie

**Rire de pleurer**

Le rire c'est la conscience réfléchie, la distance, le recul de soi face à soi, pour faire la paix avec soi-même et avec le monde. Si Nijinski avait ri de se voir sauter tout d'un coup, sans élan, cela aurait été le signe de sa guérison. Le malade mental, souvent, ne peut plus rire ; le dépressif n'a plus de recul ; le délirant croit totalement à son récit, aussi loufoque soit-il. Le rire est le propre de l'homme qui va bien. Il est à la fois diagnostic et remède. Le rire est médecin ; je l'ai expérimenté, de façon cocasse, dans ma jeunesse.

Rentrant tuméfiée moralement d'une soirée au cours de laquelle j'avais reçu un camouflet cinglant, je grimpe à la hâte mes cinq étages et je m'effondre sur mon lit. Je vide toutes les larmes que mon corps peut produire, je me vide de mes forces. J'en garde assez, tout de même, pour me relever et me diriger vers la salle de bains. J'allume la lumière et me tiens face à la glace. Oh, que c'est bon de se regarder pleurer ! Je contemple mon visage défait, labouré de coulures de maquillage. Mes pauvres yeux gonflés s'efforcent de se regarder eux-mêmes à travers le trouble rideau lacrymal.

Soudain, c'est l'explosion salvatrice : j'éclate de rire, à me voir si malheureuse.

Je ris de me voir si moche en ce miroir ! Je ris et je ris de mon drame pathétique, de ma dérisoire tragédie. Je ris, je suis guérie !

Le rire – le rire médecin, le rire salvateur, non pas le rire destructeur - est une jubilation tout à la fois dionysienne et apollinienne. Le rire est pure sauvagerie ravageuse et en même temps il a l'aristocratie du second degré. On se vautre dans le désastre, on secoue la fatalité bestiale prête à vous engloutir, on la secoue de toute sa superbe, sans illusion, mais fort d'avoir dit « oui » à son destin. « Ce que vous devriez apprendre, c'est l'art de la consolation *terrestre* ; vous devriez apprendre à rire, mes jeunes amis, même si vous tenez à rester pessimistes. » Et c'est Zarathoustra, le danseur qui parle : « Levez les jambes, bons danseurs, ou mieux : tenez-vous aussi sur la tête ! »[218] Zarathoustra, danseur Hip Hop avant l'heure, Nietzsche, collapsologue avant la proclamation de l'anthropocène ? « Tandis que le désastre qui dort au sein de la civilisation théorique commence à inquiéter l'homme moderne », il est urgent de « nier absolument la prétention de la science à une valeur et à des fins universelles. »[219]

Comment rire encore à l'heure de la sixième extinction des espèces, alors que la planète Terre s'embrase et que des milliers d'humains sont acculés à se jeter sur les routes ou à la mer ?
Comment danser encore après Hiroshima et Nagasaki ?
Pourquoi danser encore et pour quoi ?

---

[218] Friedrich Nietzsche, *La Naissance de la tragédie* éd. Gallimard, 1970, p.176
[219] idem, p.119

CHAPITRE VII

# Danser au-dessus de l'abîme

> Je n'avais qu'un désir,
> c'est que cet horrible accident
> fût transformé en beauté.
>
> Isadora Duncan[220]

On peut trouver dérangeante cette allégeance obstinée à la joie et à la beauté. Oser être joyeux au milieu de tant de malheur ! Vouloir encore ressurgir, s'envoler, jubiler ! Se suspendre au-dessus du gouffre ! Gare au plongeon qui ne saurait tarder.
Oui, il faudra replonger après l'envol et l'extase. La pesanteur nous happera, inévitablement, et nous serons repris par les souffrances, la cruauté et l'abjection du monde qui se trouvent inextricablement et scandaleusement mélangés aux félicités et aux émerveillements. La vie nous enseigne que bonheurs et malheurs coexistent et s'entrecroisent. Alors garder le cap de la joie : un égoïsme éhonté ? Quand les malheurs du monde seront-ils pris en compte ?
Maintenant, toujours, à chaque instant.

Je ne peux vivre, et je ne peux danser, sans me préoccuper de ce qui se passe autour de moi, même si je connais mon impuissance. Ce n'est pas seulement un impératif éthique ; c'est une nécessité existentielle. Si danser est tisser les liens à l'autre et à l'espace environnant, c'est cultiver l'empathie. Même les danses les plus

---

[220] Isadora Duncan, après la mort accidentelle de ses enfants, *Ma vie*, éd. Gallimard, 1969, p. 275

violentes reposent sur une symbiose des corps vivants. Si les chorégraphies de Pina Baush soulèvent tant d'enthousiasme de par le monde, c'est qu'elles donnent à voir, mélangées, l'agression et l'attraction des corps, leur détresse et leur tendresse. *Café Muller*, par exemple, montre la brutalité de corps qui tâtonnent, se heurtent, se projettent contre un mur, se consolent avant de se laisser reprendre par leur transe, tandis qu'une sorte d'ange gardien déploie un soin empressé pour écarter les embûches de leur chemin. La représentation de la violence, parfois insupportable, ne peut se faire que par la fraternité des corps.

**Violence et empathie**

Tendresse et atrocité, la danse est loin d'être la seule à nous les montrer mélangés. La photo du petit Aylan trouvé mort sur une plage de Turquie, qui a soulevé d'immenses mouvements d'indignation, est un emblème de cet affreux mélange de cruauté et d'empathie auquel nous sommes, à travers les média, confrontés désormais quotidiennement. Deux mois plus tard, nous pouvions voir des images de l'attentat du Bataclan, mêlant l'horreur et quelques actes de secours admirables : tel qui a reçu une balle pour être allé attraper un blessé par les pieds et le tirer à l'abri, tel qui s'est fait prendre en otage pour avoir tendu la main à une femme enceinte suspendue à une fenêtre au-dessus d'une porte où les gens s'effondraient sous les tirs, tel vigile non armé qui a pris des risques pour aller ouvrir des sorties de secours, tels policiers entrés à deux, sans attendre les renforts, dans la salle du carnage.
Ainsi, aujourd'hui, chacun d'entre nous peut voir son courage mis à l'épreuve. La bravoure n'est plus l'apanage des combattants ; n'importe quel passant, voyageur, usager,

employé, consommateur, spectateur, n'importe qui peut s'illustrer. Triste banalisation.

Une pandémie succède aux épidémies et aux attentats : voici les travailleurs des tâches vitales, soignants, pharmaciens, éboueurs, commerçants, promus d'un coup au rang de héros tandis que l'ensemble de leurs concitoyens sont confinés. Nous devons donc apprendre à vivre avec le risque de périr à chaque instant, ou pire peut-être : de survivre mutilé, physiquement, moralement.

Si nous voulons continuer à aller et venir, vaquer à nos occupations, poursuivre nos projets, si nous voulons continuer à vivre, en un mot, il est devenu urgent – vital – de devenir tous philosophes c'est-à-dire « apprendre à mourir», selon ce grand amoureux de la vie qu'était Montaigne. C'est urgent et c'est le seul état d'urgence nécessaire pour ne pas être dépossédé de l'unique bien qui nous appartienne en dernier ressort : notre vie, notre vie jusqu'à sa fin. Les progrès sociaux et médicaux, la prospérité et la relative tranquillité de la deuxième moitié du XXe siècle ont eu tendance en Europe à nous faire oublier que pouvoir vivre et mourir « de sa belle mort » a toujours été un privilège hasardeux. L'accident, la catastrophe, l'assassinat, la razzia, les représailles et les répressions ont de tout temps guetté les vies pour les écourter, souvent sans prévenir. Le terrorisme mondial, les pandémies du XXIe nous rappellent que le lot de chacun est d'« être guetté par l'arbitraire d'une mort qui ne nous est pas personnellement destinée, être tuable par hasard, recevoir une mort qui n'est pas la nôtre en propre, voilà la mort sans nom, charriée par l'expression « terrorisme aveugle. »[221]

En revanche, le terroriste qui aspire au « martyre » recherche bien une mort qui lui est personnellement destinée. L'aspiration

---

[221] Fehti Benslama, *Un furieux désir de sacrifice, le surmusulman*, éd. du Seuil, 2016, p 17

à l'héroïsme personnel, qui vient souvent compenser une perte d'identité sociale, est mélangée à - ou cachée par - la dépersonnalisation du combattant qui sert la cause. Mais le destin individuel semble bien rester le moteur de l'action. On sait que le martyre est censé procurer le ticket gagnant : un aller direct et sans retour pour le paradis, avec son harem de houri toujours vierges. Est-ce vraiment là renoncer à son corps ? Avant même le grand voyage, se rêver en héros et martyr, n'est-ce pas une satisfaction, voire une jouissance, personnelle ?

Début 2017, la journaliste Elsa Vigouroux rendait compte des rêves manqués de Sara, 16 ans, qui venait d'être arrêtée avec son compagnon. Tous deux étaient de nouveaux convertis à un Islam délirant. Elle devait devenir "la veuve d'un homme qui allait entrer dans l'histoire en faisant sauter la Tour Eiffel", elle serait accueillie en Syrie comme une princesse, et pourrait y refaire sa vie, avoir des enfants avec un autre. ». Mais voilà, c'était raté ; retour à la case prison. Quelques mois auparavant, Sara avait publié un texte intitulé « Âme » ou la partie vivante d'elle-même dialoguait avec sa partie morte.

Et c'est ça qui est le plus terrifiant dans ce terrorisme : la fascination pour la mort.

Reprenant les paroles d'Oussama Ben Laden, le tueur Mohammed Mehra a nargué la police et la société en lançant : « Moi, la mort, je l'aime comme vous aimez la vie. » Mais en réalité, ce qu'ils appellent la mort, n'est-ce pas plutôt une autre vie, paradisiaque, qu'ils veulent tout de suite ?

## Paradis en perdition

Tout au long de son histoire l'humanité l'a aimée, la vie. Elle l'a d'abord cueillie et chassée. C'était un peu le paradis sur terre. Puis elle l'a cultivée et c'était encore comme un jardin d'Éden.

Mais voilà qu'elle s'est mise à la manufacturer, à l'artificialiser, l'industrialiser, l'exploiter jusqu'à l'épuisement. L'humanité a-t-elle joui de la vie au point de la tuer ? Serions-nous tous pris dans une spirale thanatophile ?

On le sait désormais : nous sommes définitivement entrés dans l'ère anthropocène, cette « révolution géologique d'origine humaine »[222] qui a débuté lorsque les activités industrielles ont commencé à avoir un impact global négatif sur l'écosystème terrestre.

Le mot « anthropocène » est devenu courant depuis l'attribution en 1995 du Prix Nobel de chimie à Paul Josef Crutzen, météorologue et chimiste de l'atmosphère. Le spectre du réchauffement climatique s'est alors mis à hanter les esprits et à faire douter du dogme cartésien de « l'homme maître et possesseur de la nature ».

Au XVIIIe siècle, Buffon pensait l'humanité capable de stabiliser le climat et la température. Et c'était vrai : nous étions encore à l'époque holocène, cette longue période de 10 000 ans où les activités agricoles et forestières avaient provoqué une certaine stabilité atmosphérique. Pourtant, au même moment, « un grand débat traverse les sociétés européennes, débat portant sur les conséquences climatiques de la déforestation. » et « En 1821, Charles Fourier porte le diagnostic d'un « déclin de la santé du globe »[223].

Nombre de lanceurs d'alerte ne furent pas entendus. Et aujourd'hui, outre les guerres, les persécutions et la misère, des gens du monde entier fuient des contrées devenues stériles ou bien en voie de submersion et tentent, souvent en vain, de se réfugier dans une Europe qui leur semble un Eldorado. Pourtant,

---

[222] Christophe Bonneuil et Jean-Baptiste Fressoz, *L'événement anthropocène*, éd. du Seuil, 2013, p. 10
[223] Idem, p.205 et 210

par son modèle d'industrialisation à outrance, d'extractivisme, de financiarisation généralisée - modèle qu'elle a exporté dans les grandes largeurs par l'esclavage, la colonisation et la lutte contre « l'obscurantisme » - cette même Europe s'avère largement responsable de la ruine de la planète.

« Ruine de la planète »… on a pris l'habitude de désigner ainsi le dérèglement climatique et ses conséquences. Mais la planète Terre, en tant que telle, ne les subira pas, ces conséquences. La sixième extinction est en cours ; des statistiques alarmantes nous en avertissent : un million d'espèces sont en danger d'extinction. [224]. L'humanité survivra-t-elle à cette hécatombe dont elle est responsable ? Ne souffre-t-elle pas déjà dans sa chair des zoonoses provoquées par la destruction des habitats naturels de la faune sauvage ?

Certes, la terre continuera à tourner sans nous. Du moins jusqu'à ce qu'elle se trouve absorbée par le soleil, dilaté en « géante rouge », dans cinq à huit milliards d'années. Le système solaire et la Voie lactée entière, comme toutes les galaxies, sont de toute façon en perdition.

Selon les visions les plus pessimistes, l'activité humaine ne ferait qu'accélérer la désorganisation universelle qui découle inéluctablement du deuxième principe de la thermodynamique. «Avec la thermodynamique de Carnot (née de la machine à vapeur), le regard se déplace de la matière à l'énergie. [...] et l'Univers tout entier s'achemine vers sa mort thermique.»[225] Pour des penseurs plus optimistes, comme Edgar Morin, « le phénomène de désorganisation (entropie) poursuit son cours dans le vivant, plus rapidement encore que dans la machine artificielle

---

[224] Rapport de la Plateforme intergouvernementale scientifique et politique sur la biodiversité et les services écosystémiques (IPBES), 6 mai 2019
[225] René Passet, *Du côté de l'économie*, in *Voyage au cœur des sciences humaines, de la Reliance*, éd. L'Harmattan, 1995, p. 173

mais, de façon inséparable, il y a le phénomène de réorganisation (néguentropie). […] l'ordre auto-organisé ne peut se complexifier qu'à partir du désordre. » [226] Pouvons-nous espérer que le dialogue entre Dionysos et Apollon maintienne la pérennité de l'Univers, voire la succession ou la coexistence de plusieurs univers ?

L'espoir que l'univers soit immortel peut consoler un peu. Celui que d'autres êtres vivants s'y trouvent peut consoler aussi. Mais n'espérons pas y trouver des sœurs et des frères ; ils ne pourront nous ressembler ni vivre dans le même espace-temps que nous. S'ils se manifestent un jour, notre humanité aura probablement disparu car elle se sait désormais mortelle, comme les individus qui la composent.

Le sachant, doit-elle pour autant, comme les terroristes-martyrs, se faire meurtrière suicidaire ?

## Biocide

Nietzsche a eu, bien avant la proclamation de l'anthropocène, une vision étonnamment prémonitoire des conséquences d'une théorie de la connaissance (classique, issue de Socrate) qui se mettrait au service des égoïsmes individuels et nationaux : « Il est vraisemblable qu'en ce cas des destructions généralisées et de continuelles migrations de peuples auraient si bien affaibli la joie instinctive de vivre que l'individu aurait peut-être vu dans la coutume du suicide le dernier vestige d'un devoir moral… » [227]

Faut-il voir dans l'acharnement que nous mettons à épuiser nos ressources et à détruire notre milieu vital, un des symptômes, au

---

[226] Edgar Morin, *Introduction à la pensée complexe*, éd. Point Seuil, 2014, p. 44
[227] Friedrich Nietzsche, *La naissance de la tragédie*, éd. Gallimard, 1970, p. 99

même titre que les attentats-suicides, d'une vaste pandémie dépressive ?

On peut aussi se demander si ce sinistre mouvement d'autodestruction n'aurait pas son acte de « naissance » en 1945, avec l'invention de cette inimaginable arme de destruction universelle qu'est la bombe atomique. Inimaginable et pourtant imaginée, inventée, perfectionnée, démultipliée, acceptée en silence par la majorité, présentée par les dirigeants comme une « assurance-vie ». Cynisme ou inconscience ? Les deux sans doute.

Certes, certains de ses inventeurs principaux ont signé en 1955 le *manifeste de Russel et Einstein* pour alerter du danger épouvantable de cette machine infernale. En vain, on le sait. Et trop tard. Dix ans auparavant, l'arme infernale avait été utilisée contre Hiroshima et Nagasaki, pour faire semblant d'arrêter une guerre qui l'était déjà (la reddition du Japon était en marche, le fait est désormais documenté) : 110 000 personnes tuées sur le coup selon les rapports officiels. Mais en raison des graves effets des radiations sur le métabolisme humain, le nombre initial de décès à Hiroshima et à Nagasaki a pratiquement triplé au cours des cinq années qui suivirent les deux bombardements, pour atteindre plus de 300 000 morts.

S'en est suivie une escalade aux armements atomiques qui se poursuit aujourd'hui encore, malgré les accords de limitation non respectés, bafoués, voire annulés. Les armes nucléaires continuent à se multiplier, se moderniser, se miniaturiser malgré le *Traité international d'interdiction des armes nucléaires* adopté en juillet 2017 par 122 États et qui entrera en vigueur lorsque cinquante d'entre eux l'auront ratifié.

À mi-parcours, le XX$^e$ siècle était déjà champion des hécatombes et des génocides. Outre les millions de civils transformés en soldats par une mobilisation hâtive et massive durant les deux guerres mondiales, avaient également été envoyés à l'abattoir des malades mentaux, des homosexuels, des militants politiques indésirables et des populations entières, juives, arméniennes, tsiganes, etc. La guerre n'était plus une affaire de militaires mais de tueurs de masse. Et c'est au foyer de cette fournaise infernale qu'a été forgée l'arme totale, capable d'anéantir toute vie sur terre en même temps que son utilisateur : la bombe atomique.
Le type idéal de l'attentat suicide suprême entraînant une longue épidémie radioactive était instauré dans des dimensions apocalyptiques. Comment ne pas voir dans les djihadistes du XXI$^e$ siècle de malingres rejetons de ce « modèle » monstrueux de terrorisme d'État ?

Jonathan Schell montrait en 1982 que la bombe atomique était capable de réduire la Terre à « une république d'herbes et d'insectes »[228]. Mais déjà en 1928, Gandhi dénonçait le caractère destructeur de l'hyper industrialisation impulsée par l'occupant britannique : « L'impérialisme d'une seule petite monarchie insulaire tient aujourd'hui le monde enchaîné. Si une nation entière de 300 millions de personnes [la population de l'Inde à l'époque] prenait le même chemin d'exploitation, cela raserait le monde aussi sûrement qu'une invasion de sauterelles. »[229]
Après nous, les herbes, les insectes…

Dès 1948, Fairfield Osborn liait les destructivismes nucléaire et écologique : « Cette autre guerre mondiale […] grosse d'un désastre final pire même que celui qui pourrait provenir d'un

---

[228] Jonathan Schell, *Le destin de la Terre*, éd. Albin Michel, 1982, p.78
[229] Gandhi, *Gandhi, Essential Writtings* in The Oxford India, 1928

abus de la bombe atomique, cette autre guerre, c'est celle de l'homme contre la nature. »[230]

Or, ces deux guerres, Jonathan Schell les lie aussi : « Entre les applications économiques 'constructives' de la technologie, et les applications militaires 'destructrices', la nature, elle, ne fait pas ce genre de distinction : toutes deux sont les têtes de pont de la domination humaine dans un monde naturel sans défense. [...] Le péril atomique devrait se trouver au centre même de la crise écologique – comme une sorte d'Everest noyé dans les nuages et dont les attaques les plus immédiates et les plus visibles perpétrées contre l'environnement ne constitueraient que le pied». Par «la tendance destructrice, voire suicidaire, qui est en chacun de nous [...] c'est l'humanité tout entière qui représente un danger pour l'humanité tout entière». Et «nous ne retrouverons jamais plus l'époque où l'extinction de la race humaine n'était pas en notre pouvoir. »[231]

Fini le temps où mort et naissance se passaient le relais. Schell montre que l'homme a réussi « l'exploit » de provoquer une mutation de la mort, qui perd son rôle dans le renouvellement des espèces. Ces dernières, vouées à l'extinction, n'ont plus de postérité. La mort est morte ; c'est l'homme qui l'a tuée.

Mais, tuant la mort, l'humanité tue aussi la naissance. La pollution réduit la fécondité, elle ne permettra plus, à terme, le renouvellement des générations. Par un effet d'inertie propre à la démographie, la population mondiale continue encore d'augmenter mais les projections démographiques montrent qu'elle en viendra très probablement à stagner vers 2100. Et il le faut, car notre planète ne peut pas nourrir un nombre toujours croissant d'habitants. L'antique « croissez et multipliez » n'est plus un mot d'ordre salutaire.

---

[230] Henry Fairfield Osborn *La planète au pillage*, éd. Payot, 1948
[231] Jonathan Schell, *Le destin de la Terre*, éd. Albin Michel, 1982, p.122-3, 126-7-8

Le péril atomique et le péril écologique se conjuguent pour menacer les générations à venir. Ils les menacent de ne pas advenir. C'est un crime encore plus terrifiant que le meurtre des vivants : l'empêchement des générations futures, l'extinction à l'horizon. Les jeunes gens d'aujourd'hui en sont bien conscients, eux, les premiers concernés. Le péril est à ce point avancé qu'il ne menace pas seulement les enfants à naître, mais ceux qui sont déjà là, ceux qui sont déjà en train de faire leurs études. Et c'est d'eux que vient le sursaut de conscience ; ce sont les adolescents qui, à la suite d'une d'entre eux, enjoignent les adultes de se reprendre, de cesser de compromettre leur avenir, de restaurer la transmission générationnelle.

Les enjeux sont colossaux. À l'heure où ces lignes sont écrites, on sait que l'objectif adopté par la COP21 en 2015 de limiter le réchauffement climatique à 1,5°C n'est plus atteignable. Or, si l'on parvient à le maintenir à 2°C il faut s'attendre à plusieurs centaines de millions de victimes supplémentaires des catastrophes et de la pauvreté d'ici 2050, [232] sans parler des conflits et des migrations que cela engendrera.

« L'horloge de la fin du monde » ou « horloge de l'Apocalypse » a été conçue en 1947 par les chercheurs du *Bulletin of the Atomic Scientists* de l'université de Chicago, sur laquelle minuit représente la fin du monde. Elle est mise à jour tous les ans, en fonction du niveau de menace que les armes nucléaires font peser sur le monde. Depuis 2007, elle prend aussi en compte les dégâts écologiques et climatiques. En 2020, les dangers de la désinformation politique s'ajoutant comme déclencheurs potentiels des deux autres, l'horloge de la fin du monde passe pour la première fois en-dessous de deux minutes. À l'heure où ces pages sont écrites, elle marque minuit moins cent secondes.

---

[232] Rapport du GIEC, octobre 2018

Comment en sommes-nous arrivés là ? Comment le développement de la connaissance, qui nous a apporté tant de bienfaits, depuis les progrès de la médecine et l'allongement de l'espérance de vie, jusqu'à l'exploration de l'univers, en passant par toutes les merveilles des sciences, de la littérature, des arts, comment l'admirable épanouissement de sapiens sapiens a-t-il pu porter ces virus mortels ?

Qu'est-ce qui succèdera à la civilisation industrielle en cours d'effondrement ? Dans le cas le plus favorable, une autre civilisation désintoxiquée des poisons nommés argent, rentabilité, productivité, concurrence, consommation… Faisons tout notre possible pour que nos grands musiciens, artistes, penseurs, tous les ambassadeurs de paix, de fraternité et de joie y soient encore des lumières.

Mais quand bien même l'humanité parviendrait à s'adapter, saura-t-elle ressusciter les centaines d'espèces animales et végétales disparues ? Que les humains se détruisent eux-mêmes, c'est une tragédie. Mais qu'ils exterminent en même temps, ou plutôt avant eux les autres êtres vivants, c'est un crime, un crime de biocide.

Beaucoup de scientifiques ont compris que la rationalité cartésienne qui divise toutes choses pour les comprendre, en commençant par dissocier le sujet pensant de la «chose étendue» (le corps), a mené à la catastrophe actuellement en cours. Avec un humour amer, Edgar Morin remarque qu'on en est arrivés à ce que «les disciplines des sciences humaines n'ont plus besoin de la notion d'homme. [...] Tandis que les media produisent la basse crétinisation, l'Université produit la haute crétinisation.»[233]

---

[233] Edgar Morin, *Introduction à la pensée complexe*, éd. Points Seuil, 2014, p. 19-20

Une idée progresse aujourd'hui : « ouvrir la pratique scientifique aux milieux non-scientifiques, et y inclure une éthique. […] Pour avancer, il faut rapidement jeter des ponts entre les organismes de recherche, mais aussi entre chercheurs et citoyens.»[234] Probablement cette voie, qui a commencé à être ouverte, sera la condition sine qua non pour limiter les conflits. En effet, les mesures à prendre sont si urgentes et si drastiques que, si elles sont décrétées d'en haut, elles provoqueront inévitablement des révoltes. On a commencé à le voir. Il est impératif que l'exigence de transition écologique et de démantèlement des armes de destruction massive émane des citoyens. Ce serait une révolution socio-économico-politique, un indispensable changement radical du rapport entre les vivants.

Cette coopération de tous à la survie générale devrait d'ailleurs être relativement naturelle étant donné les lourdes épreuves qui ont commencé et qui vont s'aggraver. Il a été observé que des colonies d'animaux soumises à un stress, comme certains chimpanzés chassés de leur forêt vers la savane où l'eau leur manque, développent des comportements de solidarité et d'empathie qui leur permettent de survivre. De même chez les humains : juste après une catastrophe, l'entraide est généralement spontanée. Encore faut-il qu'elle se prolonge et s'organise pour durer, faute de quoi les conduites égoïstes et la loi du plus fort auront vite fait de reprendre le dessus avec leurs inévitables conséquences violentes mais aussi auto destructrices car « les groupes humains qui ne s'entraident pas auront moins de chance de s'en tirer.» [235]

Certains, conscients du fait que l'enjeu est un véritable changement de mode de vie, un changement éthique, se

---

[234] Pablo Servigne, Raphaël Stevens, Gauthier Chapelle, *Une autre fin du monde est possible*, éd. du Seuil, 2018, p.127
[235] Idem, p.200

regroupent déjà depuis plusieurs décennies pour lier action objective et travail sur soi. C'est « l'écologie profonde » d'Arne Næss, « l'écopsychologie » de Théodore Roszak, « le travail qui relie » de Joanna Macy, « la collapsosophie » de Servigne, Stevens et Chapelle…et d'autres sans doute. Toutes ces démarches reposent sur la conviction que le sens que l'on confère à son action prévaut sur les chances de la voir aboutir favorablement. Pour certains, cela relève du repli survivaliste, pour d'autres cela ne peut qu'œuvrer en faveur d'une issue favorable.

La puissance des modes d'action bienveillants est de porter en eux-mêmes les germes de l'avenir souhaité. C'est ce qui a donné leur force à Gandhi, Luther King, Havel et tant d'autres. C'est ce qui a soutenu tant de réprimés et de déportés, comme le docteur Viktor Frankl qui a survécu aux camps nazis parce que, disait-il, « l'important n'était pas ce que nous attendions de la vie, mais ce que nous apportions à la vie. »

## Choisir la vie

Le dimanche 10 décembre 2017, j'ai regardé la cérémonie de remise du Prix Nobel de la Paix à ICAN, la *Campagne Internationale pour l'Abolition des Armes Nucléaires*, qui a œuvré à l'adoption par l'ONU d'un traité international d'interdiction des armes nucléaires, traité en cours de ratification. Béatrice Finh, la Directrice générale d'ICAN, a formulé l'ultimatum devant lequel l'humanité s'est placée elle-même : « Nous devons choisir : la fin des armes nucléaires ou notre propre fin. ». À côté d'elle se tenait une survivante d'Hiroshima, Setsuko Thurlow, 85 ans, droite, forte et belle. Le 6 août 1945, Setsuko, à l'âge de 13 ans, s'est trouvée en un instant ensevelie sous les décombres d'Hiroshima avec ses camarades de classe.

Mais elle a entendu un homme, à la surface, lui crier : «N'abandonne pas, continue à pousser, j'essaie de te libérer. Tu vois la lumière à travers cette ouverture ? Rampe dans cette direction aussi vite que tu peux.» Maintenant la vieille Setsuko dit que depuis ce jour, elle n'a cessé de ramper vers la lumière, toute sa vie. Et elle nous demande, à tous, de continuer à pousser, à ramper vers la lumière.
Oui, il faut s'entêter à rejaillir à la lumière.

Lors d'un forum d'été du *Mouvement pour une Alternative Non-violente*, j'ai rencontré et admiré une belle jeune femme solaire, Pinar Selek, qui a dû s'exiler de sa Turquie natale en raison de ses engagements politiques. Pinar, radieuse, nous a lancé : « Résister, c'est être heureuse » et, de toute sa personne, elle prouvait la véracité, la force de cette affirmation. Une soirée dansante a suivi ; j'ai vu Pinar danser, heureuse, robustement résistante.

Elle a raison : seule la joie peut impulser l'énergie nécessaire à la sauvegarde de la vie sur terre. Toute action destructrice, même involontaire comme la surconsommation ou la pollution, est une passion triste et néfaste. Les mouvements pour la sauvegarde du climat sont enthousiasmants de jeunesse, d'inventivité, de gaieté. Je n'oublierai jamais la foule d'adolescents en « grève scolaire mondiale pour le climat », le 15 mars 2019. Perchée sur des marches, rue Soufflot, je les regardais sortir de la place du Panthéon. Leur flot ne cessait de croître, semblant sourdre sans fin de la montagne Sainte Geneviève comme une source de jouvence. Avec leurs slogans humoristiques, leurs pancartes bariolées, leurs fins de défilés dansants, quel espoir ils font renaître ! Les résistances non-violentes aux oppressions sont sous-tendues par une détermination têtue à sauvegarder la vie bonne, l'empathie, et un respect des adversaires. Aux policiers galvanisés, surarmés, parfois désorientés par des directives qu'ils ne comprennent pas toujours, souvent épuisés, voire suicidaires eux-mêmes, on ne se lasse pas de répéter : « La police, doucement, on fait ça pour vos enfants. » Et, si certains redoublent de gaz lacrymogènes, agitent nerveusement la matraque ou s'en servent, d'autres, parfois, esquissent un sourire derrière le casque à visière. Alors, oui, on est heureux.

Un appel a circulé sur les réseaux sociaux : « Faisons du bonheur un acte de résistance ». Il s'inspire des mots de Patrick Viveret : « Choisir d'être heureux est un acte de résistance politique »[236] Croit-on pouvoir aider qui que ce soit si on clame que l'existence est une vallée de larmes ? Comme l'écrivait Robert Misrahi en 1973, « qui, aujourd'hui, oserait dire au prisonnier chilien ou soviétique, à l'affamé du Sahel ou des Indes, à l'immigré turc ou portugais que, pour eux, l'avenir est sans issue ? [...] Qui osera dire à ces aliénés du monde moderne que l'histoire des individus et des sociétés est définitivement forclose ? »[237] Il savait de quoi il parlait, lui qui, enfant d'immigrés pauvres et juifs, privé de sa mère à l'âge de huit ans, ayant échappé plusieurs fois de justesse aux nazis, a construit une philosophie existentielle, éthique et politique de la joie.

Mais c'est une question de choix. On peut parfaitement opter pour l'inverse et retourner l'adversité sur les adversaires qu'on s'invente, bloquer la voie bienfaisante de l'empathie, rendre violence pour violence, et ainsi nourrir la bête immonde.
On peut, comme le fait Pierre-Henri Castel[238], aller jusqu'au bout des pires hypothèses. Il s'agit de se préparer au « mal qui vient »

---

[236] Quotidien en ligne *Reporterre*, 5 février 2015
[237] Robert Misrahi, Éthique, politique et bonheur, éd. du Seuil, 1983, p. 331-332
[238] Pierre-Henri Castel, *Le mal qui vient, une expérience de pensée*, éd. du Cerf, 2018

sous forme de catastrophes climatiques avec leur cortège de guerres (éventuellement nucléaires), de migrations massives et de famines face auxquelles la tentation pour les moins démunis serait de jouir jusqu'au bout, jouir au détriment des plus atteints, jouir de leur malheur, jouir en aggravant leur malheur. Ne voyons-nous pas cette barbarie déjà à l'œuvre lorsque les États nantis se barricadent, rejetant les migrants à la montagne, à la forêt, au ruisseau, à la neige, à la mer ? Poussant la lucidité jusqu'au bout, le seul sursaut possible, d'après Castel, serait d'anticiper et de promouvoir le « bien qui vient » correspondant, « un bien avec des crocs et des griffes », un bien violent contre le mal violent. Bref un « Bien » qui abonde le « Mal ».

Face à l'urgence climatique, certains activistes considèrent qu'il faut en effet passer à des actions dures. En face, les forces de police se durcissent aussi. Comme toujours, il est impossible de savoir « qui a commencé ». Mais ce qui est manifeste, c'est que la violence nourrit la violence et qu'agir pour un objectif pacifique avec des moyens belliqueux c'est déjà avoir échoué.

Pierre-Henri Castel se pose en moraliste, pour faire réagir, dit-il. L'impasse ne serait-elle pas dans le moralisme, précisément ? Moralisme du sachant qui, sachant ce qu'il sait et sachant ce qu'est « le Bien » et ce qu'est « le Mal », rebâtit entièrement une échelle de valeurs –qui ne sont que des valeurs inversées – afin de préconiser tel ou tel comportement, quitte à précipiter la fin des temps. Car l'apocalypse fascine.

Certains savent ce qui va arriver. D'autres, instruits de la grande modestie des sciences les plus avancées où le principe d'incertitude a fait son entrée depuis un siècle, se gardent bien de faire les prophètes et encore moins les moralistes. Interrogé sur l'effondrement annoncé, Edgar Morin répond : « les processus actuels y conduisent, c'est logique. Mais souvent, la vie échappe à la logique.» Loin d'un optimiste naïf, c'est un connaisseur des sciences qui parle, lui qui a tant montré à quel point le hasard intervient dans l'auto-organisation des systèmes.

Quant à la question qui lui est posée de savoir si le Mal est nécessaire pour qu'advienne le Bien, elle appelle chez lui une réponse tout autre que moraliste : «Écoutez, je ne peux pas répondre. La seule chose que je peux dire c'est que depuis l'origine de l'univers – ce que nous ont appris les astrophysiciens – c'est qu'il y a des forces d'union, d'association qui ont créé les atomes, les molécules, les astres, les galaxies, et des forces de désunion, de destruction qui ont détruit l'antimatière, qui font que les étoiles à un moment donné éclatent, qui font qu'il y a des trous noirs. » De même dans l'évolution biologique et dans l'histoire humaine. « Le combat d'Éros et Thanatos durera jusqu'à la fin. Et la seule conclusion que j'en tire c'est : prenons le parti d'Éros contre celui de Thanatos. [...] Plus les jeunes générations prendront le parti d'Éros, plus ils seront bien à travers les périls. »[239]

Sagesse, plutôt que morale.

Les trois « collapsosophes » Pablo Servigne, Raphaël Stevens et Gauthier Chapelle, même s'ils annoncent un effondrement quasi certain, ne se font pas pour autant prophètes de malheur. « Nous ne sommes sûrs de rien ; dès lors, il nous faut nous mettre à courir dans le brouillard, et faire de l'intuition notre alliée. [...] Les esprits qui s'obstinent à chercher à tout prix l'objectivité et la certitude avant de se mettre en mouvement auront plus de risques que les autres de mourir un livre à la main ou derrière un écran.»[240] Mieux vaut prévenir que périr.

---

[239] Thinkerview 19 septembre 2018 : https://www.youtube.com/watch?v=jiyMlZauB8c
[240] Pablo Servigne, Raphaël Stevens et Gauthier Chapelle, *Une autre fin du monde est possible*, éd. Du Seuil, 2018, p. 122

Choisir la vie. Résolument. Sans savoir si on réussira à la restaurer. Mais en faisant tout pour cela.
Choisir la vie, la vie ensemble, seule façon de maintenir la joie. Seule façon de danser encore. « Danser avec les ombres », peut-être, comme disent Servigne, Stevens et Chapelle, mais danser. Car la danse génère de la lumière.
Voilà une énergie renouvelable à l'infini.

## Persister à danser

Si maintenir la joie, c'est résister, alors danser aussi.

### Danser, résister

C'est ce que fait Nadia Vadori-Gauthier depuis décembre 2015 et les attentats contre Charlie Hebdo et l'Hypercasher : elle danse au moins une minute, quotidiennement, en tous lieux.[241] C'est une « résistance poétique, sa « façon de manifester pour une poésie en acte, une poésie du quotidien et des interstices… »[242]
C'est ce qu'a fait Ahmad Joudeh, jeune palestinien né dans le camp de réfugiés de Yarmouk, près de Damas. Mu depuis l'enfance par le désir de danser, il a d'abord résisté à l'opposition violente de son père pour qui un garçon ne peut pas danser[243], puis il a résisté à la guerre et aux menaces des islamistes en dansant, envers et contre tout, dans les ruines de Damas, de Palmyre. Repéré et invité par le Ballet National d'Amsterdam, il mène aujourd'hui une carrière internationale, aide sa famille à distance, nourrit l'espoir de retourner un jour au pays, et balade dans le monde entier ces mots tatoués en sanscrit sur son cou,

---

[241] Toutes ces danses sont filmées et visibles sur le site uneminutededanseparjour.com
[242] Nadia Vadori-Gauthier, *Danser, résister*, ouvrage collectif, éd. Textuel, 2018, p. 18
[243] Comme Billy Eliott, déjà cité.

« là où les terroristes tranchent les têtes », dit-il : Danser ou mourir.

Danser pour résister, c'est ce que font les jeunes Palestiniens à la fin du film désespéré d'Elia Suleirman, *It must be Heaven*. « Face à tout ce désespoir, dit le cinéaste, c'est leur moyen de résister. »[244]

C'est ce que fait Souleymane Sanogo, enfant des rues malien que la danse a réparé et métamorphosé. Il balade maintenant dans le monde entier son solo *La Danse ou le Chaos*.

C'est ce que bien d'autres encore font et feront.

On danse au son des batucadas lors des marches et des actions pour la sauvegarde du climat. Danser pour entretenir l'espoir et la force d'agir face à la gravité de la menace écologique. Et lorsque je distribue des tracts en faveur de la signature par la France du Traité International d'Interdiction des Armes Nucléaires, je le fais de mes deux bras déployés, je tourne sur moi-même, je marque des rythmes, je danse a minima. Et les tracts partent beaucoup mieux…

On a dansé, beaucoup, partout, chez soi, sur son balcon, dans son jardin, si petit soit-il, pendant la longue période de confinement due à la pandémie de Covid19. On s'est filmé en train de danser, on a échangé les vidéos, on a persisté à danser malgré l'empêchement de danser ensemble.

### Inconfinable danse

Début 2020 le monde s'est immobilisé. Sous la menace d'un « ennemi » invisible, un virus inconnu et terriblement contagieux, le monde entier s'est progressivement arrêté de

---

[244] Entretien avec Laurent Carpentier, *Le Monde*, 26-27 mai 2019

produire, de commercer, d'enseigner, de se réunir... Grande suspension. Comme dans la suspension du dauphin, on touchait à l'essentiel : vivre-mourir. Ce n'était certes pas une suspension jubilante, mais beaucoup ont ressenti une espèce de gravité sereine, proche de cette joie grave qui marque les moments tragiques. Une sorte de rendez-vous avec soi-même.

Confinée chez moi comme presque tout le monde, privée de mes chers ateliers de danse, j'ai saisi ce moment exceptionnel pour entrer dans un rapport au mouvement que je me promettais depuis longtemps. C'est tout simple et presque invisible : il s'agit de goûter chaque geste dans sa grâce et sa musicalité singulière. C'est une danse a minima, un plongeon en soi-même pour puiser à sa source dansante qui est aussi source de joie. De joie grave, bien sûr, quand on est immobilisé, assigné à résidence, assigné à résistance, à résisdance.

J'ai ainsi ré-exploré l'infiniment petit du mouvement, ce mouvement mental qui contient déjà le grand déploiement, celui qu'on débusque dans les méthodes de conscience corporelle comme celle de Moshé Feldenkreis, l'intention de mouvement qui amorce déjà l'action, qui l'anticipe et le diffère, qui permet la décision de faire ou ne pas faire.

Combien de fois ai-je pensé à Jean-Dominique Bauby qui, inexorablement confiné dans son corps-scaphandre, a su y déployer, a minima et en grand, une voluptueuse valse avec l'impératrice Eugénie ?

Est-ce par hasard, le beau film « Danser sa peine », de Valérie Müller, a été diffusé sur TF1 au tout début du confinement. On y voit le chorégraphe Angelin Preljocaj mener un atelier de danse avec des détenues de la prison des Baumettes. Ces confinées de longue durée se laissent entraîner dans la création, la re-création d'elles-mêmes, jusqu'à la représentation en public, hors des murs carcéraux, puis la libération anticipée pour chacune d'entre elles au vu de leur évolution. Celle qui était la plus désespérée mesure le chemin parcouru : « Je ne pensais pas être si courageuse. Je ne pensais pas, déjà, survivre, tout simplement. […] J'ai vraiment une énergie, un désir de découverte. Je sens que j'ai besoin de vivre en concentré mes premières années de liberté, j'espère jusqu'à la fin de ma vie. […] Je suis confiante, vraiment, en mon avenir. Et je n'ai aucune projection, j'ai juste envie de vivre. »[245]

### Danser à distance, danser la distance

Juste envie de faire tomber les murs, de renverser les barrières, d'entrer en contact avec le monde entier ; la danse est ce désir et cet accomplissement. Dès lors, comment danser en respectant les « gestes barrières » et la « distanciation physique » imposés par les mesures sanitaires ?
Les danseurs souffrent.

« J'ai envie de contact, de présentiel…Danser à distance ? Faire du Lucinda Child, à distance, en parallèle ? Peut-être les chorégraphes très abstraits y arriveront… », s'interroge Mathilde Monnier. Même perplexité pour Philippe Decouflé : « Comment faire ? Pour le moment je ne sais pas… danser avec des masques, en gardant les distances… c'est quelque chose de bizarre… ça va être difficile. Je ne suis pas très technologie… la danse sur Internet… Moi, ce qui m'intéresse, c'est la rencontre, le contact. Tout ce qui est virtuel, pff… Tout le monde travaille là-dessus, tout le monde travaille sur la même chose, c'est lourd. »[246]

---

[245] Valéry Müller, *Danser sa peine*, documentaire, France, 2019
[246] Les Matins de France Culture, 11 mai et 17 juillet 2020

Pourtant, ce n'était pas si lourd lorsque, le 4 juillet, pour sa 2000$^{ième}$ minute quotidienne de danse, Nadia Vadori Gautier a convié tous ceux qui le voulaient à poster leurs danses simultanément. Une ample joie collective a éclaté à travers les écrans multiples disposés sur la scène du théâtre de Chaillot. Les fauteuils vides en ont été tout emplis. C'est que Nadia, depuis 2000 jours, diffusait sa résistance dansante sur Internet, partageant ainsi les multiples lieux, urbains, naturels ou intimes, où elle avait dansé. Et d'un coup, cette multiplicité se multipliait encore. D'un coup, les séparés se rassemblaient… virtuellement.

Inaugurons-nous une nouvelle ère du lien, comme la radio a inspiré à Marcel Bolle de Bal l'idée de reliance ? Le corps danseur, récepteur-émetteur, le corps sismographe, n'a peut-être pas encore développé toutes ses capacités de sensibilité à distance, de contact à distance. Peut-être a-t-il encore à apprendre des aveugles, privés de toucher par la pandémie, empêchés de déléguer leurs yeux au bout de leurs doigts, ou des sourds, privés par les masques de lecture sur les lèvres et tout le bas du visage et qui sûrement sortent toutes les antennes invisibles de leur corps.

Une nouvelle résilience est à trouver qui, une fois la crise sanitaire passée, aura augmenté nos corps bien plus que toutes les intelligences artificielles et autres cyber prothèses, une résilience nous permettant d'affronter, de déjouer les multiples violences de notre civilisation malade.

### La danse, une haute école d'empathie

La joie et la danse, je l'ai longuement expérimenté, sont de formidables forces de résilience, pour soi-même et pour l'autre.

On ne peut accompagner la souffrance d'autrui qu'en entretenant en soi-même un foyer de joie. Comment trouver l'énergie, les ressources, les actions pratiques pour aider un malade, un mourant, ou des personnes qui souffrent d'injustice, si on n'est pas animé par le sentiment que chacune de nos vies est le bien le plus précieux ?

La danse peut certes, comme tout acte de vie, opter pour la violence, voire la haine.

Elle peut le faire, comme on l'a déjà vu, dans les thématiques exprimées, dans le style choisi. Mais, en-deçà de la mise en scène de la brutalité, les danseurs restent attentifs les uns aux autres dans leur pratique même du mouvement, faute de quoi il ne resterait bientôt plus personne sur le plateau. Ce qui est plus grave, c'est que la danse, comme tout acte de vie, peut opter pour ses propres forces destructives, se dévoyer de son rapport amoureux à soi-même, à l'autre, au monde. Sentir l'autre peut servir à le malmener. Et cela se produit souvent car la danse offre un terrain fertile aux proliférations sadomasochistes : corps martyrisés, déformés sous l'emprise d'un perfectionnisme forcené ou bien embrigadés sous la férule de maîtres de ballet jouissant et abusant de leur pouvoir sous couvert d'exigence. Que de pieds en sang, que d'articulations enflammées, de tendons rompus, d'os fracturés, de carrières brisées, de retraites ou de reconversions anticipées ! Pour quelques accidents fortuits, combien sont dus à un forçage inconsidéré, à une instrumentalisation, une chosification du corps ? Je le redis : le corps n'est pas l'objet mais le sujet de la danse.

Trop de danseurs ou d'apprentis danseurs se trompent en se livrant à une auto sculpture, à coups de burin frénétiques, oubliant que danser est modeler l'espace, moduler le temps, avec l'ensemble de leur personne, indissociablement physique et psychique.

L'empire de l'imaginaire du chorégraphe peut s'avérer tout aussi redoutable, y compris lorsqu'il enseigne une danse respectueuse des corps. J'ai moi-même rencontré de ces maîtres ou maîtresses à danser qui, tout en enseignant une danse fluide, organique, libre, exerçaient une tyrannie, parfois une intrusion dans la vie de leurs disciples en s'appuyant sur un culte *gourouisant* de leur personne. Cette fois, ce n'est pas le corps qui est chosifié, c'est l'univers mental du chorégraphe qui s'impose comme un dogme. Dans les deux cas, la nature de la danse me semble trahie. La spirale de la conscience ne passe plus par l'altérité, comme un nouris-son qui s'arrête net de vocaliser et gesticuler lorsque son interlocuteur ne répond plus. Un bébé à qui on montre sa mère en train de chanter pour lui mais filmée, est capable de se détourner, de se replier, avec une expression de détresse. « Il y a perte de rythme musical et de sympathie quand soit le bébé, soit la mère, est chagriné ou en désaccord émotionnel. »[247]

Le bébé danseur adresse à l'autre en même temps qu'à lui-même une demande de persévérer dans l'être. Son épanouissement est intimement lié à l'épanouissement de l'autre. C'est un bien commun. Dans le film *Capharnaüm*[248], on voit un bébé égaré se mettre à danser et à sourire au son frappé sur une casserole par un garçon en fugue. Comment ne pas voir dans cette scène le rappel imaginaire à la famille perdue ? On a vu que par cette expression corporelle primaire, le nourrisson se nourrit de son et d'image, de son propre son et de sa propre image, produisant la présence imaginaire de l'autre, la satisfaction anticipée de la demande et la réactivation de la jouissance préalablement éprouvée. Cette danse chantée est une expérience de bonheur, un bonheur autoproduit. Ainsi, le désir prend source, non pas dans

---

[247] Colwyn Trevarthen, Laurence Richelle, *L'art musical et conversationnel du bébé*, *Musique et évolution*, portail web Cairn.info, p.109
[248] Nadine Labaki, *Capharnaüm*, long métrage, Liban, 2018.

l'angoisse et le manque, comme on le soutient généralement, mais dans l'élan créateur qui résout et déjoue l'angoisse et le manque par la confiance de pouvoir retrouver un bonheur préalablement éprouvé. Élan gestuel et rythmique, danse.

Ce processus, bien que naturel, ne va pas de soi. Chaque personne développe sa conscience de manière singulière, selon son entourage, sa condition physique, ses circonstances de vie. Très tôt, par une alchimie complexe, le sujet s'oriente vers une plus ou moins grande tendance à « opter » plutôt pour l'autoproduction du bonheur ou plutôt pour l'enlisement dans l'angoisse de manque. Et cette option sera à réitérer ou à modifier tout au long de la vie.

De toute façon, il s'agit d'une option vis-à-vis de l'autre, qui est toujours inclus dans la boucle sujet-monde-sujet. La prime expressivité corporelle – la danse en herbe - instaure le sujet-désir dans sa relation intrinsèque à l'autre, reconnu également comme sujet-désir. La pratique de la danse nourrit à la fois l'ego et l'alter ego ; elle nourrit l'inter ego. Par le travail personnel d'apprentissage, elle satisfait le bonheur de se déployer et de se construire comme individu (avec le risque très répandu de narcissisme obsessionnel). Par le travail collectif, elle répond au désir d'être nourri par l'autre et de nourrir l'autre, réciprocité qui est un facteur d'empathie, chacun s'exerçant à sentir l'autre tout en jouant son propre jeu.

Notons que le pathos ne désigne pas seulement la souffrance mais les affects en général. L'empathie est donc l'aptitude à ressentir, non seulement tout l'éventail des émotions de l'autre, mais aussi ses états corporels, ses mouvements, son énergie. Elle est tout particulièrement à l'œuvre dans les improvisations collectives. Celles-ci offrent au sujet un jeu très varié de rôles archétypiques qui reviennent de façon récurrente :

- le stimulateur qui entraîne l'énergie des autres ;
- le bâtisseur qui structure l'action générale ;
- le révélateur qui met en évidence les contradictions ;
- le provocateur qui appelle les réactions des autres ;
- le contestataire qui s'oppose à l'action générale ;
- l'objecteur qui se soustrait à l'injonction dominante ;
- le pacificateur qui concilie les extrêmes ;
- le conciliateur qui propose des solutions gagnant-gagnant ;
- le consolateur qui vole au secours du perdant ;
- le gardien du troupeau qui tourne à la périphérie du groupe et garde sa cohésion…

Vision idyllique ? Trop de rôles positifs ? Mais si ce n'était pas le cas, la danse en mourrait. Une improvisation qui se laisserait emporter par l'option perverse de l'empathie tournerait au pugilat ou au lynchage. En cessant de nourrir le corps commun elle cesserait d'être de la danse.

Participer à de tels ateliers de danse permet à chacun de tester ses tendances sociales, et d'une façon d'autant plus abordable que, tous ces rôles étant muets, ils restent plus aisément épargnés par les jugements de valeur.

Dans la palette (non exhaustive) des rôles, le genre est à la fois présent et transcendé. L'engagement corporel prend en compte l'identité sexuée par-delà et y compris les rapports de désir sexuel. Les racines infantiles et préverbales de la danse la situent d'emblée dans le champ du désir primal de vivre et se déployer en tant que sujets créateurs d'espace-temps. Si bien que le corps des danseurs, tout en restant genré, cumule les valeurs symboliques des deux sexes, représente l'objet du Désir plutôt que du désir. Plus : il donne à voir, non pas tant l'objet du Désir que le mouvement même de son jaillissement. En ce sens, les corps dansants se déploient en-deçà de la sexuation.

Peut-être y a-t-il là une amorce de réponse à la question du lien très fort de la danse à la féminité. Les femmes, susceptibles de porter en leur sein des enfants dont elles ignorent pendant un certain temps le sexe, seraient-elles mieux placées que les hommes pour sentir intuitivement et naturellement cette énergie présexuelle ?

« Par déterminisme biologique, par influence culturelle, les femmes en général, les mères en particulier paraissent plus que les hommes à même de créer ou recréer des liens de reliance », avance la psychologue Francine Gillot-De Vries[249]. Les femmes, mères potentielles, sont peut-être plus aptes à concevoir et reproduire les méandres dansants de reliance-déliance, cette liance dynamique qui entraîne mère et fœtus dans un incessant va-et-vient entre intérieur et extérieur du corps. Souplesse congénitale de cette liance qui se courbe sur elle-même, se torsade en une circulation fluide, un échange mouvant qui s'autoproduit tout en s'adressant à trois pôles : soi-même, l'autre et le monde extérieur confusément perçu. Autrement dit, c'est une danse.

Mais tout être humain a vécu cela de l'intérieur (de sa mère), homme comme femme, comme intersexué. Il ne s'agit pour les femmes que d'une double prédisposition, en tant qu'ex-portée et en tant qu'ex ou potentielle porteuse. Il est d'ailleurs notoire que la danse moderne a (enfin) vu entrer en son champ de nombreux hommes, effaçant peu à peu le cliché d'une danse féminine plus ou moins explicitement rapportée à la séduction et adressée à un public d'hommes voyeurs.

---

[249] Francine Gillot-De Vries, in *Voyage au cœur des sciences humaines, de la reliance*, éd. L'Harmattan, 1995, p.187

Dans l'acte de danser, il est certainement question d'amour. Mais d'un amour bien plus vaste, bien plus archaïque que l'amour sexuel, qu'il inclut cependant. Peut-être la danse s'adresse-t-elle au premier objet d'amour de tout un chacun, quel que soit son sexe : la mère ou l'adulte nourricier. La danse naît de la jouissance de cette présence, de la façon de faire désir cette présence-absence, de faire jouissance son appel et enfin d'en faire advenir la présence imaginaire.

Autrement dit, par ce jeu de présence - absence - appel - présence imaginaire, la danse construit l'altérité en soi et hors de soi. Danser rend présente une altérité absente. « On ne danse jamais seul », proclame Françoise Dupuy.[250] Et lorsque Georges Didi-Huberman a vu le danseur de flamenco, Israël Galván, danser seul, il lui « semblait plutôt danser avec sa solitude, comme si elle était, fondamentalement, une 'solitude partenaire'. »[251]

On ne danse jamais seul. La danse, cette imagination du corps, fait surgir de nous-même un partenaire indéfectible. Elle fait de l'autre, même absent, même fantasmé, un alter ego. Quelles consolations, mais surtout quelles mutations, quelles inventions, la danse tirera-t-elle de la dure période de pandémie qui retient aujourd'hui les corps de s'approcher ? Saura-t-on, pendant les longs mois que va durer cette pandémie, partager à distance la sensibilité des corps, la nourriture réciproque, la présence dans l'absence, la proximité dans l'éloignement ? La danse peut cela. Que nous ne sachions pas encore comment, quelle aubaine : voilà un bel atelier qui commence !

Pour un tel défi, rappelons-nous le nouris-son que nous avons été : c'est en modulant le temps par nos vocalisations, en

---

[250] Françoise Dupuy, *On ne danse jamais seul, écrits sur la danse*, éd. Ressouvenances, 2012
[251] Georges Didi-Huberman, *Le Danseur des solitudes*, éd. de Minuit, 2006

sculptant l'espace par nos gesticulations, que nous avons inventé la danse et, par elle, la présence imaginaire de notre mère absente. Bien davantage, en réalité, que sa solitude, le danseur a pour partenaire le monde dont il constitue le sens, en-deçà du langage parlé. « La danse en solo est un duo entre le danseur et son environnement, ou entre le danseur et son monde intérieur. [...] Le dualisme hostile de l'esprit et de la matière ne peut plus être considéré comme acquis et l'étude de la conscience de l'unité en danse acquiert une réalité jusqu'ici insoupçonnée. [...] Voir la beauté de la vie et aimer cette beauté pourraient peut-être contribuer à vouloir la conserver et à la protéger »[252], écrivait Rudolph Laban.

Où l'on voit le rapport immédiat de la danse à la nature, sa dimension écologique. Rappelons-nous l'enfance de la danse moderne : Rudolph Laban, Isadora Duncan et bien d'autres prônaient la danse en plein air, en pleine nature, dans un rapport essentiellement non dominateur et non violent avec elle.

Rappelons-nous aussi la propension ancienne des musiciens à évoquer la musique des sphères et de l'univers ; souvenons-nous du *Ballet des plantes* de Lully.

La danse s'ancre dans la prime construction de l'espace-temps ; « tout mouvement tend vers l'espace, à la fois l'espace autour de nous et l'espace en nous. [...] La danse et l'exercice de la danse – vus et pratiqués – nous relient à la source même de l'existence »[253], note Rudolf Laban. Et Nadia Vadori-Gauthier précise encore ce sentiment : « mes partenaires de danse sont tantôt humains (des inconnus, des amis, des artistes, des passants...), tantôt non-humains (lieux, matériaux, architectures, couleurs, ambiances sonores, lumière, vent, pluie...) [...] Il y a

---

[252] Rudolf Laban, *Vision de l'espace dynamique*, éd. Contredanse, 2003
[253] Idem

toujours un duo ou un collectif : le monde et la danse, les matériaux et la danse, les éléments qui m'entourent. »[254]

Ce *corps sismographe* se forme dès les premiers jours de la vie. Daniel N. Stern, par son empathie éclairée de pédopsychiatre et de père de famille nombreuse, a pu se -et nous- représenter la danse d'une tache de soleil sur le mur qui fascinait le petit Joey et qu'il accompagnait de tout son corps depuis son berceau. Il montre comment, à différents âges et étapes de son développement, la trace récurrente de cet émerveillement imprégnera l'imagination de l'enfant, nourrira sa représentation du monde, alimentera « le ballet intérieur de ses sensations subjectives. »[255]

Aussi, la matière lumineuse de la danse[256] devrait être partie intégrante de l'éducation scolaire, dès la maternelle. Une matière tout aussi fondamentale que la langue ou le calcul. Les effets positifs sur les capacités d'apprentissage moteurs, intellectuels, affectifs et sociaux ne sont plus à démontrer.

Les enseignants emmènent de plus en plus les élèves voir des spectacles de danse et c'est une excellente chose car être spectateur de danse, c'est déjà danser. Les chercheurs ont ces derniers temps découvert l'importance des neurones miroirs qui, dès la naissance, communiquent aux neurones moteurs l'information d'un mouvement vu. De ce fait, en regardant danser on accompagne a minima, consciemment ou pas, le mouvement des artistes. Ils dansent *pour* nous, à notre intention et à notre place, comme par procuration. Une empathie naturelle s'échange entre danseurs et spectateurs. On est prêt à passer à l'acte, à se mettre à danser. Ainsi, enseigner la danse aux enfants est la suite naturelle des sorties culturelles ; elles devraient être

---

[254] Nadia Vadori-Gauthier, *Danser, résister*, ouvrage collectif, éd. Textuel, 2018, p. 18
[255] Daniel N. Stern, *Journal d'un bébé*, éd. Odile Jacob, 2012, p.134
[256] Cf p. 96

suivies au moins d'un atelier, au mieux d'une pratique régulière, faute de quoi, on n'a fait que la moitié du chemin.

Il ne s'agit pas seulement d'enseigner des danses toutes faites (ce qui est déjà excellent et qui se pratique depuis fort longtemps) mais aussi d'initier à l'improvisation et à la composition, car c'est possible dès les plus jeunes âges. Dans l'improvisation collective, se déploie « une force mythique interne, individuelle et collective, [...] une découverte de l'immanence [...] abolition des préjugés sociaux, des barrières de groupes, de classes... »[257]

La danse devrait également être proposée à tous, quels que soient l'âge et la condition physique, comme le fait le mouvement de la biodanza. Quelle meilleure école, en effet, d'écoute et d'estime de soi en même temps que de l'autre ? La pratique de la danse, en ce début de XX$^{\text{ème}}$ siècle, se fait volontiers intergénérationnelle, non seulement dans les fêtes, non seulement dans les cours et ateliers, mais aussi sur scène. C'est que le corps est à la fois une mémoire vivante et un générateur de futur. Virtuose dans le jeu des anticipations, des différés et des réminiscences, il donne à voir l'instant présent dans toute la splendeur de son évanescence.

---

[257] Hélio Oiticica, plasticien brésilien (1937-1980), *La danse dans mon expérience*, catalogue Musée d'art moderne de Paris, 2001

CHAPITRE VIII

# Danse, mémoire, instant

Quand je danse, je reviens au souvenir de mon expérience d'origine.
Simone Forti[258]

La joie, si elle sait s'envoler comme une flammèche dansante et légère, pousse en effet dans le lourd terreau de l'existence.

Le cours d'une vie est communément comparé à un fleuve. Métaphore banale, certes, mais juste, car en s'écoulant, toute vie transporte un limon sans cesse enrichi d'expériences, de rencontres, de souvenirs. Par temps calme ce lœss décante et l'onde peut ruisseler, vive et limpide. Mais au moindre remous, la vase s'émulsionne et remonte troubler le présent. Que des turbulences surviennent, c'est alors une boue épaisse que l'existence doit charrier. La mémoire se leste du poids du vécu. Mais elle s'en nourrit aussi, car ce sont alluvions fertiles que nous transportons, un wagage, disent les Flamands. Wagage, bagage de l'existence, engrais d'une vie.
La vie est un long fleuve intranquille.

Mêlé au fleuve de la vie, porté par lui, on peut commencer à « sédimenter », c'est-à-dire décharger sa pensée et son cœur dans

---

[258] Simone Forti, *Manuel en mouvement*, Nouvelles de danse, Contredanse n° 44-45, 2000, p. 210

l'ensemble de son corps, lui déléguer le soin de se souvenir. Car en fait, rien ne s'oublie.

« Tu as un corps qui n'oublie pas », m'a-t-on dit un jour lors d'un entraînement, en constatant que je n'avais pas perdu un apprentissage ancien. Mais en réalité chacun conserve les hiéroglyphes de toute son histoire.

## Mémoire du corps

Tout corps est une mémoire. La cellule, on l'a vu, s'est constituée en gardant le souvenir d'elle-même pour se reproduire et accéder peu à peu à la vie. L'eau, la terre, les plantes, les animaux bien sûr, gardent non seulement la trace de leur histoire, mais aussi le germe de leur avenir. Tout corps est en devenir et partant, à des degrés divers de conscience, gardien de ce devenir.

Il est saisissant de constater que, lorsque nous recherchons un mot perdu, celui-ci ressurgit souvent à l'occasion d'une sensation, d'un geste, d'un retour quelque part… comme si notre corps avait mieux conservé le passé que notre esprit. Comme si la mémoire du corps était plus vaste et plus fidèle que celle de la pensée.

On se représente volontiers la mémoire comme un récipient qui contiendrait les souvenirs, récipient plus ou moins grand, plus ou moins bien rangé, plus ou moins accessible. Ainsi dit-on couramment qu'on a beaucoup de mémoire, ou peu, ou bien qu'on l'a perdue. Comme une chose égarée qu'on aimerait retrouver, un objet enfoui qu'on voudrait exhumer, ou un trésor tombé au fond de l'eau qu'on voudrait faire remonter à la surface. Contrairement à ce qu'on croit, la mémoire n'est pas rétrospective mais prospective : elle émerge, souvent à notre insu, lorsque nous « sommes ailleurs » ou lorsque nous dormons.

« La vérité est que la mémoire ne consiste pas du tout dans une régression du présent au passé, mais au contraire dans un progrès du passé au présent. »[259], remarque Bergson. Le corps grave l'instant présent dans le monde où il est présent. Ainsi le marcheur trace-t-il sa pure présence au monde en l'arpentant. Ainsi le danseur dessine-t-il sa pure présence en lignes sinueuses de pointillés, qui sont perpétuelle émergence de présents.

Le danseur est un marcheur sans sac à dos, sans bagages. Il atteste que rien ni personne ne *possède* de mémoire. Ce n'est pas une chose ; c'est une fonction, qui fonctionne plus ou moins bien. Comme un corps fonctionne plus ou moins bien. Le chien qui retrouve son foyer après des kilomètres d'errance, le saumon qui remonte frayer sur son lieu de naissance, l'oiseau migrateur qui retrouve chaque année ses escales de prédilection, nous montrent bien que la mémoire est corporelle.

Merci à Spinoza, d'avoir soutenu que l'esprit n'est rien d'autre que le corps sous l'aspect de sa pensée. Dans son œuvre « la théorie de la connaissance se situe donc, logiquement et valablement, *après* la théorie du corps et après la théorie de l'unité corps-esprit. »[260]
La joie, qui réside dans le passage d'une perfection à une perfection supérieure, provient de la connaissance toujours plus claire de son corps à travers le flux continu de ses affects.
Être heureux, c'est connaître et aimer sa propre histoire, qui est une histoire corporelle.

---

[259] Henri Bergson, *Matière et mémoire,* rééd. PUF, 2012, p.269
[260] Robert Misrahi, introduction générale à sa traduction de l'*Éthique* de Spinoza, éditions de l'Éclat, 1990.

## Porter son histoire

Dans la distribution des heurs et des malheurs, la vie se moque bien de l'équité. Il est des existences qui ne sont que vicissitudes d'afflictions et de déboires. D'autres semblent se dérouler sous une bonne étoile. Mais par-delà ces inégalités, on remarque que, à sorts comparables, certains se plaignent beaucoup et d'autres moins, ou pas du tout. Pour les uns la vie est un sempiternel fardeau ; pour les autres c'est la vie, tout simplement.
La posture de victime a ceci de pernicieux qu'elle comporte une part de jouissance narcissique, une addiction à l'adversité, qui d'ailleurs ne peut qu'augmenter le risque de nouveaux drames.
À l'inverse, j'ai rencontré quelques personnes exceptionnelles qui restent rayonnantes à travers toutes les méchancetés de la vie. Le récit des graves et nombreux coups du sort que ma plus ancienne amie n'a cessé d'essuyer pourrait presque paraître incroyable. Néanmoins, elle conserve son beau visage lumineux, sa voix parlée posée, vibrante d'empathie et de sensualité, sa voix chantée ample, colorée, intelligente et bienfaisante, son corps harmonieux, élégant, pourtant frappé depuis l'enfance de mille tempêtes. Sculpté, je crois, autant par les assauts des vents mauvais que par les courants favorables qu'elle sait si bien épouser.

### Danser l'enfance

J'ai toujours cherché sur le visage des gens les traces de leur enfance. Certains gardent bien visible la physionomie de leurs jeunes années. D'autres sont de vraies énigmes : impossible d'imaginer la tête qu'ils peuvent bien avoir eue. Le phénomène n'est d'ailleurs pas lié à la sympathie ou à l'antipathie qu'ils m'inspirent. Il est des faces encore pouponnes qui me déplaisent voire m'inquiètent, alors que des traits matures ayant totalement effacé la frimousse de naguère peuvent m'être agréables.

Par-delà les apparences, dès que j'entre en communication avec quelqu'un, je sens s'il est en paix ou en guerre avec son enfance. Il est des personnes qui passent leur vie entière à ressasser, à entretenir les ressentiments issus des frustrations de leur jeune âge. J'avoue avoir beaucoup de mal à cultiver une amitié avec eux. J'apprécie les gens qui aiment le soleil et les ombres de leurs débuts et qui, sur le terreau mêlé de leurs bonheurs et de leurs blessures, cultivent la joie de vivre, la joie d'aimer. Ceux qui aiment leur histoire, quelle qu'elle soit.

La danse, parce qu'elle s'enracine, comme on l'a vu, dans le tout premier âge, est un merveilleux révélateur de l'enfance qui persiste en chacun. Lorsqu'on demande à Nadia Vadori-Gauthier ce qui a changé en elle après avoir dansé une minute par jour pendant mille et un jours, elle répond : « Je suis traversée par plus d'enfances, par les enfances des personnes que je croise et par des enfances qui passent par moi… Mais ces enfances ne sont pas les miennes : elles sont les nôtres. »[261]

J'estime avoir eu une enfance heureuse dans une famille aimante, malgré les inévitables troubles et crises. J'ai, comme tout le monde, trouvé quelques petits cailloux coupants dans ma terre nourricière mais j'ai appris qu'il est toujours possible de les polir et de les adoucir, dès lors qu'on s'abreuve au bon lait de l'amour plutôt qu'au poison du ressentiment.

Mes dix ans ont marqué, avec la découverte de la danse, une bascule dans ma vie. Cela n'a rien d'original, à dix ans on quitte l'enfance et on n'est pas encore dans l'adolescence. À dix ans, on est spontané, sans trop d'inhibitions. Ce n'est pas encore la

---

[261] Nadia Vadori-Gauthier, *Danser, résister*, ouvrage collectif, éd. Textuel, 2018, p. 208.

grande mutation angoissante et exaltante vers le lointain âge adulte. On a souvent, à cet âge merveilleux, une intelligence intuitive parfois supérieure à celle des adultes.

C'est pourquoi, pendant une vingtaine d'années, j'ai aimé enseigner le théâtre à des enfants de neuf-dix ans. Quel régal ! Dans ce beau métier, j'ai été guidée par une recommandation de mon tant regretté compagnon, lui-même comédien : « Fais-leur jouer des rôles de leur âge ; ne leur fais pas incarner des papas et des mamans, ni des instituteurs, ni des grands frères ou sœurs. Apprends-leur à s'identifier à des personnages qu'ils pourraient être. »
Des rôles de leur âge… Oui mais ils ont tous le même âge. Et j'ai eu beau chercher, je n'ai pas trouvé de pièces de théâtre où tous les protagonistes ont dix ans !
Alors j'ai écrit des scènes d'enfants et d'adolescents où, par construction, tous les personnages ont dix ans. Je les ai d'abord inventées, en glanant dans des poèmes d'enfants et des romans pour enfants, les préoccupations qui me semblaient être les leurs. Puis j'ai composé à partir des improvisations de mes propres élèves.
Ce fut mon premier livre. Je l'ai intitulé *Générations spontanées,* en hommage à la délicieuse spontanéité de cet âge. Il a été tiré à peu d'exemplaires, mais tous se sont vendus, en « un écoulement régulier », me disait mon éditeur. J'ignore si ces textes ont germé dans les écoles de théâtre de France et de Navarre. Non, je ne l'ignore pas tout à fait : quelques professeurs attachés aux droits des auteurs ont déclaré avoir « monté » telle ou telle scène avec leurs élèves. Y compris au Canada ! J'ose espérer que d'autres, moins scrupuleux, se sont servis de mes textes sans le dire. Et je m'en réjouis. Je n'ai cherché ni gloire ni gain. J'ai juste aimé et

servi un beau métier : professeure de théâtre pour des enfants de dix ans.

Dix ans, l'âge de toutes les intelligences.
Je me rappelle avoir écrit à mon petit-fils, le jour de ses dix ans : « C'est le plus bel âge de la vie. Dix ans, c'est l'âge que j'ai toujours, et pour toujours. »

### Danser tous les âges

En fait, tous les âges sont le plus bel âge. C'est ça, aussi, aimer son histoire : goûter le chemin accompli, accepter le vieillissement. Savoir que rien n'est perdu, que si on a dansé, on danse, que si on a aimé, on aime. Ne pas détester les rides ni les cheveux blancs, ni l'arthrose, ni le besoin impérieux de faire des siestes naguère honnies. « Savoir vieillir n'est pas rester jeune, c'est extraire de son âge les particules, les vitesses et les lenteurs, les flux qui constituent la jeunesse de cet âge. »[262]
Il est des personnes qui ont la grâce de porter visiblement tous leurs âges à la fois : maturité, jeunesse, enfance, et même, d'une certaine façon, la vieillesse qu'ils n'ont pas encore atteinte, qu'ils n'atteindront peut-être jamais.
Cette grâce, j'ai désiré la réincarner dans le personnage de Gargo, dans une nouvelle éponyme[263]. Gargo porte, accroché à la ceinture, un petit sac qui contient sa vie tout entière : des objets souvenirs parmi lesquels il lui suffit de choisir pour revivre à sa guise un moment de son existence. Alors, non seulement il retrouve les gens, les choses, tels qu'il les a connus, mais il réintègre son corps, son âge de l'époque.

---

[262] Gilles Deleuze et Félix Guattari, *Mille plateaux,* éd. De Minuit, 2013, p.339
[263] Nelly Costecalde, *Gargo,* in *Les nouvelles d'outre-temps,* éd. Lacour, 2013

Grâce à cette aptitude, Gargo s'avère bientôt capable de déborder du cadre étroit de sa propre existence. Il rencontre des personnages d'autres époques : camisards cévenols, gaulois, et même dinosaures. Sa conscience élargie franchit les frontières du temps mais aussi des genres et des espèces ; il est homme et femme, et bête et rocher, rivière ou montagne. Son prénom, Gargo, est d'ailleurs celui de la plus haute colline du causse Méjean. Sa mère est donc la Terre, ses cousins les astres et ses enfants les innombrables êtres qui ne sont pas encore nés.

Si Gargo porte tous ses âges, c'est que tous les temps se rencontrent en lui. Il embrasse la naissance et la fin du monde. Il est en contact avec l'être ; il est en contact avec la source du temps. Et sa perte. Il est en relation avec le non-temps, l'éternité autrement dit.

Pour Hideyuki Yano c'était l'essence même de la danse que de chercher au fond de soi la coexistence de tous les moments du temps. Il l'a tout particulièrement exprimé dans sa chorégraphie intitulée *Hana, christal fleur, cérémonie sans mémoire*.

C'est une surprise pour moi, de renouer avec la danse à soixante-dix ans passés, non seulement en méditant et en écrivant sur elle, mais en recommençant à la pratiquer. Je ne l'avais pas prévu, ni prémédité. C'est arrivé naturellement, sans doute parce que j'avais mis la danse en suspens, ce qui, on le sait, n'est qu'une suspension. Je n'avais d'ailleurs jamais cessé d'esquisser des pas, des rythmes, des petites séquences gestuelles, comme ça, à la dérobée, dans le cours de la vie quotidienne.

De grands danseurs ont prouvé et prouvent encore qu'on peut danser jusqu'à un âge très avancé. Citons, parmi tant d'autres :

Martha Graham, Trudy Kressel, Merce Cunningham, Carolyn Carlson, Françoise et Dominique Dupuy…
Écoutons ce dernier parler de ce qu'il appelle le *vieillissage* : « Pour que celui qui danse puisse intégrer l'âge à sa danse, pour que sa danse puisse absorber l'âge, il faut au premier chef qu'il ne cherche pas à le cacher […] La recherche de la danse de l'âge est une aventure aussi passionnante que l'apprentissage de la danse à ses débuts. »[264]

Mais je suis persuadée que, par-delà les danseurs en fin de carrière, toute personne âgée peut danser, même a minima, même assise, même alitée. Il suffit de lui faire retrouver la musicalité qui sommeille en elle. C'est ce que fait la biodanza.
Dans les moments les plus gênants de mes douleurs articulaires, je cherchais comment danser tout de même, avec les bras, avec le dos, avec la tête. Avec la simple musicalité…
Et le désir me venait - je l'ai toujours - de communiquer à d'autres seniors ces intimes et précieuses beautés.
Or, j'étais dans ces pensées lorsqu'a été diffusé à la télévision, puis dans le commerce, le merveilleux film de Valeria Bruni Tedeschi, *Une jeune fille de 90 ans.*[265] Elle y suit le danseur Thierry Thieû Niang dans ses évolutions au milieu et avec des vieillards très dépendants, parfois grabataires, résidents d'un service de gériatrie. Par sa douceur, son énergie, son aptitude à accompagner les postures torses ou figées, il parvient à éveiller le mouvement endormi, oublié. Non, pas oublié : gardé au plus secret des vieux corps. Blanche, frêle et ravissante vieille dame qui ne voulait plus parler, qui ne voulait plus manger, ni même se lever, se laisse emporter dans la danse, se laisse porter par elle. Moments de suspension où, osant précautionneusement la

---

[264] Dominique Dupuy, *La sagesse du danseur*, éd. J.C. Béhar, 2011, p. 77
[265] Valeria Bruni Tedeschi, Yann Coridian, *Une jeune fille de 90 ans*, documentaire, 2016

soulever un peu, Thierry sent qu'il peut risquer quelques doux, tendres et délicats portés. Blanche ne touche plus terre. Blanche retrouve sourire, goût, beauté, amour peut-être. Goût de vivre encore, amour de la vie encore palpitante.

Que les jeunes et les vieux dansent ensemble, n'est-ce pas magnifique, et n'est-ce pas naturel ? Les sept cent danseurs amateurs qu'Akram Khan a fait danser devant l'Hôtel de Ville de Paris avaient de quatorze à soixante-dix ans ; leurs corpulences étaient variées, leurs « niveaux » de danse étaient divers et tous, un par un et ensemble sculptaient la beauté.
J'ai reçu récemment un beau cadeau lors d'un atelier d'improvisation. Il y avait des personnes de tous âges, y compris une famille père, mère, garçonnet et adolescente de treize ans. Celle-ci, manifestement, aimait et pratiquait la danse car elle bougeait avec aisance, inventivité, liberté. Et moi, j'étais de loin la doyenne du groupe. Une consigne fort intéressante fut donnée : choisir en secret un ou une partenaire et décider, toujours en secret bien sûr, de bouger soit en même temps, soit avant, soit après lui ou elle. En général A choisit B qui choisit C, et le jeu s'engage dans une sorte de poursuite interactive. Or, il s'avéra que la jeune fille et moi-même nous étions choisies mutuellement et que nous avions toute deux opté pour bouger ensemble. Cela rendit le démarrage un peu problématique, mais, à force d'écoute interrogative et amusée, nous comprimes et, ensemble nous nous mimes à danser avec délices. Qu'avait-elle anticipé d'elle-même dans mon corps ; qu'avais-je retrouvé dans le sien ? Par quelle passerelle entre les âges nous sommes-nous rejointes ? Je souhaite bonne route à ma petite partenaire d'un moment, en rêvant qu'elle emporte un petit peu de moi sur les chemins de sa vie.

Le corps est porteur de son histoire passée et à venir. La danse est une conteuse de ces histoires, conteuse et annonciatrice. Mais il est des danseurs-conteurs qui s'ignorent. Il suffit parfois de bien regarder la gestuelle de quelqu'un pour saisir un récit de sa vie : dans sa façon de poser le regard, ou les mains sur les choses, dans sa démarche, dans sa manière de s'asseoir ou de se lever, dans son aptitude à déguster ou à écouter… C'est comme une danse en sourdine, la danse d'une vie.

En-deçà de la pratique de la danse proprement dite, il est un sens, un goût naturel des gestes quotidiens. Aux abords de la vieillesse, il me semble que la pleine conscience des mouvements de la vie courante peut contribuer à entretenir, outre le plaisir de vivre, cette fameuse mémoire immédiate qui a tendance à flancher. Bien plus qu'une quelconque ergonomie thérapeutique, c'est un art, un art de la qualité et surtout de la musicalité.

Si on peut danser dans une salle ou sur une scène, si on le peut aussi dans la rue, les jardins, sur la plage ou en montagne, on le peut encore dans sa maison, dans son fauteuil et même dans son lit. Rappelons-nous Jean-Dominique Bauby dansant avec Eugénie du fond de sa paralysie totale !

« Si chaque jour devrait être dansé pour ne pas être perdu, alors je devrais danser jusqu'à ce que je sois morte. », déclare Nadia Vadori-Gauthier.[266]

C'est sans doute une gageure, mais l'enjeu en vaut la chandelle car il s'agit de rien moins, à l'approche de la mort, que d'acter en dansant que l'on est éternel.

---

[266] Nadia Vadori-Gauthier, *Danser, résister*, ouvrage collectif, éd. Textuel, 2018, p. 24

CHAPITRE IX

# Dansons, actons que nous sommes éternels

> Nous sentons et expérimentons que nous sommes éternels.
> Spinoza[267]

L'éternité ressentie, expérimentée. C'est le *leit motiv* de cette réflexion, son axe.
Que sentons-nous, qu'expérimentons-nous ?

Pas plus que le temps et l'espace, pas plus que la mémoire, l'éternité ne saurait être une chose. Elle n'est ni un lieu ni un temps hors de l'espace et du temps où il fera bon vivre après et par-delà la mort. Croire à un pays outre-temps-outre-espace, se réfugier, comme Peter Pan, dans un *Nulle Part* ou un *Jamais-Jamais*, c'est nier l'éternité puisque c'est prolonger le temps et l'espace. C'est seulement imaginer une sorte d'immortalité. Ce n'est pas suffisant. Ulysse aurait-il pu se contenter de l'immortalité que lui offrait Calypso ? Non, il lui fallait plus. Il lui fallait acter l'absolu de sa quête, condenser sa singularité, en reprenant son odyssée, en la poussant plus loin. Il lui fallait se propulser hors temps, hors espace, justement en continuant à se mouvoir dans l'espace et dans le temps.
C'est ce paradoxe qui nous meut. Je crois bien que c'est lui qui nous fait danser, de cette danse de la conscience qui nous anime tous et que certains cultivent dans l'art chorégraphique.

---

[267] Baruch Spinoza, *Éthique* III, 23, scolie

On a vu dès le début comment le corps conscient invente à la fois l'antériorité, l'anticipation, la jouissance présente, passée et future, l'altérité et le monde. Il invente à la fois le temps, l'espace, l'autre et le réel. Et il ne pourra plus jamais les désinventer.
C'est irréversible : rien ne pourra jamais faire que ce corps en acte n'ait pas été. En quelque sorte, le surgissement du moi dans le temps et l'espace échappe à l'espace-temps. C'est un pur acte d'émergence.
Mais c'est aussi un acte d'émergence *dans* la réalité spatio-temporelle.
Ce que nous sentons et expérimentons, c'est que nous sommes source de notre propre espace-temps au milieu d'un gigantesque espace-temps qui nous précède et nous succède.

La sensation d'éternité est la conscience que notre désir porte en lui-même sa propre réalisation, sa propre fin. Lorsqu'il jaillit de l'eau, le dauphin accomplit déjà la suspension qui condense tout son cycle de bonds et de plongeons. Lorsque les amants jouissent ensemble ils condensent en un spasme toute la jubilation d'être. Lorsqu'il s'envole pour un saut, le danseur accomplit déjà la suspension qui condense tout son élan.
L'instant suspendu concentre début, parcours et fin. La sensation d'éternité concentre naissance, vie et mort. Ou les condense. Condenser, concentrer, quel est le juste verbe pour désigner l'acte d'éterniser ? On passe, en une fulgurance, au-delà et en-deçà des mots, outre espace-temps. Peut-être s'agit-il d'une singularité semblable à celle de toute matière se précipitant, infiniment dense, infiniment rassemblée, dans l'inconnu du trou noir. Au bord du gouffre, juste avant l'aspiration suprême, la matière s'illumine d'une ultime incandescence.

Incandescent et fulgurant est l'instant suspendu. Il est, nous dit Vladimir Jankélévitch, « *Hapax*, cette fois unique qui est une première-dernière fois », qui est « une grande joie : la créature perce le plafond de sa finitude et de sa naturalité ». « L'heur d'un millionième de seconde, devenu *Aeternum Nunc*, n'est-il pas à la fois heureux et joyeux, c'est-à-dire *bienheureux* ? »[268]
La joie est dans la fulgurance ; le bonheur dans la durée. La sensation d'éternité est le moment de bascule – le momentum – de la fulgurance à la durée et vice-versa. La merveille de la suspension, c'est qu'elle émerge d'un milieu spatio-temporel et y retourne (qui sait si la matière aspirée par un trou noir ne « renaît » pas dans un autre univers ?). Il suffit à l'*hapax*, à la fulgurance, d'avoir eu lieu une fois pour rester à jamais dans la mémoire. Donc se reproduire à tout instant. La sensation d'éternité est une émergence toujours renouvelable, un « moment extrême qui porte brusquement l'être au sommet de l'être pour un instant d'éternité qui peut toujours reparaître », dit Robert Misrahi.[269]

Si on l'accomplit surtout en pensée, c'est une joie spirituelle. Mais si on l'agit avec la totalité de son être, physique et mental, c'est une danse.
Hideyuki Yano demandait de danser comme si ce devait être la dernière fois. Mais il disait aussi : « le bébé qui marche pour la première fois, peut-être, c'est la danse. »[270] Et je me rappelle avec délice les premiers pas de ma petite fille, se lançant depuis les bras de sa mère vers ceux de son père, puis vers les miens, et puis continuant, accélérant le manège en une valse jubilatoire. Oui, je l'ai vue danser-marcher ! J'ai bien vu, là, que la joie est une

---

[268] Vladimir Jankélévitch, Le je-ne-sais-quoi et le presque rien t.1, éd. Du Seuil, 1980, p. 139
[269] Robert Misrahi, *Les actes de la joie*, éd. PUF, 1987, p. 185
[270] Interview, document posthume INA, Dailymotion 25 octobre 2010

danse. Danse de la première fois, qui est aussi une dernière, car les premiers pas n'auront plus jamais lieu. Et c'est bien ce qui les rend si jubilatoires.

N'avons-nous pas tous accompli ce tour de magie ? Qui d'entre nous, lors d'un grand bonheur, n'a pas lancé in petto : « Stop : j'éternise. » ? J'éternise : je me concentre, je ressens pleinement ce que je suis en train de vivre pour m'en souvenir à jamais, pour m'en nourrir à jamais.

L'éternité, la fulgurance, comme la perte et la résurgence, c'est remonter à sa source, là où surgissent l'espace et le temps.
C'est, dans l'intensité d'un instant, anticiper toutes ses histoires virtuelles, comme si on était déjà à la fin de sa vie. Et c'est différer ces mêmes histoires virtuelles qui adviendront peut-être, qui n'adviendront peut-être pas, comme si on était au tout début de sa vie.
C'est, dans l'intensité d'un instant, anticiper toutes les histoires virtuelles du monde, comme si on était déjà à la fin du monde. Et c'est différer ces mêmes histoires virtuelles qui adviendront peut-être, qui n'adviendront peut-être pas, comme si on était au commencement du monde.
C'est anticiper le point final, l'apprivoiser.
Et peut-être ouvrir la porte à un nouveau Big Bang... ou autre chose.
L'éternité, la fulgurance, c'est réactiver la première expressivité du corps, cris et gestes primaux, premier modelage de l'espace, prime modulation du temps.
Prime danse.

ALTHUSSER Louis, *L'avenir dure longtemps*, éd. Stock, 2007
AUBIN Stéphanie, *Lettre ouverte aux musiciens*, l'Art en scène/Première
AUBRY Chantal, *Bagouet*, éd. Coutaz, 1992
AUGUSTIN, *Confessions*, éd. Garnier Frères, 1960
BADIOU Alain, *La danse comme métaphore de la pensée*, éd. du Seuil, 1998
BAUBY Jean-Dominique, *Le scaphandre et le papillon*, éd. Robert Laffont, 1997
BÉJART Maurice, *Ainsi danse Zarathoustra*, entretiens avec Michel Robert, Actes Sud, 2006
BENSLAMA Fehti, *Un furieux désir de sacrifice, le Surmusulman*, éd. du Seuil, 2016
BERGSON Henri, *La pensée et le mouvant*, rééd. Garnier-Flammarion, 2014
*Matière et mémoire*, rééd. PUF, 2012
BERNARD Michel, *L'expressivité du corps*, éd. univ$^{aires}$, 1976
*Notes funambules*, n°5, Université Paris-VIII, 1997
BERTHOZ Alain,
*Le sens du mouvement*, éd. Odile Jacob, 1997
*La décision,* éd. Odile Jacob, 2015
Entretien avec Philippe Nassif, Philosophie Magazine n°98, avril 2016
BOLLE DE BAL Marcel, *Voyage au cœur des sciences sociales, de la reliance*, L'Harmattan, 1995
BONNEUIL Christophe, FRESSOZ Jean-Baptiste, *L'événement anthropocène*, éd. du Seuil, 2013
BOULAIRE Danielle, *Marguerite de la Jarousse*, entretiens, éd. Lacour, 2020

CARLSON Carolyn, *Writing on water*, éd. Actes Sud, 2017
CASSÉ Michel, *Cosmologie dite à Rimbaud*, éd. Jean-Paul Bayol, 2007
CASTEL Pierre-Henri, *Le Mal qui vient, une expérience de pensée*, éd. du Cerf, 2018
CHAMSON André, *L'auberge de l'Abîme*, éd. Grasset, 1933
CRAIG Edward Gordon, *L'art du théâtre*, 1905
DANCHIN Antoine, *Une aurore de pierre, aux origines de la vie*, éd. du Seuil, 1990
DARRIEUSECQ Marie, *Quitter le sol*, catalogue de l'exposition *L'envol*, La Maison rouge, 2018
DELEUZE Gilles,
    *Logique du sens*, éd. de Minuit, 1969
    *L'image-temps*, éd. de Minuit, 1985
DELEUZE Gilles, GUATTARI Félix,
    *L'Anti-Œdipe*, éd. de Minuit, 2008
    *Mille plateaux*, éd. de Minuit, 2013
DIDEROT Denis, *Rêve de d'Alembert*, éd. La Pléïade, 1951
DIDI-HUBERMAN Georges, *Le Danseur des solitudes*, éd. de Minuit, 2006
DOSTOÏESKI Fédor, *L'Idiot,* trad. André Marcowicz, éd. Actes Sud, 1993
DUNCAN Isadora, *Ma vie*, éd. Gallimard, 1969
DUNN Robert Ellis, *Contrastes aigus*, Nouvelles de danse/Contredanse, n°22, 1995
DUPUY Dominique,
    *La sagesse du danseur*, éd. J.C. Béhar, 2011
    *D'Orphée à Çiva*, in revue Marsyas n°16, Le corps qui pense, déc. 1990
DUPUY Françoise, *On ne danse jamais seul, écrits sur la danse*, éd. Ressouvenances, 2012
FONTAINE Geisha, *Les danses du temps*, éd. du Centre National

de la Danse, 2004
FULLER Loïe, *Ma vie et la danse,* éd. L'œil d'or, 2002
GANDHI, *Gandhi, Essential Writtings* in The Oxford India, 1928
GIDE André, *Les caves du Vatican*, éd. Gallimard, 1914
GORDON CRAIG Edward, *L'art du théâtre*, 1905
GUÉRIN Michel,
    *Philosophie du geste*, éd. Actes Sud, 2011
    *L'Espace plastique*, éd. La Part de l'Œil, 2008
GUILCHER Jean Marie, *Aspects et problèmes de la danse traditionnelle*, in Revue de la Société d'ethnographie française
GROS Frédéric, *Marcher, une philosophie*, éd. Carnets du Nord, 2009
HALLE Francis, *Aux origines de plantes,* ouvrage collectif, éd. Fayard, 2008
HAWKING Stephen, *Une brève histoire du temps*, éd. Flammarion, 2008
HIDEYUKI Yano, *Dérapage*, Théâtre/Publicn°52-53, 1983,
HUSTON Nancy (textes) et WINCKLER Valérie (photos), *Visages de l'aube*, éd. Actes Sud, 2001.
JAMES Edwin Oliver, *Le culte de la Déesse-Mère*, éd. Payot, 1960
JANKÉLÉVITCH Vladimir, *Le je-ne-sais-quoi et le presque rien*, éd. du Seuil, 1980
KANT Emmanuel, *Critique de la raison pure*, trad. Tremesaygues et Pacaud, PUF, 1993
KIERKEGAARD Søren, *Ou bien... ou bien, ou l'alternative*, 1843
LABAN Rudolf, *Vision de l'espace dynamique*, éd. Contredanse, 2003
LACARRIÈRE Jacques, *Au cœur des mythologies*, éd. du Félin, 1999

LALANDE André : *Vocabulaire technique et critique de la philosophie*, PUF, 1962

LEBOYER Frédéric, *Pour une naissance sans violence*, rééd. Points Seuil, 2008

LEGENDRE Pierre, *La passion d'être un autre, étude pour la danse*, éd. du Seuil, 1978

LOUPPE Laurence, *Le corps comme poétique*, éd. Contredanse, 2000

MALLARMÉ Stéphane, *Considérations sur l'art du ballet et la Loïe Fuller*, éd. Gallimard, 1998

MARTINO Nicoletti, *Ce corps qui nous guérit : la conscience corporelle comme clé de connaissance et outil de transformation de soi*, éd. Romont Recto-Verseau, 2015

MERLEAU-PONTY Maurice, *Le visible et l'invisible*, éd. Gallimard, 1964

MICHAUX Henri, *Plume*, éd. Gallimard, 1963

MISRAHI Robert,
- *Lumière, commencement, liberté*, éd. Plon, 1969
- *Éthique, politique et bonheur*, éd. du Seuil, 1983
- *Les actes de la joie*, éd. PUF, 1987
- *La problématique du sujet aujourd'hui*, éd. Encre Marine, 1994
- *La jouissance d'être*, éd. Encre marine, réédition 2009

MORIN Edgar,
- *Terre-Patrie*, éd. du Seuil, Club-Express, 1993
- *Introduction à la pensée complexe*, éd. Points, 2014
- *Connaissance, ignorance, mystère*, éd. Fayard, 2017

NELSON Lisa, *À travers vos yeux*, Nouvelles de danse/Contredanse, n°48-49 2001

NIETZSCHE Friedrich,
- *Ainsi parlait Zarathoustra*, éd. Poche, 1963
- *Naissance de la tragédie*, éd. Gallimard, 1970

NIJINSKI Vaslav, *Journal*, éd. Gallimard, NRF, 1953

OITICICA Hélio, *La danse dans mon expérience*, catalogue Musée d'art moderne de Paris, 2001

OSBORN Henry Fairfield, *La planète au pillage*, éd. Payot, 1948

PELLUCHON, Corinne, *Les nourritures, philosophie du corps politique*, Seuil 2015

PLATON : *Le Timée*

PORTMANN Adolf, *La forme animale*, éd. La Bibliothèque, 2013

PROUST Dominique,
*L'harmonie des sphères*, éd. Dervy, 1998
*L'orgue cosmique, de la mécanique céleste à la mécanique cantique*, éd. Hermann, 2012

REEVES Hubert, *Chroniques des atomes et des galaxies*, éd. du Seuil, 2007

REISS Françoise, *Nijinski ou la grâce*, éd. Plon, 1957

ROSENCOF Mauricio, *Chansons pour la joie d'une enfant*,

SACHS Curt, *Introduction à l'histoire de la danse*, éd. Gallimard, 1938

SARTRE Jean-Paul,
*L'Être et le Néant*, rééd. Gallimard, 2016
*L'existentialisme est un humanisme*, éd. Nagel, 1970

SCHELL Jonathan, *Le destin de la Terre*, éd. Albin Michel, 1982

SCHOTT-BILLMANN France, *Le besoin de danser*, éd. Odile Jacob, 2000

SEMMELIN Jacques, *Purifier et détruire*, éd. du Seuil, 2005

SERVIGNE Pablo, STEVENS Raphaël, CHAPELLE Gauthier, *Une autre fin du monde est possible*, éd. du Seuil, 2018

SPINOZA Baruch, *Éthique*, traduite et commentée par Robert Misrahi, éd. de l'Éclat, 1990

STERN Daniel N., *Journal d'un bébé*, éd. Odile Jacob, 2012

TREVARTHEN Colwyn, RICHELLE Laurence, *L'art musical*

et conversationnel du bébé : narrations dans le temps du vécu partagé, sans interprétation rationnelle, avant les mots, https://www.cairn.info/musique-et-evolution--9782804700232-page-101.htm

TROYAT Henri, *L'Araigne*, éd. Plon 1938

VADORI-GAUTHIER Nadia, BONNET Éric, GARCIN-MARROU Flore, GLOWZEWSKI Barbara, HUESCA Roland, LÉGERET Katia, LIBERGE Marie-Luce, *Danser, résister*, éd. Textuel, 2018

VALÉRY Paul,
> *Philosophie de la danse*, conférence 1936, Œuvres, t.I, éd. Gallimard, Nrf, 1956
> *L'âme et la Danse*, éd. Gallimard, 1944

VERLAINE Paul, *Mon rêve familier*, Poèmes saturniens, éd. Alphonse Lemerre, 1866

WIGMAN Mary, *Le langage de la danse*, éd. Chiron, 1990

**Dictionnaires :**

LALANDE André, Vocabulaire technique et critique de la philosophie, éd. PUF, 1962

Dictionnaire du ballet moderne, éd. Hazan, 1957

**Revues:**

Les cahiers du nouveau-né, n$^{os}$ 1-2 et 8 éd. Stock, 1982 et 1989

Nouvelles de danse/ Contredanse, n°22 (1995), n° 44-45 (2000) n°48-49 (2001)

Marsyas n°16, *Le corps qui pense*, 1990

Revue de la Société d'ethnographie française

Revue française de psychanalyse, 2011/1

Révolution, n°63, 1980

Théâtre/public, n° 52-53, 1983

Notes funambules, n°5, éd. Université Paris-VIII, 1997
Revue française de psychanalyse 2011/1 (Vol. 75)
Vericuetos, 1992

**Journaux :**

Le Monde, 11 juillet 2019, article de Fabienne Darge sur le Festival d'Avignon
Le Monde, 26-27 mai 2019, entretien avec Laurent Carpentier
Reporterre, 5 février 2015

**Émissions radiophoniques :**

*La grande table*, France Culture 10 avril 2019
*La grande table des idées*, France Culture, 3 octobre 2019
*Signe des temps*, France Culture, 2 juin 2019
*Les Matins de France Culture*, 11 mai et 17 juillet 2020

**Films :**

*Identifications*, court métrage de Gerry Schum, 1970
*Le jardin des pierres*, court métrage de Parviz Kimiavi, 1976
*Billy Eliot*, long métrage de Stephen Daldry, 2000
*Nos solitudes*, captation de Julie Nioche, 2010
*Bobbi Jene*, documentaire d'Elvira Lind, 2017
*Laissez-moi aimer,* documentaire de Stéphanie Pillonca, 2018
*Capharnaüm*, long métrage de Nadine Labaki, 2018
*Girl*, long métrage de Lucas Dhont, 2018
*Danser sa peine,* documentaire de Valéry Müller, 2019
*Une jeune fille de 90 ans*, documentaire de Valeria Bruni Tedeschi et Yann Coridian, 2016

**Vidéos :**

François Sarano et les cachalots :
  https://www.goodplanet.info/video/2018/01/19/francois/
Entretien avec Edgar Morin, Thinkerview, 2018 :
  https://www.youtube.com/watch?v=jiyMlZauB8c
Entretien avec Hideyuki Yano, INA, dailymotion 2010
uneminutededanseparjour.com
https://www.theatre-contemporain.net/spectacles/Tragedie/videos

**Rapports :**

Plateforme intergouvernementale scientifique et politique sur la biodiversité et les services écosystémiques (IPBES), 2019
Groupe intergouvernemental d'experts sur le climat (GIEC), 2018

**Catalogues :**

Catalogue Musée d'art moderne de Paris, 2001
Catalogue de l'exposition L'envol ou le rêve de voler, La Maison rouge, 2018

# TABLE DES MATIÈRES

AVANT-PROPOS ................................................... 7
POUR DEMARRER ................................................ 9

CHAPITRE PREMIER : **Le mouvement de la matière** ....... 13
    La fascination pour l'immobilité ............... 14
    L'impossible carte du ciel ........................ 15
    L'espace et le temps................................ 19
    Des liens, des échanges et des choix............. 21
    Matière à vivre........................................ 26

CHAPITRE II : **Le mouvement humain** .................... 31
    La gestation du mouvement .................... 32
    L'enfance du mouvement ....................... 35
    L'enfance du désir .................................. 36
    L'enfance de l'amour ............................. 40
    L'enfance de la liberté ............................ 43
    L'enfance de l'art ................................... 45
    L'enfance de la danse ............................ 47

CHAPITRE III : **Le mouvement de la conscience** .......... 51
    De la physiologie du choix à la philosophie
        de la liberté ....................................... 54
    Danse et conscience .............................. 58
    Souplesse du mouvement, élasticité de
        l'espace-temps .................................... 62
        Anticiper .......................................... 63
        Différer ............................................. 69
        Le rubato et l'écoute ........................ 72
    Le jeu et l'enjeu .................................... 76

|   |   |
|---|---|
| Le jeu de l'altérité ................................ | 79 |
| L'évènement perpétuel ........................... | 81 |

## CHAPITRE IV : **Le corps créateur** ........................... **85**
|   |   |
|---|---|
| Musique et danse ................................. | 88 |
| La musique du corps ............................ | 92 |
| Le sauvage et le cultivé ........................ | 97 |
| La musique silencieuse ......................... | 100 |
| Le miroir de l'invisible ......................... | 104 |
| Le regard danseur ................................ | 110 |
| Toucher l'intangible ............................. | 113 |

## CHAPITRE V : **Le sujet-monde** ............................... **117**
|   |   |
|---|---|
| Devenir autre ....................................... | 120 |
|    Devenir minéral .......................... | 122 |
|    Devenir végétal ........................... | 129 |
|    Devenir animal ............................ | 131 |
|    Devenir interrègne, matière, cosmos ... | 135 |
| Devenir humain, le corps-sujet ................ | 137 |
|    De la contingence à l'essence .......... | 140 |
|    Le corps en acte .......................... | 146 |
|    Danse et diversité ........................ | 149 |
|    La matière lumineuse de la danse ...... | 157 |
|    La danse, la joie .......................... | 159 |

## CHAPITRE VI : **La jubilation du dauphin** ................. **163**
|   |   |
|---|---|
| Jaillir ................................................. | 164 |
|    L'élan qui fait tout ....................... | 165 |
|    L'élan intérieur ............................ | 167 |
|    Mouvement mental ..................... | 169 |
|    Disponibilité et amplitude .............. | 171 |
| S'envoler ............................................ | 172 |

Suspendre ............................................. 178
    Une bulle ...................................... 179
    Course à l'abîme ......................... 183
    Le rire du dauphin ....................... 185
    La musique des sphères ................ 187
    Danser, suspendre ....................... 189
Plonger ................................................. 192
    Gravité : danser pour survivre ......... 194
    La joie grave ............................. 196
    Plonger au fond du corps ............... 198
    La danse des profondeurs .............. 200
    Temps étale ............................... 202
    Marcher .................................... 205
    Danse, mouvement et immobilité ...... 207
Rejaillir ................................................ 209
    La source, la perte, la résurgence ...... 209
    Le spectre de la danse ................... 211
    Rire de pleurer ........................... 214

CHAPITRE VII : **Danser au-dessus de l'abîme** ............. **217**
  Violence et empathie ............................ 218
  Paradis en perdition ............................. 220
  Biocide .............................................. 223
  Choisir la vie ...................................... 230
  Persister à danser ................................. 235
    Danser, résister .......................... 235
    Inconfinable danse ...................... 236
    Danser à distance, danser la distance... 238
  La danse, une haute école d'empathie ........... 239

CHAPITRE VIII : **Danse, mémoire, instant** ................ **249**
Mémoire du corps ..................................... 250

Porter son histoire ................................ 252
    Danser l'enfance ........................ 252
    Danser tous les âges ..................... 255

CHAPITRE IX : **Dansons, actons que nous sommes éternels** ................................. **261**

REFERENCES ............................................................. 267
TABLE DES MATIERES ............................................. 275
REMERCIEMENTS .................................................... 279
DE LA MEME AUTEURE .......................................... 281

REMERCIEMENTS

Je remercie Danielle Boulaire, ma compagne en écriture, qui a suivi tout ce travail et y a contribué par ses remarques, corrections et suggestions précieuses.

Je remercie Robert Misrahi, dont les cours sur Spinoza ont orienté toute ma vie et qui, retrouvé après plus de cinquante ans, m'a chaleureusement encouragée.

DE LA MEME AUTEURE :

***Générations spontanées***, scènes d'enfants et d'adolescents, éd. de l'Amandier, 1997

***Qu'y a-t-il sous les pierres ?***, conte illustré par l'auteure, éd. de l'Amandier, 2000

***Le Puech***, conte illustré par l'auteure, éd. de l'Amandier, 2000

***Nouvelles d'outre-temps***, trois contes philosophiques illustrés par l'auteure, éd. Lacour, 2013

***Les géants du causse Méjean***, carnet de dessins et poèmes, éd. BOD, 2014